Sea' Criss

Der rote Pfad

Geistige Partnerschaft –
Die Verbindung von westlichem Denken
und altem indianischen Wissen

Aus dem Amerikanischen
von Brigitte Peterka

WILHELM HEYNE VERLAG
MÜNCHEN

SPHINX BEI HEYNE
Herausgegeben von Michael Görden
13/3056

Titel des amerikanischen Manuskripts:
TO ALL MY RELATIONS

Umwelthinweis:
Dieses Buch wurde auf
chlor- und säurefreiem Papier gedruckt.

Taschenbuchausgabe 12/99
Copyright © 1997 by Sea' Criss
Copyright © der deutschsprachigen Ausgabe
1997 by Oesch Verlag AG, Zürich
Published by arrangement with the author
Wilhelm Heyne Verlag GmbH & Co. KG, München
http://www.heyne.de

Printed in Germany 1999
Umschlaggestaltung: Atelier Bachmann & Seidel, Reischach
Umschlagillustration: Vinzent Liebig / Agentur Walter Holl, Aachen
Satz: Pinkuin Satz und Datentechnik, Berlin
Druck und Bindung: Presse-Druck, Augsburg

ISBN 3-453-16255-2

Inhaltsverzeichnis

Was ist das Leben anderes als ein Netz von Beziehungen?

»Tecumsula« oder *»Mitakuye Wasin«* sagen die Indianer Nordamerikas beim Betreten oder Verlassen der Schwitzhütte, um alle ihnen verwandten Wesen zu grüßen und zu segnen. Die Schwitzhütte ist in ihrer Tradition ein Ort der Reinigung und des Gebetes, wo sie ihre Konflikte lösen, sowohl die eigenen inneren als auch die untereinander. An diesem Ort kann jede und jeder das Herz sprechen lassen und findet Gehör und weisen Rat, denn die Indianer wissen, daß sie viele Probleme und Konflikte nicht im Alleingang lösen können, sondern daß es dazu der Hilfe aller Lebewesen bedarf. Sie bitten ihre Verwandten aus dem Pflanzen-, dem Tier- und dem Menschenreich um Hilfe und rufen die Geister ihrer Ahnen an. Sie haben das Wissen bewahrt, daß wir mit allen anderen Lebewesen in einem heiligen Tanz verbunden sind und daß wir daher bei all unserem Tun immer auch die Bedürfnisse aller anderen berücksichtigen müssen. Diese sogenannten »primitiven« Kulturen waren die ersten Ökologen und verstanden den Zusammenhang und die Vernetzung allen Lebens. *»Tecumsula«* mahnt uns, ein tieferes und glücklicheres Verständnis füreinander und für alles Leben aufzubringen. Wenn jemand diesen Segen ausspricht, so zeigt er damit einen tiefen Respekt für die Verbindung zur Erde und die Vernetzung alles Irdischen.

Die Versammlung und Zusammenkunft von Menschen, die »etwas gemeinsam haben«, bildet die Grundlage für jede Art von menschlicher Interaktion. Ob dieses »Gemeinsame« nun Liebe, Arbeit, Konflikt, Frieden oder Überleben ist: Wir treten miteinander in Beziehung, weil dies zu unserer menschlichen Natur gehört. Und gerade in diesem Bereich verzeichnen wir unsere größten Erfolge, aber auch unsere größten Schwierigkeiten. Dieses Bedürfnis nach Bestätigung von außen schafft viele der Probleme, die wir mit intimen Beziehungen in Verbindung bringen. Bei der Entwicklung unserer sozialen Strukturen ist uns die Bedeutung unserer Beziehung zum Selbst verlorengegangen und wurde durch die Wertschätzung durch andere sowie durch die Interaktionen mit anderen ersetzt. Dieser Verlust der Beziehung zum Selbst schafft eine unreale Erwartung in bezug auf intime Beziehungen. Einerseits sollen diese alle unsere Beziehungswünsche und Bedürfnisse in dieser Hinsicht befriedigen, andererseits schenken wir aber unseren eigenen Bedürfnissen weniger Aufmerksamkeit als den Bedürfnissen der anderen.

Wenn wir ein Vorhaben oder einen kreativen Prozeß beginnen, geschieht es meistens anderen zuliebe. Natürlich dient es unserem Selbst, etwas zu schaffen oder zu tun, aber einer unserer Hauptgründe ist, daß es auch anderen dient. Der Sinn vieler unserer Handlungen liegt darin, die Bedürfnisse all jener, die uns nahestehen, zu befriedigen. Unser inneres Streben nach dem Sein ist stark; noch stärker ist jedoch das Bedürfnis, anderen gegenüber zum Ausdruck zu bringen, wer wir zu sein glauben, und dafür bestätigt zu werden.

Heute erleben Menschen die Beziehungen untereinander als Kernstück allen Menschseins. Sie dienen uns zur Unterstützung unserer Ansichten über uns selbst oder zum Überleben oder Vorwärtskommen. Die Menschen haben Tausende von Gründen entdeckt, um in Beziehungen zu leben. Wenn es sich um eine familiäre oder eine von uns gewählte intime Beziehung handelt, dann werden wir um so mehr in sie investieren, je mehr sie uns dient. Dies geht so weit, daß für manche Menschen der Hauptgrund, den Tag zu beginnen, in den Interaktionen mit der anderen Person und der Bestätigung durch diese liegt. Das ist nicht genug. Familien und Paare auf der ganzen Welt empfinden ihr Leben als unerfüllt und unvollständig. Dem Bedürfnis nach einer tiefen und aufrichtigen Bindung liegt ein innerer Hunger zugrunde, der durch diese Form von Abhängigkeit nicht gestillt werden kann. Die Menschen sehnen sich nach etwas anderem, ohne genau definieren zu können, wonach.

Nur eine Beziehung, die vom Herzen ausgeht, bringt uns zum eigentlichen Kern unseres Wesens. Eine höhere Schwingung in einer Beziehung kann als bedingungsloser Dienst an einem geliebten Menschen erlebt werden – wenn wir offenen Herzens die Bedürfnisse des anderen wahrnehmen und ihn auf seinem Weg und in seinem Heilungsprozeß mit Hingabe und Achtung unterstützen. Wenn in einer Beziehung Vertrauen und Offenheit herrschen, können wir unsere eigenen Tiefen mit größerer Sicherheit erforschen. Wir können die andere Person als Spiegel benutzen, der uns mehr über uns zeigt. Dieser Art von Beziehung und ihrer Verbesserung ist dieses Buch gewidmet.

Die Überzeugung, daß wir uns alle nach Beziehungen sehnen, die zu einer Bindung mit anderen Menschen in unserem tiefsten Wesenskern führen, bildet die Grundlage dieses Buches. Denn im Kern unseres Wesens liegt unsere Wahrheit und der Zugang zu unserer Seele. Und hier, an der Schwelle zu unserer Seele, möchten wir erkannt und verstanden werden. Viele von uns kommen nie soweit. Sie leben ihr Leben, ohne je zu entdecken, was es mit diesem Teil des Selbst auf sich hat. Doch diejenigen von uns, die Beziehungen als einen Pfad zu spirituellem Verstehen benützen wollen, werden imstande sein, den Weg zu dieser Öffnung zu finden, und Möglichkeiten entdecken, auch andere in diesen heiligen Bereich zu bringen. Alle, die bereit sind, sich bewußt zu entwickeln, werden sich mit Freude der Herausforderung dieser Aufgabe stellen. Doch ehe es zu einer solchen tiefen Verbindung kommen kann, werden wir uns immer wieder in gewöhnliche Formen von Beziehungen einlassen. Aber jede dieser Beziehungen ist ein Versuch, zu dieser tiefen Verbindung mit dem Selbst, mit dem oder der Geliebten, der Quelle oder Gott zu finden.

Eine weitere Überzeugung, auf der diese Arbeit beruht, ist, daß wir alle nach gesunden und funktionierenden Beziehungen streben, die uns unter allen Umständen glücklich machen sollen. Die meisten unserer Beziehungen sind jedoch voll von Verhaltensweisen, Gefühlen, Mißverständnissen und Kommunikationsformen, die alles mögliche bewirken, außer uns tiefer zu führen oder für Heilung zu sorgen. Viele unserer Erfahrungen auf diesem Gebiet haben uns gelehrt, uns abzuschotten, auf der Hut zu sein oder uns zu verstellen. Je mehr es uns gelingt, in die eigenen Tiefen vorzudringen, desto besser werden wir die Bedürfnisse unserer Mitmenschen und des gesamten Planeten erfassen und verstehen. Wenn wir in der Lage sind, unsere persönlichen Beziehungen zu heilen, dann können wir diese Heilung auf die gesamte Menschheit und alle anderen Lebensformen ausdehnen.

Ich habe sowohl Paare als auch einzelne Personen befragt, wie sie ihre Beziehung sehen und erleben, und habe herausgefunden, daß viele Menschen sich der Möglichkeit, ihre Beziehungen als spirituellen Weg zu benutzen, gar nicht bewußt sind. Von den Paaren, auf die das nicht zutrifft, haben einige diesen Pfad im Sinne der New-Age-Bewegung gewählt, und viele andere praktizieren ihn im Sinne traditioneller religiöser Modelle. Es ist ermutigend zu sehen, wie ähnlich die Bedürfnisse verschiedener Menschen sind. Dies läßt mich hoffen, daß wir wirklich alle denselben »Raster« in uns tragen. Und diese Hoffnung läßt die Möglichkeit erstehen, daß wir alle fähig sind, Verständnis für die Schwächen und Entscheidungen der anderen zu entwickeln, und daß wir voneinander lernen können, dieses uralte menschliche Übel, das wir Abhängigkeit oder Sucht nennen, zu heilen.

Beziehungen, die auf gegenseitiger Abhängigkeit beruhen, sind die Fallen, in denen viele von uns »steckenbleiben«, trotz ihrer verzweifelten Bemühungen, einen Ausweg aus den alten Verhaltensmustern zu finden. Wir reagieren, anstatt aufeinander einzugehen. Wir schieben den anderen die

Schuld zu, anstatt uns selber aufrichtig zu hinterfragen. Wir kämpfen, anstatt uns liebevoll zu öffnen. Ehe wir uns zu ändern beginnen können, müssen wir versuchen, uns diese alten Gewohnheiten einzugestehen und sie zu entlarven. Diese unterschwelligen Anschauungen und emotionalen Narben müssen ans Licht gebracht und umgewandelt werden. Viele unserer Verhaltensweisen sind Versuche, unsere alten Wunden zu heilen, und viele sind Wiederholungen der Muster, die in unserer Familie vorherrschend waren. Wenn wir in unserer persönlichen Entwicklung vorankommen wollen, müssen wir uns dieses alte Erbe bewußtmachen und beginnen, Schicht um Schicht unserer Abhängigkeit von Beziehungen zu heilen. Erst dann können wir zu einem tieferen Verständnis unserer Beziehungen vordringen und beginnen, diese in einem neuen und spirituellen Licht zu sehen.

In meinem Buch »Loslassen«, erschienen im Oesch Verlag, Zürich, habe ich genau beschrieben, daß jede Form von Abhängigkeit oder Sucht nichts anderes ist als ein innerer Hunger nach spiritueller Verbindung und nach Verwirklichung unserer spirituellen Natur auf der materiellen Ebene. Zu diesem Zweck, unserem spirituellen Wachstum, sind wir auf die Erde gekommen. Wir werden Möglichkeiten entdecken, Dinge zu verändern, die wir als gegeben hingenommen haben. Wir werden neue Wege finden, den anderen unsere wahren Gefühle zu zeigen und von unserem wahren Selbst aus mit ihnen zu kommunizieren. Wir werden Methoden zur Stärkung des Vertrauens und zur Heilung alter Wunden kennenlernen; Wunden, die durch einen Mangel an Vertrauen und durch verantwortungsloses Benehmen entstanden sind. Diese Entdeckungen werden uns die Möglichkeit erkennen lassen, daß zumindest einige unserer Beziehungen in den Bereich heiliger Partnerschaft führen können, wodurch das Konzept der Ehe im herkömmlichen Sinn erweitert und erhöht wird. Wir werden aufzeigen, daß der Mythos der Monogamie eine auf Furcht beruhende Reglementierung menschlichen Verhaltens darstellt, und wir werden Formen der Bindung erforschen, die die Schaffung von strikten, unbeugsamen Regeln überflüssig erscheinen lassen.

Diese Art von Beziehungen würdigt die Arbeit der Seele als unsere wichtigste Aufgabe im Leben und bringt uns tief in Kontakt mit der Erde und allen Menschen, was zu einem erfüllten Leben führt. Die heilige Partnerschaft ist ein Weg, um unsere alten, ausgedienten Vorstellungen und Konzepte über Beziehungen zu ersetzen. Sie kann unsere persönlichen Beziehungen zu höchsten Höhen führen und uns und allen uns nahestehenden Menschen zu Heilung und Gleichgewicht verhelfen. Dies wird sich nicht nur auf unsere, sondern letztlich auch auf die Lebensqualität aller Menschen auswirken.

Teil I

Wenn eine Partnerschaft entsteht, so stürze dich nicht Hals über Kopf in diese Vereinigung. Wahre Partnerschaft kann nur von selbständigen und ganzen Wesen erreicht werden, die auch in der Einheit und Vereinigung ihre Autonomie aufrechterhalten. Denke stets daran, die himmlischen Lüfte zwischen euch tanzen zu lassen.

Beherzige diesen Rat in Liebesbeziehungen, in Geschäften, in Partnerschaften aller Art, besonders aber, wenn du eine Partnerschaft mit dem höheren Selbst schließt. Zwischen dem Selbst und dem höheren Selbst eine Verbindung zu errichten ist die höchste Form menschlicher Partnerschaften. Denn aus ihr entsteht die Vereinigung mit dem Göttlichen – Gott tritt nur in gleichberechtigte Partnerschaften ein.

Diese Rune bedeutet das Geschenk der Freiheit, aus dem alle anderen Geschenke fließen.

Aus »The Rock of Runes« von Ralph Blum

1. KAPITEL

Seelen in Beziehungen

Wie wäre es, als Basis einer Beziehung ein Konzept zu wählen, das die andere Person als ein Selbst betrachtet? Welche Auswirkungen hätte es auf die Form unserer Beziehungen, wenn wir in den anderen das Heilige erleben würden und imstande wären, dieses Bewußtsein auch in der Hektik unseres Alltags aufrechtzuerhalten? Auf welche Weise würde das unser Leben beeinflussen? »Namaste«, der Gruß der Hindus, bedeutet: »Ich grüße Gott in dir!« Wie anders wäre unser Leben, könnten wir diesem Bewußtsein immer und überall Rechnung tragen!

Wir würden zu sehen beginnen, daß unsere Bezugsperson Antworten und Lösungen für unsere Fragen und Lebensprobleme hat, die wir integrieren könnten. Wir könnten unsere Beziehungen zur Entwicklung neuer Ideen und Konzepte für unser Leben benutzen. Dies wäre nicht nur für unsere Beziehungen, sondern auch für unser eigenes Wachstum förderlich. Wir würden feststellen, daß zwischen Menschen, die einander als heilig betrachten, ein inniges Vertrauen herrscht.

Was ist nötig, um ein anderes Wesen als heiliges und gottähnliches Geschöpf zu sehen? Wir müssen zuerst erkennen und akzeptieren, daß wir alle Menschen sind und daß wir dieselben menschlichen Körper, Emotionen und ähnliche Denkweisen haben. Außerdem hat jede und jeder von uns eigene Talente und Fähigkeiten, und diese sind manchmal verschieden und scheinen Konflikte zu verursachen. Um alle anderen Menschen akzeptieren zu können, müssen wir zuerst uns selbst akzeptieren – und zwar vollständig. Es ist wichtig, daß wir fähig sind, unsere Gefühle wahrzunehmen und sie in angemessener Weise zum Ausdruck zu bringen. Außerdem ist es wichtig, daß wir lernen, uns selbst zu beobachten, wenn wir etwas tun – egal, was es auch sei. Dieses Verhalten erlaubt uns, eine mitfühlendere und weniger urteilende Art der Wahrnehmung zu entwickeln. Der Emotionskörper veranlaßt die Menschen manchmal zu einer Handlungsweise, die alles andere als göttlich zu sein scheint. Doch wenn wir fest daran glauben, daß wir alle mit dem Göttlichen verbunden sind – ob wir uns dessen bewußt sind oder nicht – und daß wir diese Verbindung in unser Leben und in unsere Beziehungen einfließen lassen, dann können wir beginnen, ein tiefes Gefühl des Verbundenseins mit den anderen zu entwickeln. Wir werden ihre aus dem Gleichgewicht geratenen Emotionskörper zu sehen beginnen und erkennen, daß diese Unausgewogenheiten Wege des Selbst sind, das danach trachtet, wieder Verbindung aufzunehmen. Jede Person, der wir diese Art von Wertschätzung entgegenbringen, wird gleichzeitig zu unserem Lehrer und Schüler. Auf diese Weise werden wir die anderen an unserem Leben und Wesen teilhaben lassen.

Erhöhung unseres Gewahrseins

Joanna Macy lehrt eine Meditation, in der wir jeden Menschen, dem wir begegnen, so betrachten sollen, als ob er der letzte Mensch sei, den wir in unserem Leben sehen. Sie schlägt vor, wir sollten uns vorstellen, dies sei unser letzter Moment auf Erden. Diese Betrachtungsweise kann unsere Herzen für eine neue und subtilere Art von Beziehungen öffnen. Die Verkäuferin im Geschäft oder der Taxifahrer werden zu einem »Jemand« für uns. Sie sind nicht mehr bloß irgendein Körper, der eine Arbeit zu unserer Bequemlichkeit verrichtet. Sie werden zur einzigen Person in der Welt, mit der wir in Beziehung stehen. Dies erlaubt uns, unser Herz ins Spiel zu bringen. Wenn dieser Augenblick unser letzter wäre – wie würden wir dann mit der Person in Beziehung treten, die unser Wechselgeld so langsam herausgibt oder die falsche Straße genommen hat, so daß wir womöglich ein wichtiges Ereignis (das vielleicht gar nie stattfinden wird) versäumen werden?

Ich habe diese Meditation zwei Tage lang während meines Aufenthalts in Thailand praktiziert, in einem Land, in dem ich niemanden kannte – und plötzlich wurde jede und jeder wichtig für mich. Ich war fähig, den Herzschlag dieser Menschen zu spüren, und ihre Ziele im Leben schienen mir nicht mehr fremd, sondern vertraut. Dies erlaubte mir, eine Menge eingefahrener Verhaltensweisen fallenzulassen und zusammen mit diesen Fremden den Puls des Lebens zu spüren im Hier und Jetzt. Die Liebe jeder Mutter für ihr Kind war mir greifbar, und die Sorgen jedes Mannes über seine Arbeit erschienen mir nachvollziehbar. Die einzelnen Momente dieser beiden Tage verschmolzen zu einem kontinuierlichen Strom menschlicher Erfahrung und Gegenwart. Alle diese Menschen wurden ich, und ich wurde sie.

Jede Person als göttlich oder heilig anzusehen erlaubte uns, den Wert jeder Beziehung – und sei sie noch so flüchtig – zu erhöhen. Könnten wir mit jeder Person auf diese ungetrübte Weise kommunizieren, so wären wir fähig, ihre Handlungen leichter in unsere Wirklichkeit zu integrieren.

Außerdem ist es wichtig zu erkennen, daß wir zwar alle mit der Quelle verbunden sind, daß aber manche Menschen sich dieser Tatsache nicht bewußt sind oder immer wieder vergessen, wer sie wirklich sind. Viele Menschen gehen durchs Leben und erfahren diese Verbindung nie. Es ist, als ob sie mit verbundenen Augen ihr Auto lenken würden. Und *ihre* Handlungen sind es, die großen Aufruhr in der Welt verursachen. Menschen, die sich der Verbindung zur Quelle nicht bewußt sind, richten die größten Zerstörungen an. Wenn wir fähig sind, in allen Menschen die Wahrheit zu sehen, selbst in den Gewalttätigsten unter uns, dann wird sich unser Blickwinkel erweitern, und wir werden lernen, wie eng wir alle miteinander verknüpft sind. Wenn es uns gelingt, Willkürakte als Taten von Menschen anzusehen, die ihre individuellen Trennungskonflikte ausagieren, so wird unser Mitgefühl erwachen, und wir werden Wege finden, mit ihnen Beziehungen aufzunehmen, die eine Veränderung zulassen. Wenn wir bei uns oder anderen auf unannehmbare Verhaltensweisen stoßen, ist es wichtig, den Gesamtzusammenhang zu sehen, der uns erkennen lassen wird, daß jede Handlung einem Zweck dient – und sei es auch nur dem, unser Gewahrsein in diesem spezifischen Moment zu erhöhen.

Verlorene Talente

Wir sind nicht allein in diesem Leben. Jeder sogenannte »Unfall« und jede Naturkatastrophe wirken sich auf uns alle aus. Ein Teil unseres Wesens fühlt die von einem Flugzeugabsturz oder Vulkanausbruch ausgelösten Schwingungen. Wenn alles und alle heilig für uns sind, werden wir tief in unserem Inneren die Verbundenheit mit allen Wesen zu spüren beginnen und uns dieser Informationen bewußt werden. Unsere Körper sind Energiekörper, und als solche können sie feine Schwingungen und Vorkommnisse im Schwingungsfeld des Planeten wahrnehmen. Außerdem sind wir imstande, die emotionalen Schwingungen unserer Umwelt zu empfangen. Oft sind wir gezwungen, diese uns angeborenen Wahrnehmungsfähigkeiten zu drosseln oder völlig auszuschalten, um uns vor der Flut von Informationen und Schwingungen rund um uns zu schützen. Es kann leicht passieren, daß wir von der Angst, dem Leid und der Verwirrung der Millionen Menschen überschwemmt werden, die ihr Leben einfach nur »hinter sich bringen« wollen.

Wir müssen uns abschotten, weil unsere Kulturen den Glauben an natürliche Information und an Rituale und Konventionen verloren haben, die uns erlauben würden, offen zu empfangen und anzuerkennen, was wir im Grunde unseres Wesens längst wissen. Aber wir schotten uns auch deshalb ab, weil es schmerzlich ist, in all dem Leid und der Einsamkeit, die die meisten Menschen »Leben« nennen, offen und bewußt zu sein. In unseren westlichen Kulturen haben die Menschen in ihrem Streben nach immer mehr Besitz ihre wesentlichsten Fähigkeiten verloren. Diese Fähigkeiten, Instinkte und Intuitionen werden lächerlich gemacht und verworfen. An die Stelle der menschlichen Aufnahmefähigkeit ist die Technologie getreten, die der Großteil der Menschheit als einzige Informationsquelle gelten läßt. Wir verlassen uns nicht mehr auf unsere Knochen und Drüsen, die uns sagen, wann sich das Wetter ändert, sondern auf die Meteorologen. Wir lassen zu, daß unsere natürlichen Instinkte, die auf der Basis unserer fünf Sinne arbeiten, sich abstumpfen, weil wir mit Hilfe synthetischer Düfte und Kosmetika Lügen über uns verbreiten. Wir haben keine Ahnung, wie ein menschliches Wesen im naturbelassenen Zustand riecht oder aussieht, weil für uns nur die von unserer Kultur geprägten Normen und Schönheitsideale zählen. Die Gerüche von Benzin oder anderen Chemikalien, von denen wir in unseren Städten ständig umgeben sind, scheinen für die meisten Menschen normal zu sein. Unsere Instinkte sind beinahe abgestorben. Beinahe. In jeder und jedem von uns schlummert eine Quelle von Talenten und Fähigkeiten, die die meisten als übernatürlich oder mystisch betrachten. Diese Quelle ist unsere natürliche Wahrnehmung, die erkannt und auch gepflegt werden will.

Diese intuitive, empfängliche Seite unseres Wesens ist der »weibliche Bereich« in uns. Es ist der weibliche Aspekt unserer Natur, der die feinsten Schwingungen registriert. Jeder Mensch trägt einen weiblichen und einen männlichen Anteil in sich. Es ist dieser weibliche Aspekt, der es uns ermöglicht, die Handlungen anderer gefühlsmäßig aufzunehmen und uns bewußtzumachen, was sie für die anderen bedeuten. Von der Weise, wie wir das Vorgehen der anderen aufnehmen oder ablehnen, hängt es ab, ob wir imstande sind, mitzufließen oder uns in einer für uns schmerzlichen Lage wiederfinden. Wenn wir sehen, daß eine Person etwas Abscheuliches tut, und wir einen Weg finden, ihr Liebe zu schenken, dann wachsen wir. Wenn wir einem Menschen begegnen, der von großem Leid gepeinigt wird, und imstande sind zu fühlen, was er fühlt, erlauben wir dem Leben, uns zu durchströmen. Versuchen wir aber, unerträglich erscheinende Gefühle von uns fernzuhalten, dann werden wir dies als Trennung empfinden, die uns Leiden verursacht. Die Taten der anderen einfach nur als Taten zu sehen, erlaubt uns, die Erfahrungen des Lebens zu akzeptieren und nicht zu werten.

Wenn wir in uns nichts anderes als einen lebendigen Ausdruck der göttlichen Energie sehen, sind alle Erfahrungen, die uns das Leben bringt, der Brennstoff, der dem Lernen dient. Wenn wir akzeptieren können, daß wir lebendige Ströme einer größeren Quelle sind und daß unsere Leben und somit auch jegliche Erfahrung mit diesem Fluß verbunden ist, werden wir imstande sein, unsere Gefühle fließen zu lassen und als Teil eines größeren Ganzen zu betrachten.

Seelen als Wesen in Beziehung

Ich glaube, daß jeder Mensch eine Seele hat und daß diese Seele über eine Art »Notizbuch« verfügt. Jedes irdische Leben dient dem Wachstum und der Entwicklung dieser Seele. Daher dient jede Tat, egal ob wir sie als gut oder schlecht beurteilen, der Erziehung der Seele. Etwas als die Wahrheit eines anderen zu akzeptieren muß nicht heißen, daß wir mit ihr einverstanden sind. Es bedeutet vielmehr, daß wir fähig sind, alle Menschen auf ihrem speziellen Pfad der Erleuchtung zu akzeptieren. Mörder wie Präsidenten leben ihr besonderes Schicksal einer bestimmten Lebenszeit. Zwar hat jede und jeder von uns die Wahl und kann jederzeit eine andere Wahl treffen, aber die Seele wird Mittel und Wege finden, den Lebensweg mit den besonderen Lektionen zu pflastern, die notwendig sind, damit wir lernen, wer wir sind und worum es im Leben geht. Ob wir diese Lektionen als glückliche Umstände oder als unabänderliches Schicksal auffassen: Sie finden statt, und die Seele profitiert von diesen Erfahrungen, soviel sie kann.

Wenn ein Mensch vor der Wahl steht, eine Entscheidung zu fällen, die einem oder vielen anderen Menschen schadet, und er trifft diese Entscheidung, muß er für sie die Konsequenzen tragen. Früher oder später werden diese sich bemerkbar machen. Ein Beispiel: Eine Wesenheit kommt in den Bauch einer Frau, die nicht bereit ist, diese als ihr Kind zu akzeptieren, und sich daher für eine Abtreibung entscheidet. Diese Seele wird die Erfahrung machen, abgelehnt zu werden, und kehrt mit dieser Prägung in den größeren Kosmos zurück. In diesem Augenblick ihrer Entwicklung benötigte die Seele diese Erfahrung. Wenn dieselbe Frau einige Zeit später sich dafür entscheidet, schwanger zu werden, und dieselbe Seele fühlt sich aufgrund der karmischen Bande wieder zu ihr hingezogen, wird sie die Erfahrung machen, willkommen zu sein, und sich diese Schwingung einprägen. An diesem einfachen Beispiel wird ersichtlich, auf welche tiefgründige Weise wir unser Schicksal wählen.

Es ist meine Überzeugung und Erfahrung, daß jede Seele ihr eigenes Lebensmuster wählt. Vielleicht stellen Sie sich jetzt die Frage, weshalb sich eine Seele für Schmerz, Zurückweisung, Leid oder Hungertod entscheidet. Die Entwicklung der Seelen erfordert, daß jede von ihnen mit allen Schwingungen, die das Leben in einem Körper bietet, vertraut wird. Das ist der Zweck der irdischen Ebene für die Seelen. Die Erde ist die Ebene mit der dichtesten materiellen Wirklichkeit. Die Essenz des Lebens nimmt eine feste Form an und geht durch die starken Erfahrungen von Geburt, Leben und Tod. Jedesmal, wenn eine Seele einen Körper nimmt, akzeptiert sie damit all das, was dieses besondere Leben zu lehren hat. Wenn Seelen einen besonders schwierigen Lebensweg wählen, haben sie die Möglichkeit, der Seelenmatrix die besondere Schwingung dieser Erfahrung einzuprägen. Wir können als Seelen durch bloßes Beobachten von der Seelenebene aus nicht »mitbekommen«, was das Leben in einem Körper bedeutet. Wir müssen auf die materielle Ebene kommen und es erleben. Ob wir ein Leben voller Leid oder voller Freude führen: Zur gegebenen Zeit in der Entwicklung unserer Seele werden wir alles erleben. Seelen entwickeln sich. Gott entwickelt sich mit den Erfahrungen jeder Seele mit. Die Erde entwickelt sich. Tierisches und pflanzliches Leben verändert sich ebenfalls. Wenn wir das Leben als eine einmalige Angelegenheit ansehen, begrenzen wir unsere Kapazität, das zu verstehen, was uns gegeben ist. Aber zur seelischen Entwicklung gehört es eben, Perioden der Skepsis zu durchlaufen.

Jede Seele muß selber lernen, zwischen einer korrekten und unkorrekten Handlung zu unterscheiden. Seelen lernen, indem sie andere Seelen beobachten, die ihr Leben leben. Sie lernen auch aus den scheinbaren »Irrtümern« der anderen, aber nur, wenn sie deren Erfahrungen zulassen. Nur wenn wir fähig sind, unser Herz und unseren Emotionskörper zu öffnen und alles als Geschenk und Gottesgabe anzunehmen, können wir auch aus den Erfahrungen der anderen lernen.

Ich bin jenen Seelen zutiefst dankbar, die sich für den Pfad der Finsternis entschieden haben. Irgendwann in der Entwicklung meiner Seele habe auch ich diese Wege eingeschlagen oder werde sie noch einschlagen. Auch ich bin in meinen Gedanken oder Handlungen manchmal grausam oder gedankenlos. Wenn ich gewillt bin, Zeuge von den zerstörerischen Handlungen anderer zu sein, und mich nicht damit begnüge, diese bloß zu verurteilen, gebe ich mir die Möglichkeit, meinen eigenen Anteil an zerstörerischem Potential kennenzulernen.

Auf diese Weise können wir als Seelen Erfahrungen durch Beobachten integrieren. Aber wir müssen die Auswirkungen dieser Handlungen in uns selbst beobachten. Wir können aus der Erfahrung eines anderen nichts lernen, wenn wir uns zum Richter über ihn erheben. Wir müssen die starken Gefühle in uns selber zulassen, die von Taten hervorgerufen werden, wie sie Vergewaltigungen oder Kriegsverbrechen darstellen. Wenn wir in den Nachrichten die hungernden Kinder in Indien oder Somalia sehen und imstande sind, das Leid und den Schmerz dieser Kinder und ihrer Eltern zu fühlen, werden wir an ihrer Erfahrung teilhaben, und die Frequenz unserer Schwingungen wird sich dadurch verändern. Wenn wir unsere Augen nicht verschließen und diese Erfahrung zulassen, wird unser Mitgefühl erwachen, und wir werden Schritte zur Linderung des Leidens unternehmen.

Leiden zu lindern heißt nicht, es aufzuheben. Es heißt, über die Reaktion der Verneinung oder Ablehnung hinauszugehen und zu akzeptieren, daß Leben auch Leid, Schmerz und Tod bedeutet. Leiden zu lindern heißt, daß wir uns unser eigenes und das Leid der anderen voll bewußt machen. Es zu bekämpfen oder zu verleugnen bringt nur noch größeres Leiden mit sich und schiebt das unvermeidliche Akzeptieren weiter hinaus. Auf der materiellen Ebene sind die Übergänge oft etwas rauh. Aber es liegt an uns, ob wir diese Übergänge verständnisvoll oder abweisend durchlaufen. In jedem Fall werden wir daraus lernen, und unsere Seele wird auf dem für sie notwendigen Weg der Entwicklung weiterschreiten.

Wenn wir die Wahl treffen, das Leben als einmalige Erfahrung anzusehen, dann erscheint es mir noch viel dringlicher, daß wir lernen, alles, was das Leben bietet, zu integrieren, anstatt zu versuchen, uns zu isolieren oder gewissen Erfahrungen auszuweichen. Gehen wir davon aus, daß wir nur *einen* Körper haben und uns nur *eine* kurze Lebenszeit zur Verfügung steht, und setzen wir uns wahres Verständnis oder Erleuchtung zum Ziel, so wird die Aufgabe, die wir zu erfüllen haben, um alles zu lernen, noch viel größer, weil uns dann viel weniger Zeit bleibt.

Die Erde ist *ein* Körper

Es gibt eine Hypothese, die nach der griechischen Erdgöttin »Gäa-Hypothese« genannt wird und davon ausgeht, daß die Erde ein lebendiger Organismus ist und daß jedes individuelle Leben eine Zelle innerhalb dieses Organismus darstellt. Aus den Werken von Joanna Macy und anderen über dieses ökologische Konzept geht klar hervor, daß wir tatsächlich *ein* Organismus sind. Ob Mensch, Tier oder Pflanze, alle sind sie Zellen spezifischer Art in dem größeren Organismus »Gäa«. Wir sind die vom Aussterben bedrohten Gattungen und die ausgestorbenen. Wir haben uns von diesen einfachen Lebensformen zu dem heutigen Stand der Evolution entwickelt. Wir haben unzählige Generationen von Leben gelebt und uns vom Menschentier zum gegenwärtigen Menschen entwickelt.

Die Verfechter der »Gäa-Hypothese« gehen davon aus, daß wir durch ein unsichtbares Netz mit jedem Funken von Leben verbunden sind. Da wir selber ein solcher Lebensfunken in diesem Netz sind, wirken die anderen auf uns und wir auf sie mit allen unseren Handlungen, ja sogar auch mit unseren Gedanken und Gefühlen. Unser individuelles Leben ist von dem anderer Lebensformen nicht getrennt, sondern vereint in einer Lebenskraft, die in den Tiefen unserer Erde ihren Ursprung hat und mit jedem Kind, das geboren wird, mit jedem Küken, das aus dem Ei schlüpft, und mit jedem Samen, der sprießt, blüht und welkt, in Erscheinung tritt. Wir sind dieses Leben – wir sind dieser Vogel – wir sind diese Rose – ihr Leben ist unser Leben. Der erste Atemzug jedes Kinder verknüpft uns aufs neue mit dem, was Leben ist – was kontinuierlich ist –, was niemals aufhört und durch die Erfahrungen unzähliger Organismen fließt und durch zahllose Leben zu fließen fortfährt.

So betrachtet, wird das Leben plötzlich zu etwas Heiligem. Das Bewußtsein der Gemeinsamkeit allen Lebens und aller Lebenserfahrung kann zu einem Sprungbrett für unsere tägliche spirituelle Praxis werden. Die Naturvölker auf der ganzen Welt haben Rituale und Zeremonien, die diese Vernetzung feiern und ehren. Die Puebloindianer im Südwesten der Vereinigten Staaten halten Feste ab, bei denen diese vitalen Lebensströme eine große Rolle spielen. Wer die Ehre hat, an einer solchen Zeremonie teilnehmen zu dürfen, wird in den Tiefen seiner Natur die Verbindung zu Büffel, Mais und Wild spüren. Die weisen alten Frauen und Männer dieser Stämme haben das Wissen lebendig erhalten, daß die Erde unsere Mutter ist und uns mit allem, was wir zum Leben brauchen, versorgt. Noch gibt es rund um den Globus Menschen, die bewußt in Einklang mit der Natur leben, und wir sollten ihr Wissen bewahren und nicht zerstören, damit wir von ihnen lernen können. Ihr Geschenk an die Welt ist ihre ausgewogene und harmonische Lebensweise – bis der »Fortschritt« sie dazu verführt, die alten Wege zu verlassen und sich einem scheinbar leichteren und materiell lohnenderen Lebensziel zu ergeben. Die Kulturen, die dem Modernismus zum Opfer fielen, versuchen nun, ihre alte Lebensweise wieder aufzunehmen und das alte Stammeswissen wieder aufleben zu lassen. Es wäre eine weise Entscheidung von uns, sie in ihren Bemühungen zu unterstützen und von ihnen zu lernen, wie wir die Kluft überbrücken, die sich in unserem modernen Leben auftut.

Hoffentlich ist unser kollektives Bewußtsein gerade noch rechtzeitig zu diesem Schluß gekommen – wenn es nicht schon zu spät ist. Unsere Aufgabe auf diesem Planeten ist es, uns unserer Fehler bewußt zu werden und in größter Eile Schritte zu ihrer Korrektur zu unternehmen.

Bei allen Naturvölkern, bei denen ich meine Beobachtungen anstellen konnte, bilden Rituale, in denen sowohl die männlichen als auch die weiblichen Stammesangehörigen bewußt die Verantwortung für sich selbst übernehmen, einen vitalen und integralen Bestandteil der Kultur. In den meisten dieser Kulturen findet dieses Ritual am Beginn der Pubertät statt. Die jungen Menschen werden in den Kreis der

Erwachsenen aufgenommen, nachdem sie bestimmte Initiationsriten durchlaufen haben, in denen sie die Fesseln der Kindheit abstreifen und in die volle kulturelle Verantwortlichkeit des Erwachsenseins ihrer Gesellschaft eintreten.

Nicht nur körperlich, sondern auch psychisch markieren diese Übergangsriten einen Wendepunkt im Leben der Initiierten. Diese übernehmen mit diesem Schritt die Verantwortung für sich selbst und fügen sich gleichzeitig in die Gemeinschaft ein. Dieses Übernehmen von Verantwortung bezieht sich nicht nur auf das physische Selbst, sondern bedeutet vielmehr, spirituell zu akzeptieren, wer und was man ist. Zudem bringt es die Verpflichtung mit sich, eine bestimmte Aufgabe oder Rolle innerhalb der Stammesgemeinschaft zu erfüllen.

Die meisten dieser Rituale beinhalten eine Phase der Reinigung und des rituellen Todes, der Erkenntnis der wahren Natur der Dinge sowie eine Wiedergeburt, die oft von der Entgegennahme von Objekten und/oder körperlichen Markierungen begleitet wird, die den erfolgreichen Durchgang durch die Einweihungsriten anzeigen. Die Jugendlichen gewinnen einen neuen Status und den vollen Respekt der anderen Stammesangehörigen. Alle unterstützen und begrüßen das Auftauchen eines verantwortungsvollen Erwachsenen in der Stammesgemeinschaft. Es ist wie das letzte Stadium einer Wiedergeburt, in der der neue Erwachsene in seine eigenen Hände übergeben wird und die Verpflichtung übernimmt, selber für sich zu sorgen.

Die wesentliche Beziehung

In den westlichen Kulturen wurden diese Übergangsriten abgelegt. Wir haben keine Möglichkeit, den Wechsel von der Kindheit zum Erwachsensein zu markieren, und das hat sicherlich zum Überhandnehmen der »großen Kinder« in unserer Gesellschaft beigetragen. Ohne diese Übergangsriten müssen wir uns unsere neuen Rollen selbst ausdenken und uns den veränderten Lebensumständen, so gut wir eben können, anpassen. Was dabei herauskommt, sind »große Kinder«, die Kinder zeugen, und eine Kultur, die von pubertären Problemen überschwemmt wird. Zwar gibt es unter Jugendlichen »Einweihungsriten«, aber diese sind meistens schädlich für Körper und Geist und tragen wenig dazu bei, aus ihnen verantwortungsbewußte Erwachsene zu machen.

Wir sind in unserer Entwicklung an einem Punkt angekommen, an dem eine Menge Arbeit nötig ist und eine völlige Neuorientierung, was unsere Beziehung zu uns selbst und zu den anderen betrifft. Wir müssen unsere Jugend lehren, was wahre Verantwortung ist, aber zuerst müssen wir Erwachsene erwachsen werden, um uns auf uns selbst verlassen zu können. Dazu müssen wir erkennen, daß die meisten unserer Beziehungen, abgesehen von ihrer materiellen Funktion, unserem persönlichen Wachstum in keiner Weise förderlich sind. Unser Geist muß aktiviert werden, und unsere Seele braucht Anerkennung. Da wir über keine traditionellen Übergangsriten verfügen, die unseren Weg durch die natürlichen Entwicklungsstadien markieren, müssen wir uns selbst Zeichen und Zeremonien schaffen, die unserer Psyche den Fortschritt in unserer Entwicklung signalisieren. Mit dem Lesen eines Buches oder dem Besuch eines Seminars über den Weg aus der Abhängigkeit in die Eigenverantwortung ist es nicht getan. Um heimzufinden, müssen wir unseren eigenen Pfad durch dieses Labyrinth suchen. Es braucht Zeit und Raum, damit unser wahres Selbst auftauchen kann; und der erste Schritt dazu ist zu erkennen, daß es jemanden gibt, der darauf wartet, entdeckt und befreit zu werden.

Ein wesentlicher Zug der menschlichen Natur ist das Streben nach Vereinigung. Nach nichts sehnen wir uns so sehr wie nach Zugehörigkeit. Unsere Gesellschaft und Kultur soll uns ein Gefühl der Zusammengehörigkeit und Sicherheit vermitteln. Wir suchen dieses Gefühl der Einheit nicht allein aus Angst, sondern weil es tief in uns verankert ist. Die Sehnsucht unserer Seele nach bewußter Rückbindung steht hinter den meisten unserer Handlungen und hat tatsächlich die Geschichte der Menschheit gefärbt und geformt.

Was ist die Essenz dieser so häufig unerwiderten Sehnsucht des Menschen? Wir sind zusammengesetzte Wesen. Wir sind physische, mentale, emotionale, psychische und spirituelle Gebilde, die einen Körper bewohnen. Der erste Wunsch nach Einheit entsteht unter den verschiedenen Teilen unseres Selbst. Der zweite Wunsch ist der nach Verbindung mit anderen, und der dritte und wichtigste ist der Wunsch nach Kontakt mit etwas, das außerhalb des menschlichen Bereichs liegt. In einer tiefen und oft unbewußten Schicht streben wir nach Gewißheit, daß außerhalb der irdischen Ebene noch etwas anderes existiert. Viele unserer Zeitgenossen haben mit den meisten anderen Instinkten auch dieses instinktive Wissen verloren. Also suchen wir nach Bestätigung oder Auslöschung einer vagen Erinnerung, die aus unseren Tiefen emporsteigt. Wir scheinen wunschlos glücklich, und dennoch verspüren wir eine Unruhe in uns aufsteigen. Wir versuchen, sie zu verbergen oder ihre Wirkung auf uns abzuschwächen, indem wir Schutzmaßnahmen für unsere Sicherheit treffen. Wir folgen religiösen Lehren, die dazu bestimmt sind, unsere Ängste zu beschwichtigen, oder widmen uns anderen vergeblichen menschlichen Bemühungen, die nie den inneren Hunger stillen. Die meisten unserer konventionellen spirituellen Lehren dringen nicht bis zum Kern dieser Leere vor. Die Philosophen lehren uns, daß wir uns mit einer gewissen existentiellen Einsamkeit abfinden müssen. Die Psychologen lehren uns, daß wir unsere Kindheitstraumen integrieren und lernen müssen, mit dem Leid zu leben, das wir oft auf diese Geschehnisse in der Kindheit zurückführen. Wir heiraten und haben Kinder. Wir füllen unser Leben mit dem Bemühen aus, für die anderen zu sorgen und unsere physischen Bedürfnisse zu stillen. Aber alles ist vergeblich; wir fühlen uns weiterhin einsam. Wenn diese Sehnsucht einmal in uns erwacht ist, wird sie uns in stillen Momenten und in verschiedenster Form immer wieder befallen und versuchen, uns die wesentlichen Bedürfnisse des Geistes bewußtzumachen.[1]

Was sind diese wesentlichen Bedürfnisse?

Beziehung zum Selbst

»Erkenne dich selbst!« ist eine vertraute Phrase, die uns seit einigen tausend Jahren begleitet. Sie bildet den Kern vieler Religionen und Philosophien und gehört noch immer zu den am häufigsten mißverstandenen Konzepten, die im Umlauf sind. Die Fragen »Wer ist der, der erkennt?«, »Wer ist das beobachtende Ich?«, »Was ist der Sinn des Lebens?« haben die Vorstellungskraft und die Ängste der Menschheit seit ewigen Zeiten angeregt. In einem lebensbedrohlichen Zustand ist es ziemlich leicht, jenes Ding in unserem Inneren zu entdecken, das wir »Selbst« nennen. Es ist die lebendige, atmende und bewußte Wesenheit, die in einem konstanten Seinszustand ist. Es ist Bewußtheit, die eine innere Qualität der Lebendigkeit schafft. In den meisten nichtindustriellen Kulturen gibt es ein kollektives Verständnis dessen, was es heißt, zu *sein*. Es ist das offene Bekenntnis zu einer Macht, die größer ist als alles Sterbliche, und es werden meistens Rituale und Riten vollzogen, um sie zu ehren, zu besänftigen, zu verherrlichen oder zu bewegen, den Menschen zu helfen.

Innerhalb unserer komplexen sozialen Strukturen ist es schon schwieriger, die Frage »Wer bin ich?« zu beantworten. Unsere individuelle Beziehung zum Zustand des Planeten sagt eine Menge darüber aus, wer wir sind. Wenn wir uns um unsere atomare Sicherheit Sorgen machen, gehören wir zu den Leuten, die die Angst und Bedrohung nahe bevorstehender Vernichtung gefühlt haben (in der Tat ein lebensbedrohlicher Zustand). Wenn wir für die Rechte der Tiere eintreten, haben wir gleichfalls den Wunsch, eine untragbare Situation zu verändern, die aus Unkenntnis der Heiligkeit allen Lebens entstanden ist, und wir möchten hilflose Wesen beschützen, ohne uns dessen bewußt zu sein, daß sie einen Teil von uns repräsentieren. Wenn wir uns zum Lesen von Büchern über den Mißbrauch oder die Vernachlässigung von Menschen oder Tieren hingezogen fühlen oder uns intensiv mit diesen Themen beschäftigen, versucht wieder unsere Psyche, uns etwas mitzuteilen. Ein starkes Bestreben, den Regenwald oder ein anderes Naturgebiet zu schützen, ist eine Bestätigung unseres Bedürfnisses, einen gesunden und reinen Körper zu haben. Dies ist ein Weg, die Welt als einen Spiegel unserer eigenen inneren Wirklichkeit zu sehen.

Wenn wir die Welt als Spiegel benutzen, werden wir auf jene Dinge in unserem Inneren stoßen, die am meisten Aufmerksamkeit benötigen. Wir wissen, daß wir zuerst bei uns nach der falschen Schwingung suchen müssen, wenn wir gegen ein Unrecht angehen wollen. Ob wir in unserer Kindheit mißbraucht wurden oder selbst andere mißbrauchen – wir können an der äußeren Situation nur etwas verändern, wenn wir die Situation in unserem Inneren heilen. Nur wenn wir die richtige Beziehung zu uns selbst und zu den Menschen um uns herum gefunden haben, können wir in eine richtige Beziehung zur Erde und zu ihren Bewohnern kommen. Unsere Beziehung zum Selbst muß am Anfang unserer Suche nach Verbundenheit stehen. Unsere persönlichen Beziehungen zu Menschen, mit denen wir leben oder die wir täglich sehen, sind die Beziehungen, die mit größter Wahrscheinlichkeit unsere innersten Konflikte widerspiegeln oder diejenigen, die uns ins Licht bringen.

2. KAPITEL

Heilige Partnerschaft

Erwägen Sie einen Augenblick lang die Möglichkeit einer intimen Beziehung, deren Grundlage ein Bewußtsein bildet, das die andere Person in allen Belangen als völlig ebenbürtig anerkennt! Ebenbürtigkeit bringt nicht nur großes Mitgefühl und Verständnis für die andere Person mit sich, sondern stellt auch eine erstaunliche Herausforderung dar.

Stellen Sie sich das Bild einer Person des anderen Geschlechts vor, die genau zu Ihnen paßt. Sie sieht Ihnen nicht ähnlich und ist auch nicht gleich groß, doch auf energetische Weise stimmen Sie überein und scheinen einander seit ewigen Zeiten zu kennen. Sie sehnen sich nach denselben Dingen und verfolgen die gleichen Ziele. Ihre Lebensanschauungen und ethischen Grundsätze ähneln einander so sehr, daß sie nicht zu unterscheiden sind. Sie haben das Gefühl, daß die andere Person Sie mit Ihren Augen sieht und Sie völlig versteht, so wie Sie es in umgekehrter Weise auch tun. Ihre Zuneigung und Liebe zueinander ist so tief wie die Gefühle, die Sie für sich selbst hegen. Das Leben und die Entscheidung der anderen Person liegen Ihnen am Herzen und werden von Ihnen respektiert wie Ihre eigenen. Sie wissen, daß die andere Person für Sie dieselbe Hochachtung empfindet und sich ebenso der Wahrheit und dem eigenen Wachstum verpflichtet fühlt wie Sie selbst.

Ihre Beziehung zueinander bedeutet Ihnen beiden sehr viel, sie ist Ihnen genauso wichtig wie die Beziehung zum Göttlichen – sie ist im Grunde dasselbe. Sie wissen, daß es keine Trennung gibt, daß Ihre beiden Leben mit demselben Göttlichen verbunden sind – es ist dasselbe, und das ist es, was zählt. Sie fühlen sich wohl, geborgen, akzeptiert und erfüllt. Sie sind wunschlos glücklich. Es ist alles da zwischen Ihnen beiden. Wenn Sie gewisse Interessen haben, die die andere Person nicht teilt, so ist das kein Grund, sich zurückzuhalten oder zu versuchen, sie dem anderen aufzudrängen. Sie wissen, daß Sie mit der Unterstützung Ihres Partners rechnen können. Es steht Ihnen beiden völlig frei, zu kommen und zu gehen. Die oder der andere weiß, daß Sie für sich selbst sorgen können und erwartet das auch von Ihnen, ist aber immer da, wenn Sie um Hilfe bitten. Sie schätzen beide aneinander ihre unterschiedlichen Talente und Fähigkeiten, so wie Sie sich an den Blumen eines Gartens mit ihren verschiedenen Farben und Düften erfreuen. Es herrschen Harmonie und Gleichgewicht. Sie erkennen freudig an, wer die andere Person ist, und was sie Ihnen bedeutet. Sie betrachten es beide als Ihre Aufgabe, zu wachsen und sich zu verändern, neue Ideen und Konzepte zu integrieren und neue Wege einzuschlagen.

Sie urteilen nicht über Ihren Partner und fühlen, daß er nicht über Sie urteilt. Es gibt nichts zu urteilen. Sie sind fähig, Ihre Gedanken, Anschauungen und Gefühle so auszudrücken, daß sich die andere Person nicht bedroht fühlt. Sie wissen beide, daß Sie sich entschieden haben, hier zu sein, und daß dies der Ort ist, wo Sie sein wollen. Sie können intensive Gefühle zulassen, ohne dabei die andere Person verteidigen oder »reparieren« zu müssen. Sie wissen, daß Ihr Partner mit seinen Emotionen, Gedanken und Wirklichkeiten umgehen kann, ohne Ihnen seine Last aufzubürden. Sie können um alles bitten, was Sie brauchen oder sich wünschen, und wissen, daß Sie es manchmal bekommen werden und daß Ihnen immer geholfen werden wird. Sie können sich darauf verlassen, daß die andere Person sich nicht selbst überfordern wird, nur um Sie zufriedenzustellen oder Ihnen eine Bitte zu erfüllen, die ihr nicht genehm ist. Die andere Person kann jederzeit »nein« sagen, und Sie können erwarten, daß sie es ohne Bosheit tun wird und ohne die Absicht,

Sie zu verletzen. Sie hegen beide dieselben oder ähnliche Anschauungen über die Wahrheit, der Sie sich beide verpflichtet fühlen. Sie können beide Ihre Gefühle verbal oder physisch zum Ausdruck bringen, auch wenn diese stark oder intensiv sind. Sie haben die Gewähr, Ihre innerste Wahrheit ausdrücken zu können. Sie fühlen, daß Ihnen zugehört wird, und hören selbst zu. Sie können Freunde, Liebende oder eine Familie sein – alles, was aus der Wahrheit kommt.

Diese Beschreibung faßt die aus den Interviews hervorgegangenen Aspekte zusammen, die für das Funktionieren und die Stärke einer Beziehung sehr bedeutsam sind, wobei die folgenden Punkte noch besonders hervorgehoben werden sollten:

- Freundschaft
- die Notwendigkeit ehrlicher Kommunikation
- kein Urteilen
- Hingabe an das Selbst
- Hingabe an Gott/Göttin und die eigene spirituelle Entwicklung
- Unabhängigkeit
- Anerkennung und Wertschätzung von Ähnlichkeiten
- die Fähigkeit, Unterschiede zu akzeptieren und auch zu würdigen
- Streben nach Harmonie

Wenn zwei Menschen diese Philosophie anwenden und diese Punkte berücksichtigen, wird sich die Energie und Form ihrer Beziehung entscheidend verändern, und dies wird nicht ohne Auswirkungen auf ihr Verhalten anderen Menschen gegenüber bleiben. Ihre Kinder, Verwandte und Freunde werden davon profitieren. Selbst in ihren Geschäftsverbindungen, ihrem Bekanntenkreis und in ihrer Nachbarschaft wird sich dieser Einfluß bemerkbar machen.

Eine weise Frau, die seit fünfundvierzig Jahren verheiratet ist, verriet mir ihr Geheimnis. »Akzeptanz«, sagte sie. »Ich akzeptiere, wer er ist und was er denkt und tut, alles. Es gibt Dinge, von denen ich wünschte, sie wären anders, aber ich bin mir bewußt, daß ich ihn nicht ändern kann. Ich liebe ihn und überlasse Gott die Entscheidung, ihn zu ändern. Manchmal bete ich darum, daß sich etwas verändere, aber ich weiß nicht, was wirklich richtig für ihn ist und was er tatsächlich braucht. Es liegt in Gottes Hand. Liebe bedeutet für mich, ihn total zu akzeptieren. Akzeptieren heißt aber nicht, daß ich notwendigerweise in allem mit ihm übereinstimme, geschweige denn, daß mir alles gefällt, was er tut. Aber ich bin gewillt, dies ihm zu überlassen. Ich muß nichts an seinem Benehmen, seinen Überzeugungen oder emotionalen Reaktionen verändern, um ihn zu lieben. Ich weiß, wer er ist und wie er sich verhält, und kann mit den Seiten, die von mir verschieden sind, umgehen. Ich habe sogar an manchen unserer Verschiedenheiten Gefallen gefunden, in manchen Dingen ist es so, als ob ich mit zwei Gesichtspunkten leben würde. Ich kann Situationen aus zwei verschiedenen Blickwinkeln betrachten und manchmal aus dem Unterschied lernen. Seine Sicht erweitert mein Denken oder meine Wahrnehmung.«

Interview mit einer Künstlerin (Exkrankenschwester) und einem Psychiater, seit zehn Jahren verheiratet

Was bildet die Grundlage für diese Beziehung?
Sie: Glück und Chaos. Als wir heirateten, sagten uns gute Freunde, daß es wichtiger sei, uns mit der Wahrheit zu verheiraten als miteinander. Daß wir beide auf ähnliche Art der Wahrheit und Ehrlichkeit in einem spirituellen, aber auch in einem praktischen Sinn verpflichtet seien. Wir nahmen dies in unser Ehegelübde auf. Wir dachten, es gebe nicht viel, was wir einander realistischerweise versprechen konnten, aber wir konnten wenigstens geloben, ehrlich zu sein. Zumindest in bezug auf jene Dinge, über die wir Kontrolle ha-

ben. Wir sind in unserem Glauben, Denken und Fühlen so ehrlich wie möglich.

Er: Selbst wenn die Wahrheit hart ist oder wir nicht wissen, wo sie uns hinführen wird, sprechen wir miteinander. Wir ärgern uns vielleicht, aber darüber kommen wir hinweg. Wir versuchen nicht, die Wahrheit zu unterdrücken. Wir beide bemühen uns um Aufrichtigkeit. Wir sagen einander, was wir denken. Wir fühlen uns der Wahrheit stärker verpflichtet als dem Bemühen um die Aufrechterhaltung irgendeines Images. Wir tun das, weil wir uns verändert haben. Wir sind nicht dieselben wie vor unserer Ehe; wir machen uns ständig neue Bilder voneinander. Wir verkünden einander nicht jeden Augenblick, wie uns zumute ist, ohne uns um das zu kümmern, was sonst noch vorgeht. Alles übrige scheint sich unserer Kontrolle zu entziehen. Es gibt eine chemische Anziehung zwischen uns, die uns zusammenhält.

Was ist der Hauptzweck Ihrer Beziehung?

Er: Eine Familie zu haben, ein Kind zu haben. Aus diesem Grund haben wir geheiratet, um Kinder zu haben. Wenn wir keine Kinder gewollt hätten, hätten wir vielleicht nicht geheiratet oder vielleicht erst später.

Sie: Das ist der Plan. Wir sind offiziell verheiratet, so daß uns die Struktur hilft, lange genug zusammenzubleiben, um unsere Tochter aufzuziehen.

Wie lösen Sie Konflikte oder Unstimmigkeiten?

Er (lachend): Wir haben keine Konflikte. Wir versuchen etwas so zu formulieren, daß uns klar wird, was uns stört. Die andere Person versucht zuzuhören und zu verstehen, dann reagiert sie mit Gefühlen und Informationen. Dieser Prozeß des Redens und Zuhörens hilft uns herauszufinden, worum es im Konflikt eigentlich geht. Diesen Punkt erreichen wir im allgemeinen dann, wenn beide dasselbe Bild über die Natur des Konflikts haben. Der eigentliche Konflikt löst sich ziemlich schnell auf, und es wird klar, was zu tun ist.

Sie: Im allgemeinen kommt es zu einer Einigung. Wir beschließen selten, daß wir Probleme auf verschiedene Art lösen müssen. Sobald wir uns darüber einig sind, wo das Problem liegt, sind wir uns auch über seine Lösung einig.

Ist diese Übereinstimmung ein Teil des Glücks, von dem Sie gesprochen haben?
Sie: Wir haben zum Glück einen sehr ähnlichen Sinn für Ethik. Daher haben wir kaum Konflikte über Geld, Erziehung oder Essen. Und so ist es auf vielen Gebieten. Es dauert oft Jahre, bis zwischen uns etwas auftaucht, das wir uns ansehen müssen.
Er: Nicht nur unsere ethischen Werte, sondern auch unser Geschmack und Lebensstil sind dieselben. Die Gebiete, auf denen es Unterschiede gibt, überschneiden sich kaum. Jeder läßt den anderen auf seine Weise schalten und walten.

Wissen Sie die Unterschiede zu schätzen?
Sie: Die Unterschiede bilden keinen Konfliktstoff – sie sind nicht bedrohlich. Wir mögen dieselbe Art Nahrung, Musik und Unterhaltung. Wir mögen sogar zum Großteil dieselben Leute.
Er: Sie mag keine Dinge, die mich stören, und umgekehrt.
Sie: Unsere Übereinstimmung kommt zum Teil daher, daß wir aus derselben Stadt sind – niemand anderer aus dieser Stadt ist wie wir. Doch wir haben uns von dort heraus in dieselbe oder eine ähnliche Richtung entwickelt. Wir sind auf dieselbe Weise seltsam. Wir haben die Stadt auf dieselbe Weise verlassen. Wir haben innerlich und äußerlich den gleichen Weg eingeschlagen.

Was bedeutet Ehe für Sie?
Er: Verpflichtung – aber ich weiß nicht, wozu.
Sie: Mit unserer Heirat wollten wir unseren Familien und Freunden sagen, daß wir eine Familie sind. Wir baten sie, uns als eine Familieneinheit zu anerkennen. Wir erwarteten

eine Art Zusammenarbeit zwischen unseren Elternhäusern, wir baten sie, die andere Familie als Teil der eigenen Familie zu akzeptieren. Wir sind in diese Art von Familienkultur eingebettet. Wir haben eine gute Beziehung zu unseren Elternhäusern und zu unseren Freunden. Wir brauchen ihre Hilfe, um zusammenzubleiben. Allein sind wir dazu nicht imstande. Wir brauchen dazu eine Art Feedback, den Segen der Menschen, die wir kennen. Für uns bedeutet die Ehe Monogamie, zumindest solange wir ein kleines Kind haben.

Er: Mit unserem Ehegelübde drücken wir die Absicht aus, unsere Liebe zu feiern und eine Familie zu gründen. Deshalb haben wir es abgelegt.

Sie: Wir räumen einander eine Vorrangstellung ein. Er kommt vor meiner Familie oder meinen Freunden. Wenn es um das gegenseitige Wohlbefinden geht, gibt es eine Art Verpflichtung zur Rücksichtnahme. Man kann einander zwar nicht wirklich helfen, aber wenn er sie braucht, bekommt er mehr von meiner Energie als sonst jemand. Unsere Ehe ist eine Naturkraft, und wir waren damals klug genug, das zu erkennen. Sich zusammenzutun und ein Kind zu haben ist ein biologischer Impuls.

Er: Als wir heirateten, versprachen wir uns, unser Leben miteinander zu teilen und zusammenbleiben, komme was da wolle, selbst wenn das über unser Vorstellungsvermögen hinausgehen würde. Wir gelobten uns, einander zu respektierten und in allem aufrichtig zu sein.

Sie: Man kann nicht schwören, daß man für immer zusammenbleiben wird, aber man kann sagen, daß man zusammenbleiben will, weit über alles Vorstellbare hinaus. Für das erste Jahr verpflichteten wir uns nicht zu Monogamie. Wir kamen überein, einander pro Jahr einen Seitensprung für die Dauer von einer Nacht zu erlauben. Wir sahen vor, dieses Abkommen jedes Jahr zu erneuern. Aber wir machten nie davon Gebrauch und erneuerten es nur einmal. Nach der Geburt unserer Tochter kamen wir zu dem Entschluß, daß Seitensprünge mit unserer Ehe nicht zu vereinbaren seien.

Also sind wir kürzlich diese Verpflichtung zur Monogamie eingegangen. Wir schreiben dem anderen nicht vor, was er zu tun hat. Als ich neulich meinen alten Jugendfreund Peter besuchen wollte, sagte mein Mann, daß er nicht wolle, daß ich mit Peter schlafe. Wir sagen sehr oft, was wir wollen oder nicht, aber wir machen einander keine Vorschriften. Wir mögen zwar bitten und betteln, aber wir sagen nie: »Du mußt ...« oder »Ich verbiete dir ...« oder etwas Ähnliches.

Als wir noch nicht verheiratet waren, aber zusammenlebten, hatte ich eine Affäre. Mein Mann sagte nie: »Du darfst diesen Mann nicht sehen!« Er sagte einfach: »Ich hasse das!« Aber er schrieb mir nicht vor, was ich zu tun hätte! Also dachte ich mir: »Hier ist jemand, der eine etwas andere Auffassung von einer Beziehung hat.« Ich hatte das nicht erwartet. Er sagte mir weder, was ich tun oder lassen solle, noch schlug oder bestrafte er mich, obschon er sehr zornig war. Er fuhr einfach fort, mir zu sagen, was er wollte.

Er: Mir wurde klar, daß ich nicht in dieser Art von Beziehung bleiben wollte. Ich würde zwar nicht sofort ausziehen, aber ich begann mich nach einer andern Wohnung umzusehen. »Es wird nicht besser, und das ist nicht das, was ich will.« – Eine Woche später faßte sie den Entschluß, daß sie den andern Mann nicht mehr sehen wolle.

Sie: Nein, mir wurde klar, daß ich ihn nicht mehr sehen konnte, wenn ich nicht wollte, daß du mich verlassen würdest. Einerseits wollte ich ihn sehen und war nicht bereit, ihn aufzugeben, andererseits wollte ich nicht die Konsequenzen tragen. Ich konnte dich nicht aus meinem Leben lassen, und als mir das schließlich klar wurde, machte ich Schluß mit ihm. Es lief auf die Frage hinaus, wen ich in meinem Leben am allermeisten haben wollte. Ich traf eine bewußte Entscheidung.

Weist Ihre Beziehung Ähnlichkeiten mit der Ihrer Eltern auf?
Sie: O ja. Wir sind auf ähnliche Weise ineinander verliebt wie unsere Eltern, und wir fühlen uns wie sie verpflichtet, Kin-

der aufzuziehen und ehrlich zu sein. Respekt für den andern – das war für meine Eltern wichtig.

Er: Unsere Eltern sind nicht so bewußt wie wir, sie sind auch mehr in ein Familiensystem verwickelt. Ihre Ehen gleichen einander, so daß wir ähnliche Modelle hatten.

Sie: Ihre Ehen sind intakt. In keiner der beiden Familien gab es Abhängigkeit. Beide Familien haben liberale Ansichten und dulden keine Vorurteile. Ihre Grundanschauung darüber, wie ein guter, ehrlicher Mensch zu sein hat, ist dieselbe.

Er: In meiner Familie glaubt man, daß Lügen schlimmer sei, als jemanden zu töten. Religiöser Fundamentalismus kommt in keiner der beiden Familien vor. Meine Mutter war strenggläubig, ohne uns ihren Glauben aufzuzwingen. Es gab keine ekstatischen religiösen Erfahrungen und vielleicht auch keinen wirklichen Glauben an das Göttliche. Es war mehr eine christliche Ethik als eine wirkliche spirituelle Erfahrung.

Also haben Sie durch Ihr eigenes Wachstum zu Ihren spirituellen Grundlagen gefunden?
Sie: Ja, und es sind außergewöhnlich ähnliche.

Welche Hauptschwierigkeiten gibt es in Ihrer Beziehung?
Sie (lachend): Das Abendessen zuzubereiten. Nichts ist so wichtig, daß wir es als »Hauptschwierigkeit« bezeichnen könnten. Wenn ich schlechte Laune habe, bin ich nicht so ansprechbar. Ich weiß nicht, wie schwierig das für ihn ist. Äußere Hindernisse oder Krankheiten können uns vielleicht davon abhalten, uns um die andere Person zu kümmern. Aber das kommt nur hin und wieder einmal vor.

Er: Manchmal gibt es Unstimmigkeiten über die Erziehung unserer Tochter. Aber wir streiten nicht darüber. Wir suchen gemeinsam nach einer Lösung. Wir sind keine Gegner.

Was sind die Hauptstärken Ihrer Beziehung?
Sie: Wir sind verrückt nacheinander und nach Glück. Wir fürchten uns nicht, ehrlich zu sein. Manchmal macht es uns

ein wenig verlegen, über etwas zu sprechen, aber das läßt sich überwinden.

Er: Daß wir keine Angst haben zu zeigen, wer wir sind, ist eine wirkliche Stärke. Unser Individuationsprozeß ist sehr fortgeschritten. Jeder steht für sich allein, daher können wir uns einander zuwenden und einander anschauen. Wir sind im allgemeinen nicht mehr im kindlichen Stadium des Projizierens. Wir sind nicht übermäßig damit beschäftigt, uns gegenseitig zu umsorgen. Daß ich meine Anima oder mein weibliches Ideal auf sie projiziere, kommt nicht vor.

Sie: Wir halten einander nicht für sehr verletzlich und brauchen daher nicht ständig aufeinander achtzugeben. Sähe ich ihn als schwächer an, müßte ich mich um ihn kümmern. Aber wir haben nicht das Gefühl, daß dies notwendig sei. Wenn einer von uns tatsächlich Aufmerksamkeit will oder braucht, haben beide Seiten die Freiheit zu sagen: »Ich bin in einer Minute bei dir.« Ich muß nicht alles liegen- und stehenlassen, weil er aufgebracht ist und emotionale Hilfe braucht – wie das bei meiner Tochter der Fall ist. Er ist erwachsen und kann mit seinen Gefühlen umgehen. Sie werden ihm nicht schaden, und wenn er mit mir über sie reden muß, so kann er das tun. Er kann aber auch ein wenig warten. Er wird nicht gleich sterben ohne meine Aufmerksamkeit.

Er: Ja, und ich brauche nicht meine Bedürfnisse zu opfern, um sie zu pflegen. Wir sind nicht dazu da, um einander zu umsorgen. Wir helfen einander, wenn wir krank sind oder wenn es notwendig ist, aber wir nehmen nicht von vornherein an, daß der andere Hilfe braucht.

Sie: Es ist eine Abmachung. Er muß fragen – und ich auch. Sollte er einen schlechten Tag haben, ist es nicht meine Aufgabe, dafür zu sorgen, daß die Kinder still sind.

Woher stammt dieses Konzept? Wo haben Sie diese Selbständigkeit gelernt?

Sie: Durch bewußtseinsverändernde Drogen, Therapie und gute Freunde. Meine Verpflichtung ihm gegenüber war ich zwar schon vorher eingegangen, aber erst auf einem Trip machte ich die volle Erfahrung, was das bedeutet. Es gibt da draußen eine Menge anderer Arten von Liebe, und ich muß nicht alles von ihm bekommen. Wenn er manche meiner Interessen nicht teilt, kann ich sie mit anderen teilen.

Er: Es ist ein Sich-Ausliefern an das, was ist, und nicht der Versuch, sich etwas auszudenken und es dann umzusetzen. Es ist leichter, eine bestimmte Vision loszulassen. Nichts muß »genau so« sein. Es ist ein Vertrauen in natürliche Prozesse. Dieser Teil war nicht bloß Glück; er resultiert auch aus unserer Bereitschaft, neue Erfahrungen zu suchen und uns ihnen auszusetzen.

Sie: Unsere Offenheit hat uns einander nähergebracht, so daß wir nicht mehr befürchten müssen, von andern verschluckt zu werden. Es ist ein Eingehen emotionaler Risiken, ein Einsetzen der Instinkte im Umgang miteinander und mit anderen Leuten, an dem wir Vertrauen lernen. Ich kenne nicht viele Männer mit dieser Fähigkeit, und wenn ich einen Mann mit dieser Fähigkeit sehe, möchte ich bleiben. Wir streiten nicht. Wir greifen nicht an, und es kommt selten vor, daß wir uns verteidigen. Manchmal bemerke ich, daß ich defensiv werde.

Er: Manchmal legen wir mit Nachdruck unsere Ansicht über irgend etwas dar, aber wenn sie ohnehin angehört wird, braucht dies gar nicht mit soviel Nachdruck zu geschehen. Wenn jemand einem zuhört, braucht man nicht die Tür einzuschlagen. Wir mußten nie streiten, um gehört oder verstanden zu werden. Streiten ist in Wirklichkeit eine Art Bestrafung dafür, daß das Zuhören nicht stattfand.

Fallen Sie manchmal in gewisse Rollen, oder wählen Sie sie im Umgang mit dem andern?
Sie: Ja. Sie sind jetzt subtiler und verändern sich dauernd. Ich habe nicht das Gefühl, in einer bestimmten Rolle festgefahren zu sein. Die Rollen sind ständig in Bewegung. Manch-

mal werden sie uns etwas mehr zur Gewohnheit, aber das wird offensichtlich, und dann ist es nicht so schwer, eine Veränderung vorzunehmen. Das letzte Mal, als ich darauf aufmerksam wurde, hatte ich Meskalin genommen. Es wurde mir bewußt, daß einer der Gründe, weshalb ich dich geheiratet habe, der ist, daß du mich mit neuen und interessanten Leuten zusammenbringen sollst. Mit dir fühlte ich mich gut, besser als ich mich je mit mir gefühlt habe. Du gabst mir das Gefühl, ein guter Mensch zu sein. Wenn ich jedoch an dieser Rolle festhielte, würde das bedeuten, daß ich ihretwegen hier bin und nicht deinetwegen. Später fiel mir ein, daß ich dich ständig als eine neue Person sehen und mit dieser in Beziehung treten muß.

Er: Du hast dieselben Dinge von mir erwartet wie von deinem Großvater und deinem Vater?

Sie: Ich brauche sie nicht mehr. Der Grund, weshalb ich das damals bemerkte, war der, daß ich die Rollen wechselte. Zu Beginn unserer Beziehung warst du der spirituelle Führer, und ich war die Novizin. Ich wurde in die Meditation eingeführt und Leuten vorgestellt … Dann begann ich selbst, Leute geistig zu führen. Weil das neu war in unserer Beziehung, löste es eine Unsicherheit in mir aus. Wozu war er denn da, wenn ich jetzt in diese Rolle schlüpfte? Die Antwort liegt darin, daß er ein Teil meiner Seele ist. Als ich herausfand, daß dies unsere eigentliche Beziehung ist, begann ich, ihn um seiner selbst willen zu lieben und weniger wegen äußerer Sachverhalte. Dies gab uns mehr Spielraum. Die traditionellen Rollen (z. B. die Hausarbeit) werden weniger wichtig. Was jetzt zählt, ist, wer das Gebet leitet, und wem es zufällt, ein Ritual oder eine ernsthafte Übung durchzuführen.

Welche Veränderungen haben Sie aneinander bemerkt?

Er: Sie versteht besser, wie sie emotional funktioniert – und ich auch. Unsere Bewußtheit hat sich dadurch vertieft. Wir achten mehr auf unsere Gesundheit als vor zehn Jahren.

Sie: Er ist hübscher geworden. Du bist netter zu deiner

Mutter, besonders seit dein Vater gestorben ist. Alle großen Persönlichkeitsveränderungen passierten im Doppel, so daß keine großen Anpassungen nötig waren, um miteinander Schritt zu halten.

Haben Sie sich Ihre Traumbeziehung so ähnlich wie diese vorgestellt?
Er: Diese Beziehung übertrifft alles, was ich mir je vorgestellt habe. Meine Phantasie ist nicht so gut. Ich könnte mir nichts Besseres denken. Ich sehe allerdings Menschen, die sich dem, was wirklich und wahr ist, verpflichtet haben. Wenn sie sich verändern, werden sie vielleicht nicht mehr zusammensein, aber auch das wäre in diesem Zusammenhang absolut vollkommen.
Sie: Für mich ist die vollkommene Beziehung vor allem eine Verpflichtung zu Ehrlichkeit, Respekt und ähnlichen Dingen. Wir sind Menschen und verlieren leicht Dinge aus den Augen. Aber zum Glück verlieben wir uns immer wieder. Wir gewinnen eine neue Sicht von den Dingen und – das ist das Besondere – auch voneinander. »He, ich habe dich eine Weile lang gar nicht gesehen!«, und wir stellen wieder den Kontakt her. Aber die sich verbinden, sind zwei Menschen, wie sie heute sind, und nicht wie sie vor zehn Jahren waren.

Ihre Beziehung bleibt also immer aktuell?
Sie: Ja! Nichts bleibt unerledigt. Wir haben genug Zeit. Wenn wir etwas bemerken, was unserer Aufmerksamkeit bedarf, wird es ziemlich schnell erledigt. Er arbeitet nicht mehr als vierzig Stunden in der Woche, so daß wir jeden Tag Zeit haben, aufeinander einzugehen. Wir leisten uns den Luxus, aufmerksam zu sein. Wir arbeiten nicht beide vierzig Stunden pro Woche und ziehen gleichzeitig ein Kind auf. Wir haben eine Menge Zeit und haben uns dies ausgesucht.
Er: Wenn wir weniger Einkommen hätten, würden wir billiger leben und immer noch genausoviel Zeit haben. Das ist es, was uns wichtig ist. Dies kommt daher, daß uns unsere Beziehung

am wichtigsten ist, daß wir uns sehr lange verzweifelt danach gesehnt haben. Ich habe wirklich hart in der Therapie gearbeitet, um ein Stadium zu erreichen, in dem ich eine Beziehung wie diese haben konnte. Ich habe es mir fünfzehn Jahre lang gewünscht und ohne Unterbrechung dafür gearbeitet. Dieser starke, verzweifelte Wunsch motivierte mich, mich in dem Maße zu verändern, wie es nötig war, um dies zu bekommen. Um fähig zu sein, eine Beziehung zu führen, ohne von dieser die Lösung meiner Probleme zu erwarten.

Also haben Sie Ihre vollkommene Beziehung durch harte Arbeit geschaffen?
Er: Ja, aber zudem erschufen wir durch harte Arbeit unser perfektes individuelles Selbst und hielten dabei unsere Beziehung aufrecht. Ich änderte mich, so sehr ich konnte, und dies machte es mir möglich, den Umstand, daß ich sie kannte, zu meinem Vorteil zu nutzen. Wir wurden zuerst Freunde. Für mich war von Anfang an Romantik im Spiel, aber sie war mit einem anderen zusammen. Ich war beeindruckt, daß sie mir Zuneigung zeigen konnte und dennoch innerhalb ihrer Grenzen blieb – innerhalb der sexuellen, romantischen Grenzen mit ihrem Freund. Ich hatte nie zuvor eine Frau getroffen, die liebevoll sein und gleichzeitig vernünftige Grenzlinien ziehen konnte, die funktionierten. Ihre Grenzen funktionierten – sie brauchte nicht alles zu bekommen. Andere waren zwar freundlich zu mir, aber nicht liebevoll. Alles oder nichts. Sie war ein wenig subtiler.

Zu ihr: Woher wußten Sie, wie man das macht?
Sie: Ich wußte, wie man sich zu verhalten hat. Eine körperliche Grenze zu ziehen ist ziemlich primitiv. Damals hielt ich Energie und Körperlichkeit für dasselbe. Ähnlich wie manche Menschen die Aura sehen können, kann ich »Leben« zwischen Menschen sehen. Außerdem absolvierte ich eine Ausbildung in Familientherapie. Ich erhielt Unterricht über Beziehungen. Das war genau das, was ich lernen wollte. Ich hatte

alle Formen von Beziehungen schon immer sehr kritisch beobachtet. Daher konnte ich, als ich zur Schule ging, bereits Dinge identifizieren, wie zum Beispiel das Fehlverhalten zwischen den Generationen. Es sollte nicht vorkommen, daß sich die Großmutter mit dem Enkelkind gegen die Eltern verbündet oder der Vater mit einem Kind gegen die Mutter. Die beiden Kinder gegen die Eltern, so sollte es sein. Diese natürlichen Gesetze ließen sich beobachten. Da ich in einer »Gang« war, glaubte ich an die Freundschaft zwischen Frauen. Neu und aufregend war für mich die Möglichkeit, einen festen Freund zu haben und gleichzeitig die Freundschaft zu anderen Männern zu pflegen. Im College lernte ich, Freundinnen zu haben, ohne daß irgendwelche romantischen Gefühle im Spiel waren, und dieses Verhalten dehnte ich auch auf Männer aus. Auf der sexuellen Ebene war ich mir nicht sicher genug, um damit zu spaßen. Ich war nicht verführerisch. Ich hatte eine klare Einstellung in bezug auf unfaires verführerisches Verhalten. Meine Mutter wußte, wie man Schönheit in Machtbeziehungen einsetzt. Sie verstand es zu bekommen, was sie wollte, ohne sich sexuell verführerisch zu geben. Sie war sich ihrer selbst sehr bewußt und benutzte ihren Charme im Umgang mit Männern. Charme geht von einem anderen Chakra aus. Er ist ein Talent. Man kann auch bei Beziehungen begabt sein. Ich sah meine Eltern nie Verführungskünste im Umgang mit anderen Leuten anwenden.

Er: Nein, meine auch nicht. Da sie keinen Alkohol tranken, verloren sie nie den Sinn dafür, wer sie waren. Ich habe nie gesehen, daß so etwas vorgekommen wäre und einer von ihnen seine Grenzen überschritten hätte.

Sie: Ich blieb lange genug in meinem Elternhaus, um zu wissen, daß solche Verhaltensweisen nicht richtig sind.

Er: Im Vergleich zu unseren Freunden hatten wir gute Vorbilder. Als ich aufwuchs, hatten meine Eltern ihre Probleme, aber heute sind diese ein Nichts in meinen Augen. Wir bekamen nicht irgendeinen religiösen Glauben von ihnen aufgestülpt.

Sie: Ich wurde nicht soviel zum Denken ermutigt, aber mir wurde auch nicht vorgeschrieben, was ich denken sollte. Auf diese Weise bleibt die Formbarkeit erhalten und wird störrischem Widerspruch vorgebeugt.

Wie drücken Sie Ihren Zorn aus?
Er: Ich sage laut, was ich fühle. Ich versuche, niemanden zu beschuldigen, anzugreifen oder zu verletzen. Ich sage: »Das ist es, was ich fühle.« Im Gegensatz zu: »Du tust mir das an.« Wenn ein Paar zu mir in die Therapie kommt, rate ich ihnen, dasselbe zu tun. Je weniger man die andere Person beschuldigt, richtet oder zu ändern versucht, desto besser funktioniert es. Wenn man nur die eigenen Gefühle formuliert, fühlt sich die andere Person nicht bedroht. Trotzdem schreien wir manchmal, oder ich schlage eine Tür zu.

Wenn Ihre Frau etwas tut, was Sie ärgert – sind Sie dann imstande, Ihren Zorn auszudrücken, ohne ihn gegen sie zu richten?
Er: Ja doch, ziemlich gut.
Sie: Er macht mich nicht zornig. Wir gehen nicht soweit.
Er: Es passiert eher bei unserer Tochter. Wir versuchen, uns auch ihr gegenüber so zu verhalten; aber mit ihr sind wir weniger erfolgreich, weil wir eher in Zorn geraten. Je zorniger man ist, desto schwieriger wird es.
Sie: Ich versuche mich zurückzuziehen, anstatt sie anzuschreien. Ich versuche, meine Reaktionen zu stoppen. Ich gerate nicht oft in Zorn, aber wenn dies geschieht, speichere ich ihn in meinem Körper. Das ist mir lieber, als ihn gegen andere Leute zu richten. Inzwischen versuche ich, dieses Verhalten wieder zu verlernen. Ich versuche, mehr in meinem Körper zu sein, meinen Zorn auch zu spüren.

Wie steht es mit Sex?
Sie: Sex ist großartig!
Er: Er wird ständig besser.

Sie: Unser Verlangen nach Sex ist ähnlich, und das ist ein besonders glücklicher Umstand. Ich sehe, wie viele Probleme andere Leute damit haben. Wenn die Unterschiede zu groß werden, geht man auseinander. Es überrascht uns immer wieder aufs neue, daß wir immer noch so großen Gefallen aneinander finden. Es gibt Zeiten mit gewöhnlichem Sex und Zeiten mit außergewöhnlichem Sex. Es kommt nie vor, daß einer Sex haben will und der andere nicht – nun, sehr selten. Außer wir sind krank. Wir betreiben Gymnastik. Dadurch wird unsere Energie stärker und besser, und mit ihr wächst auch das Verlangen aufeinander.

Wie wichtig ist Sex für eine Beziehung?
Er: Grundlegend wichtig. Wenn wir keinen Sex haben, ist er überhaupt nicht wichtig. Wenn wir Sex haben, ist er das Wichtigste. Aber er spukt uns nicht dauernd im Kopf herum. Ich glaube, wir sind zufrieden bis zum nächsten Mal.
Sie: Ich hoffe, wir bleiben bis ins hohe Alter sexy, da ich mir diese seelische Verbindung ohne die starke sexuelle Verbindung nur schwer vorstellen kann. Ein großer Teil der seelischen Verbindung läuft über den Körper, also ist eine intime Beziehung notwendig. Beim Sex mache ich selten etwas, bloß um ihm Vergnügen zu bereiten. Es geschieht alles zu meinem Vergnügen, und zum Glück gefällt es ihm auch. Die tiefste Erregung ist im Grunde eine unteilbare Erfahrung, ähnlich wie ein Trip. Und dennoch ist er da. Ich könnte diese Zustände nicht ohne ihn erreichen.

Phantasieren Sie beim Sex?
Sie: Phantasieren? Nein, niemals. Ich täusche nichts vor. Ich verliere mich in der Erfahrung. Wir machen überhaupt nie sehr viel von unserer Phantasie Gebrauch. Früher kam es öfter vor, jetzt praktisch nie. Anscheinend ist die intensive gemeinsame Erfahrung ein so starkes emotionales Band, daß es auch im Alltag funktioniert und bewirkt, daß die Energieströme zwischen uns im Fluß bleiben. Unter unseren körper-

lichen Kontakten nimmt Sex die meiste Zeit in Anspruch. Wir umarmen oder küssen einander kurz im Laufe eines Tages, aber für Sex wenden wir wirklich Zeit auf. Ein Teil von mir scheint zu glauben, daß wir, wenn wir keinen Sex hätten, überhaupt nicht körperlich wären. Das erscheint mir eigentlich sehr merkwürdig.

Er: Nach der Geburt unserer Tochter war mein sexueller Appetit größer, und ich hatte sexuelle Phantasien über andere Frauen. Du warst mehr mit unserer Tochter zusammen als mit mir. Meine Phantasie begann, aktiv zu werden. Aber in letzter Zeit kommt das nicht mehr vor. Mein Appetit ist gestillt.

Sie: Seitdem ich zu arbeiten aufgehört habe, kann ich mehr ich selbst sein. Ich bin weniger müde und habe keine Schmerzen mehr. Aufforderungen zum Sex gehen wechselweise von uns beiden aus. Er pflegte sexuell hungriger zu sein, aber seit ich regelmäßig Gymnastik treibe, bin auch ich aktiver geworden. Wir finden einander sexy und hübsch. Wir scheinen füreinander mehr Attraktivität zu besitzen als für Außenstehende. Wir sehen nicht wie Models aus, trotzdem finden wir einander sehr begehrenswert. Dadurch bleiben wir von den Annäherungsversuchen anderer verschont, die uns nur stören würden.

Führen Sie das bewußt herbei?

Sie: Vielleicht denken wir manchmal, es wäre doch nett, wenn jemand anderer Interesse zeigen würde, aber wir sind nicht so erpicht darauf, daß wir etwas dafür tun würden. Die glücklichsten Paare, die wir kennen, verhalten sich genauso. Die Energie ist befriedigt und geht daher nicht nach außen. Beim Sex fühle ich mich dem Teil von uns nahe, der vereinigt ist. Alles scheint eins zu sein im Universum, wenn wir Sex miteinander haben.

Er: Meine Vorstellung davon, wo ich aufhöre und sie anfängt, scheint sich beim Sex zu verwischen.

Sie: Er ist ein großartiger Liebhaber. Wir gehen aufeinander ein. Wir verlieren uns in der eigenen sexuellen Erregung nicht so sehr, daß wir nicht aufeinander achten können.

Wie steht es mit der Monogamie?
Er: Wir haben nicht genug Zeit und Energie, um fremdzugehen. Wenn wir kein Kind hätten oder nicht arbeiten müßten, könnte ich mir vorstellen, daß vielleicht genug Zeit und Energie da wäre, um sich auf ein romantisches Abenteuer mit jemand anderem einzulassen. Trotzdem wäre es schwierig, weil das Bedürfnis danach nicht stark genug ist. Wir fühlen uns nicht wirklich von jemand anderem angezogen.
Sie: Nun, wir haben zwar andere attraktiv gefunden, aber für eine Beziehung hat es nicht ausgereicht. Wir sind uns dessen bewußt genug, um es nicht auszuleben. Außerdem entspricht die Monogamie mehr unserem Naturell.

Empfinden Sie die Monogamie als biologisches oder als spirituelles Bedürfnis?
Sie: Ich glaube nicht, daß es ein biologisches Bedürfnis dafür gibt. Die Menschen sind wahrscheinlich nicht von Natur aus monogam.
Er: Ich sehe es eher als ein spirituelles Bedürfnis an, sich mit allen oder so vielen Menschen wie möglich auf einer tiefgehenden Ebene zu verbinden. Wenn es nicht um Zeit und Energie ginge, wären wir alle eine einzige ekstatische Masse. Eine große Familie. Spirituell streben wir danach, uns mit anderen Menschen eins zu fühlen.
Sie: Spiritualität ruft eher ein polygames Verhalten hervor, aber eine Entwicklung in der Biologie und Soziologie hat uns offensichtlich in dieser Gesellschaft in Richtung Monogamie geführt, auch mit dem Ziel, Kinder aufzuziehen.
Sie: Das Ideal ist, daß die Ehe zumindest so lange hält, bis die Kinder in der Oberstufe sind und über Mann und Frau Bescheid wissen. Sie müssen miteinander sanft und liebevoll umzugehen lernen und am Beispiel ihrer Eltern sehen, wie es ist, wenn zwei Menschen einander lieben.

Wie gehen Sie angesichts Ihrer Verpflichtung zur Monogamie mit Ihren Gefühlen zu anderen Menschen um?

Sie: Wir zerreden sie, bis die Anziehung vorbei ist. Wir verstecken sie nicht. Wir haben ein Art Abkommen: Wir sind ehrlich in bezug auf unsere Wunschvorstellungen.

Er: Es wird nichts verheimlicht. Wenn einer von uns beiden sich für jemand anderen zu interessieren beginnt, sprechen wir darüber. Wir wissen, daß es unser eigentlicher Wunsch ist, daß unsere Beziehung funktioniert, und wir wollen nicht irgend etwas anderem nachlaufen.

Sie: Ich glaube, daß durch das offene Aussprechen die Energie in die eigene Beziehung zurückgeführt werden kann, anstatt daß sie irgendwo »da draußen« ist. Wenn ich insgeheim Wunschvorstellungen in bezug auf jemand anderen hege und nicht darüber rede, entzieht das meinem Mann Energie. Es dreht sich alles um ein Wunschbild in meinem Kopf, über das er nichts weiß. Das einzige, was er bemerkt, ist, daß ich kühl bin.

Er: Aus der Psychologie weiß ich, daß eine Phantasie, wenn sie beim Namen genannt wird, ihr Geheimnis und damit ihre Macht verliert. Weil man sie im wirklichen Leben eigentlich gar nicht haben will, verliert sie ihren verführerischen Charme und ihre Macht über einen. Hat man Angst, sie offen auszusprechen, dann ist es um einen geschehen.

Sie: Als wir erst kurz in dieser Stadt wohnten, fühlte er sich von einer jungen Klientin angezogen, die ihn an eine Jugendfreundin erinnerte. Wenn er nach Hause kam, erzählte er mir davon – zwei- oder dreimal sprachen wir über seine Gefühle zu ihr. Für mich war es sehr wichtig zu wissen, was auf dieser Seite der Übertragung vorging. Ansonsten hätte er keinen Rückhalt gehabt. Ich wurde zu seinem Supervisionskomitee.

Was ist die spirituelle Grundlage Ihrer Beziehung?

Sie: Sie ist ziemlich formlos.

Er: Die spirituelle Grundlage ist der Seinsgrund.

Sie: Eine jenseitige Macht, die kosmische Wahrheit, trägt uns.

Sie entzieht sich unserer Kontrolle, aber wir haben an ihr teil und sind uns dessen mehr oder weniger bewußt. Kosmische Wahrheit.

Er: Die spirituelle Grundlage unserer Beziehung ist die spirituelle Grundlage dessen, was den Menschen ausmacht. Es läßt sich nicht aussprechen. Wo lebt Gott? Gott ist in allem, was wirklich ist und sich nicht verändert, in allem, was nicht zerstört werden kann und was ewig ist.

Sie: Es gibt leider keine Regeln für das Sein. Es wäre sehr bequem, irgendeinen Glauben mit Regeln zu haben, denen wir folgen könnten, aber über diese Stufe sind wir hinaus.

Er: Es auf diese Weise zu sehen heißt, daß ich weder eine defensive noch sonst irgendeine bestimmte Haltung einnehmen muß, weil ohnehin für alles gesorgt wird. Wir sind ein Teil der Wirklichkeit, und ich kann mich darauf verlassen, daß das, was wirklich ist, wirklich ist, egal was ich darüber denke oder fühle. Also habe ich weder eine bestimmte, für mich richtige Vorgehensweise zu verteidigen, noch brauche ich alles zu verstehen. Ich muß nicht alles verstehen, was in ihr vorgeht. Daß dies keine Bedrohung für unsere Beziehung darstellt, haben wir erst nach einigen Jahren unseres Zusammenseins gelernt. Wir stellten fest: »Okay, im Moment haben wir uns einander etwas entfremdet«, ohne daß ich versuchen müßte, schnell wieder alles zusammenzukleben. Meine spirituelle Einstellung ließ mich davon ausgehen, daß Entfremdung ein Gemütszustand ist, der kommt und geht, so wie das auch andere Gemütszustände tun. Unsere Beziehung ist aber nicht von unserem Gemütszustand abhängig.

Sie: Stimmungen und Emotionen sind zyklisch und natürlich. Wir können sie zulassen, ohne sie ständig den Wünschen oder Bedürfnissen anderer anpassen zu müssen. Sie nehmen ihren natürlichen Lauf, wenn wir ihnen nicht zu sehr in die Quere kommen. Es gibt genug Raum für diesen Prozeß – er jagt uns keine Angst ein.

3. KAPITEL

Energetischer Ausverkauf

Vom ersten Kontakt an, egal ob es sich um einen persönlichen, schriftlichen oder telefonischen Kontakt handelt, werden bereits die Weichen für den Verlauf einer Beziehung gestellt. Wir können dieses Wissen Intuition oder sechsten Sinn nennen. Außerdem haben wir es mit einer kulturellen und sozialen Konditionierung zu tun. Männer sprechen mit Frauen anders als mit Männern, selbst in geschäftlichen Belangen. Frauen erwarten von Frauen eine andere Behandlung als von Männern. Es scheint sich um stillschweigende Abmachungen zu handeln, die uns weitgehend unbewußt bleiben und durch unsere Verhaltensmuster, unsere Ängste, unsere Gewohnheiten und unsere Erwartungen mit beeinflußt sind. Das Eingehen von Beziehungen auf diese unausgewogene und unharmonische Weise fördert den Fortbestand der alten Beziehungs- und Verhaltensmuster.

Energetische Machtspiele

Die Menschen sind seit Tausenden von Jahren in fast allen ihren Beziehungen in Machtspiele verwickelt. Eine unserer vorherrschenden Strukturen besteht darin, unsere persönliche Kraft aufzugeben, um das unserem Gefühl nach Notwendige für das Überleben zu sichern. Bei diesen Spielen geht es immer um unser Überleben. Menschen, die diese Spiele spielen, glauben, daß ihr Überleben von jemand anderem abhängig sei. Unsere Körperchemie reagiert auf diese Überlebensorientierung mit einer Ausschüttung von Adrenalin, die uns in eine Hochstimmung versetzt, nach der wir süchtig werden. Doch wenn der Körper ständig diese »Überlebenschemie« produziert, beginnen wir uns ausgelaugt zu fühlen. Die Überlebenschemie entsteht durch die Drohung, daß jemand anderer Macht über unser Leben und unseren Tod besitzt. Die Überlebenschemie ruft zweierlei Reaktionen im Menschen hervor: Entweder geben wir auf und werden zum Opfer, oder wir setzen uns zur Wehr und üben soviel Macht wie möglich aus, um die Kontrolle zu behalten. Beide Verhaltensweisen sind eine Reaktion auf das Machtproblem.

Energetisch nimmt diese Form von Machttrip ihren Ausgang in unserem *Wurzelchakra*. Wir Menschen operieren seit der Steinzeit von diesem Chakra aus. Als sich entwickelnde Wesen sind wir gerade dabei, die Notwendigkeit hinter uns zu lassen, in erster Linie aus dem Bereich der drei unteren Chakren zu agieren. Das erste Chakra ist das für unser Überleben verantwortliche Energiezentrum. Es enthält die gesamte Energie, die zum Leben erforderlich ist, sei es zur Beschaffung von Nahrung, Kleidung oder zur Sicherung unserer Existenz. Das Wurzelchakra hat seinen Sitz im Körper unterhalb der Spitze der Lendenwirbelsäule, zwischen Steißbein und Perineum. Seine Schwingungsfrequenz kommt jener der Erde am nächsten, sie ist langsamer und wellenähnlicher als die der anderen Chakren.

Die Menschen haben im Laufe ihrer Entwicklung gelernt, von der diesem Zentrum innewohnenden Kraft zerstörerischen Gebrauch zu machen. Wir haben Verhaltens- und Denkweisen genährt, die besagen, daß wir danach trachten müssen, alles zu bekommen. (Sonst glauben wir, wir hätten nicht genug.) Die Angst, daß nicht genug da sei, hat die Menschen dazu getrieben, sich und den gesamten Planeten auszubeuten und zu zerstören. Das Machtverhalten des Menschen hat uns an den Rand der drohenden Selbstzerstörung gebracht. In seinem Glauben, andere beherrschen zu müssen, hat er sich diese Machtspiele zur Gewohnheit gemacht. Wir haben unser natürliches Wissen und jeden Glauben an die Möglichkeit eines harmonischen und ausgewogenen Daseins verloren, eines Lebens im Paradies, wo für jeden genug da ist und alle zufrieden sind.

Wenn wir geerdet und imstande sind, für unsere körperlichen Bedürfnisse zu sorgen, werden wir eine harmonische Beziehung zur Energie des Wurzelchakras bekommen und unsere Macht über andere nicht zum Zwecke des Überlebens mißbrauchen. Wenn wir die Trennung zwischen uns und der Erde heilen und unsere Vorstellungen, daß wir für unser Überleben kämpfen müssen, überwinden, geben wir uns und unseren Mitmenschen die Chance, ein erfülltes und befriedigendes Leben zu führen. In der indischen Yoga-Tradition wird die Lebenskraftenergie, die in dem Zentrum am Ende der Wirbelsäule ihren Ursprung hat, »Shakti« oder »Kundalini« genannt. Sie bewegt sich durch die Wirbelsäule nach oben, bis hinauf ins Gehirn und durch das Nervensystem in alle Teile unseres Körpers. Wenn dieser Aspekt von uns in Gleichgewicht und Harmonie ist, fühlen wir uns von den Wellen der Schöpfung getragen und in Sicherheit. Für die meisten Menschen bedeutet die Verwirklichung von Sicherheit das Übernehmen von Eigenverantwortung auf der materiellen Ebene.

Das *zweite Chakra* ist das Zentrum der kreativen Energie. Es ist unser *sexuelles* und empfangendes Zentrum. Wiederum ist die gestörte Beziehung zu unserem Wurzelchakra daran schuld, daß wir auch die Kraft dieses Zentrums dazu benutzen, andere zu beherrschen und zu manipulieren. Aus Unwissenheit und Vergeßlichkeit mißbrauchen wir diese Energie, was dazu führt, daß wir unsere Sexualität erniedrigen und oft auf eine primitive und tierische Weise zum Ausdruck bringen. Männer ziehen in den Krieg und verdecken damit ihr Bedürfnis nach sexueller Dominanz. Frauen lassen ihren Körper von Männern und der Gesellschaft kontrollieren, um dafür eine verzerrte Art von Anerkennung oder Respekt zu erhalten, wenn sie zur Ehefrau und Mutter werden.

Der eigentliche Sinn des zweiten Chakras liegt in der Kreativität. Die Menschen kennen kaum die tiefere Bedeutung dieses Zentrums, noch machen sie von den Möglichkeiten Gebrauch, die es ihnen bietet. Wir haben unseren Körper krank gemacht und die Erfahrungen unserer Seele befleckt, indem wir diese Energie auf ein so niedriges Niveau gebracht haben, wie es in der allgemein üblichen Sexualität zum Ausdruck kommt. Wir haben das Wissen verloren, daß die sexuelle Energie eine heilende und Veränderung herbeiführende Energie ist und daß sie die kreativste Kraft ist, die den Menschen zur Verfügung steht. Auf sexuellem Gebiet scheint es für uns nur zwei Möglichkeiten zu geben: den weitestgehenden Verzicht auf die sexuelle Kraft oder den Versuch, mit ihrer Hilfe andere zu beherrschen. Impotenz und Frigidität sind Wege, die die Psyche wählt, um abzuschalten, wenn diese Energie in unangemessener Weise verwendet oder anderen überlassen wird.

Wenn dieses Zentrum geheilt und geöffnet und von den Beschränkungen durch religiöse oder gesellschaftliche Vorschriften befreit wird, finden die Menschen in eine fast kindliche Spielfreudigkeit zurück. Menschen, die ein offenes und gesundes Sexualzentrum haben, stehen in Einklang mit der Erdebene und sind gleichzeitig mit ihrer Spiritualität verbunden. Wenn dieses Zentrum gesund ist, wird eine Energie freigesetzt, die einerseits starke Kreativität und andererseits positives Wachstum und Heilung bewirkt. Diese heilende Energie kann sowohl zur Selbstheilung als auch zur Heilung anderer verwendet werden, wenn sie in entsprechender Weise und ohne falsche Scham eingesetzt wird.

Das *dritte Chakra* ist das *Kraftzentrum* unseres Körpers. Sein Sitz ist im Solarplexus, dort wo die Rippen und das Brustbein zusammentreffen. Dieses Zentrum ist mit der Sonne verwandt; es ist der Ort unserer persönlichen Kraft. Ein unangemessener Umgang mit der Energie dieses Zentrums läßt es zu einem Zentrum von Zorn, Frustration, Angst und Sorge werden. Verstehen wir es aber, mit dieser Energie umzugehen und sie auf natürliche Weise auszudrücken, dann schafft dieses Energiezentrum eine harmonische und ausgewogene Verbindung zu anderen Menschen. Wenn es aus dem Gleichgewicht geraten ist, führt es zu Manipulation und zu Machtspielen, von denen die Welt heute beherrscht wird und die sie zu zerstören drohen.

Menschen, die fähig sind, ihre potentielle Kraft zu fühlen, auszudrücken und zu leben, können zulassen, daß die Energien der anderen Chakren durch dieses Zentrum fließen. Solche Menschen strahlen Sicherheit, Zufriedenheit und spielerische Sinnlichkeit aus und verbreiten kreative, heilende Energie. Sie sind imstande, diese Kraft mit anderen zu verschmelzen und ein vollschwingendes Leben zu führen.

Wie wir dorthin gelangt sind, wo wir heute stehen

Warum brauchen Menschen Primärbeziehungen? Die meisten Menschen geben als Grund für ihre Eheschließung an, daß sie eine Familie gründen wollen, um den heranwachsenden Kindern ein sicheres Heim zu bieten. Unsere heutige Gesellschaft hält es für das Beste, daß die biologischen Eltern eines Kindes von seiner Empfängnis bis zu seiner Heiratsfähigkeit zusammenbleiben. Bis vor etwa zwanzig Jahren noch gab es schwerwiegende soziale und religiöse Tabus gegen Trennung oder Scheidung. Frauen und Männer waren gezwungen, ein Leben lang nebeneinander auszuharren und alles mögliche zu ertragen – sexuellen Mißbrauch, Vernachlässigung, Intoleranz, Kränkungen usw. Sobald die Ehe einmal vollzogen und die Familie gegründet war, gab es kein Zurück mehr. Ganze Königreiche wurden von Königen und Prinzen aufgegeben, die sich für eine Scheidung entschlossen. Diese Praxis scheint im neunzehnten Jahrhundert ihren Höhepunkt erreicht zu haben und ist jetzt, am Ende des zwanzigsten Jahrhunderts, am Abklingen.

Auf der anderen Seite gibt es jetzt eine ganze Generation

von Kindern, von denen ein Drittel die Erfahrung machen mußte, daß ihre Familie in die Brüche ging. Unter den heiratsfähigen jungen Leuten aus dieser Generation herrschen zwei Tendenzen vor: verfrühte und überstürzte Eheschließung, die wieder Stabilität in das eigene Leben bringen soll, oder eine starke »Anti-Ehe-Haltung«. In der hohen Scheidungsrate spiegelt sich die Suche und das Bedürfnis nach Freiheit. Wie können wir die Freiheiten, die durch das Recht auf Scheidung entstanden sind, wahren und andererseits verhindern, daß die Kinder, die aus zerbrochenen Ehen kommen, solchen Schaden nehmen? Es gibt Familien, denen es trotz Trennung gelingt, sich und den Kindern kein Leid zuzufügen. Doch solche Fälle sind selten. Müssen wir uns also einfach mit der alten Lösung zufriedengeben, daß die Ehe um jeden Preis der Kinder willen aufrechterhalten werden muß?

Wenn die Familie intakt und im Gleichgewicht ist, bekommt das Kind eine solide Grundlage, um später selbst eine gute Ehe zu führen. Wenn die Eltern ähnliche Ansichten über die Erziehung von Kindern haben, kann das Kind lernen, wie es ist, wenn ein Mann und eine Frau ein gemeinsames Ziel verfolgen. Ein solches Kind wird automatisch ein Gefühl für Sicherheit und Harmonie entwickeln und eine konkrete Unterweisung in den ethischen Anschauungen seiner Eltern empfangen. Es wird über ein funktionierendes Modell verfügen, das es in sein Erwachsenenleben hinübernehmen kann. Und selbst wenn es dieses Modell nicht annimmt, sondern sich dagegen auflehnt, besitzt es eine solide Basis, die es als Ausgangspunkt für sein Verhalten als zukünftiger Elternteil benützen kann.

Gegenseitige Abhängigkeit

Über gegenseitige Abhängigkeit ist schon viel geschrieben worden. Im allgemeinen kommt es zu dieser Form von Abhängigkeit, wenn zwei Menschen eine Beziehung eingehen, ohne zuerst ihre innere Wahrheit entdeckt zu haben, oder wenn sie durch familiäre oder soziale Traumata verletzt worden sind. Doch selbst Menschen ohne ernsthafte Schädigung neigen aufgrund des sozialen und familiären Drucks oder des emotionalen Zwangs zu unbewußten Verhaltensweisen. Weil sie nicht dem entsprechen, was üblich ist, fürchten sich viele Menschen davor, abgelehnt zu werden. Diese Angst läßt sie die allgemein üblichen Beziehungen eingehen, die für den Tod der Familie und unserer Gesellschaft verantwortlich sind.

Gegenseitige Abhängigkeit ist die Folge davon, daß wir es nicht wagen, einander innig zu vertrauen. Wir versuchen ständig, anders zu erscheinen, als wir wirklich sind. Um gut dazustehen, versuchen wir nett zu sein; doch dieses Verhalten fördert nicht den authentischen Ausdruck unseres Selbst. Familien leben und sterben, ohne je verstanden zu haben, warum sie nie wirklich zufrieden oder glücklich waren. Sie mögen zwar feststellen, daß sie materiellen und sozialen Erfolg erreicht haben, aber wenn sie nachts wach liegen, fühlen solche Menschen eine Leere in sich, die sie in ihrer Existenz bedroht. Dies verursacht ihnen große Angst, und sie können es gar nicht erwarten, sich am nächsten Morgen schnell etwas Neues zu kaufen, einem bekannten Klub beizutreten, mit jemandem zu schlafen oder den neuen Bestseller zu lesen. Sie schauen sich ständig außerhalb ihres Selbst nach etwas um, was getan werden kann.

Natürlich liegt die Lösung nicht im Tun, sondern im Sein. Wir müssen lernen *zu sein*, um endlich die ganze Fülle unseres Menschentums zu erreichen. Mann und Frau haben beide noch nicht entdeckt, wer sie wirklich sind. Alle Menschen haben unabhängig von ihrem Geschlecht sowohl männliche als auch weibliche Teile in sich. Der weibliche Aspekt in uns wird vor allem von den Frauen geschaffen, die in unserer Jugend als Elternteil oder Lehrerinnen wichtig für uns waren und deren Beispiel wir nachahmten. Auch der männliche Aspekt entsteht durch Nachahmung (des Modells des Vaters oder einer anderen männlichen Bezugsperson).

Die wenigsten Elternpaare bestehen aus zwei Erwachsenen, die einander liebevoll und bewußt unterstützen. Oft versucht einer den anderen zu bevormunden und zu beherrschen. Beide vergeuden ihre Kraft, um etwas aufrechtzuerhalten, was sie einst als Ziel einer Ehe oder Familie angesehen haben. Oder sie mühen sich allein ab, Antworten auf ihre Fragen zu finden.

Zu gegenseitiger Abhängigkeit kommt es, wenn Menschen einander benutzen und dadurch sich und anderen Kraft rauben. Dies geschieht, wenn Menschen glauben, daß ihr Selbstwert gefährdet ist, oder wenn sie ihre wahre Identität und Kraft nicht kennen. Wenn Menschen nicht wissen, daß sie sowohl männliche als auch weibliche Aspekte haben, führt das ebenfalls zu gegenseitiger Abhängigkeit. Sie fühlen sich dann nur als halbe Menschen und versuchen, die fehlende Hälfte mit Liebe anderer aufzufüllen.

Die Indianer Nordamerikas haben ein Bild für das richtige Zusammenfügen von männlicher und weiblicher Energie: »In der Lakota-Tradition ist es Brauch, eine heilige Pfeife zu rauchen, wenn in einer Zeremonie um Segen oder Hilfe gebetet wird. Der Pfeifenkopf, der den Tabak, eine Pflanze mit männlichen und weiblichen Eigenschaften, enthält, ist ein Symbol für das Weibliche, das Empfangende, das Gefäß der Lebenskraft. Der Pfeifenstiel stellt das Männliche dar, das in das Weibliche eindringt und es befruchtet. Durch das Zusammenfügen von männlich und weiblich entsteht die Verbindung zur göttlichen Energie des Großen Geistes.«[2]

Wenn wir imstande sind, den Zugang zu unserem inneren Wert und unserer inneren Stärke zu finden, werden wir auf Gold stoßen. Nicht nur haben wir alle besondere Talente und Fähigkeiten, sondern wir verfügen auch über das Wissen, das wir brauchen, um ganze Menschen zu sein. Viele von uns haben das tief in ihnen schlummernde Wissen nie zur Kenntnis genommen oder scheinen es nicht für wichtig zu halten. Bis zur nächsten Krise tanzen wir nach der Pfeife anderer oder lehnen uns gegen sie auf, ohne uns über unsere Existenz irgendwelche Gedanken zu machen. Die Krise kann in Form von Krankheiten oder familiären Schwierigkeiten auftreten. Sie kann auch eine Streßattacke oder die Reaktion auf die lebensbedrohende Krankheit eines anderen Menschen sein. Sie wird kommen und uns Gelegenheit geben, unsere Sinne zu wecken und herauszufinden, wer diese Person ist, mit der wir so viele Jahre zusammengelebt haben, ohne sie je wirklich zu kennen.

Wenn wir Primärbeziehungen eingehen, so geschieht das im allgemeinen auf eine romantische Weise. Wenn unsere Beziehung in Ordnung ist, glauben wir, einen gewissen Grad von Sicherheit erreicht zu haben. Aber dieser Hunger nach Verschmelzung führt nicht zu unserer Heilung, sondern zu den üblichen Beziehungen, die das Gefühl des Getrenntseins noch fördern, das wir so verzweifelt loswerden wollen.

Romantische Liebe basiert nicht auf der Wirklichkeit, sondern auf dem Konzept, erobert, verführt, gefangen, gehalten oder an einen anderen Menschen gebunden zu sein. Und wir sind gerne bereit, demjenigen die Kontrolle über unser Leben zu überlassen, der uns Sicherheit oder »ein glückliches Leben bis ans Lebensende« verspricht. Eine Beziehung, die auf diesem Modell beruht, ist zum Scheitern verurteilt. Und doch ist dieses Beziehungsmodell in der heutigen westlichen Welt das am meisten begehrte. Es ist zum Scheitern verurteilt, weil die beiden Menschen, die in ihrer inneren Leere zusammenkommen, Unmögliches erwarten. Sie erwarten nämlich, daß ein anderer Mensch ihre Leere ausfüllen und ihnen etwas geben soll, was sie selber nicht zustande bringen. Wenn wir unser Wohlbefinden von jemand anderem abhängig machen, sind wir keine vollwertigen Wesen.

Wenn wir uns des männlichen und weiblichen Aspekts in unserem Inneren nicht bewußt sind, können wir nur als unvollständige Wesen Beziehungen eingehen und werden immer in der Position einer oder eines Bedürftigen sein. Dieser Bedarf erzeugt eine Spannung, eine energetische Reibung, gegen die wir uns sofort zur Wehr setzen. Eigentlich will niemand sich an eine andere Person gebunden fühlen, doch das romantische Ideal erfordert dieses Gefühl. Das soll nicht heißen, daß zwei Menschen, die einander lieben, sich nicht für das gegenseitige Wohl verantwortlich fühlen dürfen, doch muß diese Verantwortung mit der Anerkennung der Kraft und der Fähigkeiten des anderen einhergehen und darf kein Pflaster für seinen Schmerz oder seine Leere sein. Natürlich können die Pflichten aufgeteilt werden – jeder übernimmt die Verantwortung für die Dinge, in denen er gut ist –, aber beide wissen, daß die oder der andere auch allein zurechtkommen würde.

Wenn Sie den Verdacht hegen, daß Ihre Beziehung auf gegenseitiger Abhängigkeit beruht, können Sie versuchen festzustellen, wie und wann Sie sich in unangemessener Weise auf Ihre Partnerin oder Ihren Partner verlassen. Versuchen Sie außerdem zu erkennen, wann Sie Dinge an ihrer oder seiner Stelle erledigen und dabei eine leichte Verstimmung fühlen oder sich ausgenutzt vorkommen. Achten Sie darauf, ob Sie auf unausgesprochene Bitten reagieren und etwas für sie oder ihn tun, was Sie eigentlich gar nicht tun wollen. Beobachten Sie, ob Sie eine Anspannung in Ihrem Körper spüren, sobald Ihre Partnerin oder Ihr Partner in Ihre Nähe kommt. Beginnen Sie plötzlich die Wohnung aufzuräumen, oder beenden Sie eine Tätigkeit, die Ihnen Spaß macht, weil er oder sie jeden Augenblick nach Hause kommen kann? Brechen Sie einen Besuch bei Freunden vorzeitig ab, um daheim zu sein, wenn Ihr Ehemann von der Arbeit heimkehrt? Brechen Sie von einer wichtigen Veranstaltung oder einem fröhlichen Beisammensein mit Freunden schon früher auf, weil jemand sich darauf verläßt, daß Sie ihm ein Essen zubereiten oder ihn unterhalten? (Diese Beispiele sind nur als Anhaltspunkt gedacht.)

»Sklaverei aus Liebe« ist selbstverständlich ebenfalls eine Form von gegenseitiger Abhängigkeit. Wir verwechseln die Aufopferung für unsere Partner mit Liebe. Wir haben gelernt, mittels subtiler emotionaler Sklaverei zu manipulieren und uns manipulieren zu lassen. Zu den versteckten Formen der Knechtschaft aus Liebe gehört das Verschweigen der eigenen Gefühle, um die Gefühle der Partnerin oder des Partners zu schonen, oder das Vortäuschen, nicht müde zu sein, wenn wir in Wirklichkeit erschöpft sind, wenn sie oder er mit uns schlafen will. Sich um des lieben Friedens willen mit unangenehmen Gewohnheiten abzufinden, fällt ebenfalls in diese Sparte.

Die subtilste Form von Sklaverei zwischen Partnern verläuft auf energetischer Basis. So können wir unsere Energie benutzen, um anderen ihre Sorgen zu erleichtern. Oder wir gehen energetisch in andere und manipulieren ihre Emotionen und Gedanken. Tatsächlich können wir für jemand anderen im energetischen Bereich die Verantwortung übernehmen. Wir können uns auf Machtkämpfe mit unserem Partner einlassen, indem wir ihm unsere Energie auf subtile Weise vorenthalten. Wir können andere nach unserer Pfeife tanzen lassen, indem wir sie ermutigen, von unserer Energie Gebrauch zu machen. Solche Beziehungen können dazu führen, daß wir uns sehr einsam und verloren vorkommen, wenn unser Partner nicht um uns ist und wir die Tendenz haben, uns nur für jene Aktivitäten zu interessieren, die wir gemeinsam mit ihm ausüben können. Schließlich kommt es zu einem Ausschluß der anderen Menschen aus unserem Leben, und wir befassen uns nur mehr mit den Problemen und Projekten des Partners.

Menschen, die sich auf diese Weise verhalten, stellen im allgemeinen die Weichen für ein unglückliches und unvollständiges Leben. Ein gütiges Schicksal läßt sie jedoch manchmal glauben, sie seien glücklich und zufrieden. Häufig merken diese unerfüllten Menschen erst beim Tod oder bei einer schweren Krankheit ihrer Partnerin oder ihres Partners, daß ihnen etwas fehlt. Da sie nie für sich selbst gelebt haben und nicht wissen, was es heißt, sich selbst zu genügen und ein voll entwickelter, selbständiger Mensch zu sein, fühlen sie sich dann beraubt und verloren. Sie müssen in einer Zeit, in der sie von Kummer und Sorge übermannt werden, beginnen zu lernen, sich selbst zu lieben und ihre Einzigartigkeit zu schätzen. Um ihr kraftloses Leben fortsetzen zu können, ziehen es die meisten jedoch vor, »die arme Witwe« oder »den armen Witwer« zu spielen, um jemand anderen zu finden, der für sie sorgt.

Süchtige Verhaltensweisen

Viele Menschen gehen eine Beziehung ein, um etwas zu bekommen, was ihnen fehlt. Das kann eine Stellung in der Gesellschaft sein, Geld, ein schönes Heim oder etwas Subtileres, wie zum Beispiel Anerkennung oder Wertschätzung. »Ich bin in Ordnung, weil es mir gelungen ist, einen Partner zu angeln und sicher im Hafen der Ehe zu landen.« Wir haben die starke Neigung, das zu suchen, was uns fehlt und was uns vertraut ist. Wenn wir von einem starken Vater erzogen worden sind, werden wir, selbst wenn wir uns gegen ihn aufgelehnt haben, dazu neigen, Männer zu wählen, die auf ähnliche Weise stark sind. Wir werden so lange mit der Wiederaufführung unseres Dramas fortfahren, bis uns endlich klar wird, daß wir in einer neuen Situation sind und nicht mehr in unserer ursprünglichen Familie. Oder die Situation eskaliert in Gewalt oder sexuellem Mißbrauch. Aus den Aufzeichnungen der Frauenhäuser geht hervor, daß Frauen, die geschlagen werden, in den meisten Fällen aus Familien stammen, in denen ein solches Benehmen die Regel war. Selbst jene Frauen, die beschließen, es besser oder anders zu machen, und versuchen, ihren Partner sorgfältig auszuwählen, sind oft überrascht, wenn nach einiger Zeit an ihm verborgene Aspekte zum Vorschein kommen, die denen ihres Vaters gleichen. Die emotionale Narbe, die von einer frühen negativen Erfahrung verursacht wird, scheint wie ein Magnet auf entsprechende Personen und Situationen zu wirken. Wenn der Vater schwach war, werden wir wahrscheinlich Männer mit denselben Tendenzen bevorzugen. Oft ist es gar kein hervorstechender Charakterzug, sondern einer, der in einer tiefen Ebene der Persönlichkeit liegt. Meistens zeigt er sich erst, nachdem ein hoher Grad an Vertraulichkeit erreicht worden ist und beide Partner feste Rollen übernommen haben. Ein Mann, dessen Mutter leichtsinnig, unverantwortlich oder in finanziellen Dingen unbegabt war, kann zum Beispiel bewußt eine Frau wählen, die beständig, solide und sehr gut im Geldverdienen ist, nur um später ähnliche Tendenzen wie bei seiner Mutter zu entdecken.

Emotionaler Ballast

Wir interpretieren und leben Liebe oft als Abhängigkeit. Wenn jemand sich »ver-liebt«, hat das ein bestimmtes Verhaltensmuster zur Folge. So enthält ja sogar das Wort »ver-lieben« einen Hinweis darauf, daß jemand aus einer ursprünglichen in eine neue Position ver-schoben wird (so auch in ver-rückt, ver-loren).

Man kann auch sagen, daß »Verlieben« ein Gefühl der Unsicherheit anzeigt. Der oder die »Verliebte« sucht Halt beim anderen und bringt ihn ebenfalls aus dem Gleichgewicht oder zehrt von dessen Energieressourcen.

Was geht hier eigentlich vor? Das romantische Liebesmodell hat dazu geführt, daß wir mit Liebe einen Verlust unserer Sinne assoziieren oder eine Bindung, die auf Mangel/Bedarf beruht. Oder wir verstehen unter Liebe Überwältigung von einer anderen Person. Viele Rollen innerhalb einer Beziehung gründen auf dem Versprechen, daß eine der beiden Personen stärker, mächtiger, schöner oder gesellschaftlich bedeutender ist als die andere. Die eine verfügt über das Talent oder die Fähigkeiten, die die andere Person braucht. Oder beide erlangen erst durch ihre Beziehung den gewünschten Status innerhalb der Gesellschaft und befinden sich selbst in einem Ungleichgewicht (Vater-und-Tochter-

oder Mutter-und-Sohn-Rollen). Meines Wissens gibt es keine schriftliche Überlieferung von Liebesbeziehungen, die auf Gleichheit beruhen. Es gibt zwar Spekulationen, daß dies in den alten matriarchalen Kulturen der Fall war, doch diese Annahme könnte auch bloßes Wunschdenken sein.

Roger beschreibt eine Beziehung mit einem Mädchen, das sich Hals über Kopf in ihn »verliebt« hatte. Sie betete ihn an. Alles in ihrem Leben drehte sich um ihn – um sein Kommen und Gehen, seinen Zeitplan. Und er nahm sie als eine Selbstverständlichkeit hin, ohne sie zu würdigen. Sie schätzte ihn mehr als sich selbst. Sie klammerte sich an ihn und versuchte, immer zu seiner Verfügung zu stehen, während er sich instinktiv zurückzog, um nicht völlig vereinnahmt zu werden. Einmal rief sie ihn an, als er sich geschäftlich in einer anderen Stadt aufhielt. Als eine andere Frau sich am Telefon meldete, verstand sie das in dem Sinn, daß nun alles aus sei. Bei seiner Heimkehr bemerkte Roger, daß sie, obwohl sie nie den Anruf erwähnte und so tat, als ob nichts geschehen sei, sich zurückzuziehen begann. Sie wurde immer kühler und zog schließlich aus.

Mittlerweile mußte Roger feststellen, daß er derjenige war, der sie festzuhalten versuchte. Nach einiger Zeit kam sie wieder zu ihm zurück und sagte, sie habe erkannt, daß sie mit ihm ihr Leben verbringen wolle. Also heirateten sie. Und wieder verlagerte sich das Gleichgewicht. Sie begann Konzessionen zu machen – und er sich zurückzuziehen. Roger bemerkte eine Stimme in seinem Inneren, die sagte: »Das wäre geregelt. Jetzt habe ich sie!« Eine Eroberung hatte stattgefunden. Das Gleichgewicht verlagerte sich noch einige Male, während sie zusammen waren, bis sie schließlich auseinandergingen. An einem bestimmten Zeitpunkt hatte Roger zu erkennen geglaubt, daß seine häufige Abwesenheit die Beziehung gefährde, und veränderte seinen Lebensstil. Dies führte zu einer Krise, und als er seine Arbeit aufgab und in eine tiefe Depression fiel, verließ ihn seine Frau. Beide konnten sich damals nicht erklären, was eigentlich passiert war.

Doch nun sieht Roger es als einen klassischen Zyklus von gegenseitiger Abhängigkeit und fragt sich, wie diese Zyklen zustande kommen.

Das Erkennen von gegenseitiger Abhängigkeit und süchtigen Verhaltensweisen in allen unseren Beziehungen

Die Überlebensstrukturen, die wir in unserer Familie lernen, sind die Hauptmethoden, deren wir uns für unser Vorwärtskommen in der Welt bedienen. Häufig gebrauchen wir die Entschuldigung: »So bin ich eben!« Wenn wir aber an diesen alten Verhaltensmustern festhalten, sind wir gezwungen, dieselben unbefriedigenden Strukturen zu wiederholen, mit denen wir schon immer gelebt haben.

Wenn Sie feststellen, daß Sie gegenüber einer Person oder Situation auf eine bestimmte Weise reagieren, fragen Sie sich: »Wie war das in meiner Familie? In welcher Weise erinnert mich die Person, auf die ich zornig bin, an das Verhalten meines Vaters?« Noch wichtiger ist es, sich die Frage zu stellen, inwieweit unser jetziges Verhalten Ähnlichkeit mit unserem Benehmen hat, als wir fünfzehn oder fünf Jahre alt waren. Wenn wir unsere Verhaltensmuster zu ihrem Ursprung zurückverfolgen, wird in uns der Wunsch erwachen, etwas an ihnen zu verändern. Wir müssen uns in Erinnerung rufen, daß diese Person weder unsere Mutter noch unser Vater ist und daß wir die Wahl haben, auf diese Situation aus dem Standpunkt eines Erwachsenen oder aus der gewohnten kindlichen Perspektive zu reagieren. Wenn wir einer Situation bewußt begegnen, anstatt automatisch auf sie zu reagieren, werden wir sehen, wie sich unser Verhalten verändert.

Kürzlich habe ich mich über eine geringfügige Verletzung beklagt, die mir einige Tage zu schaffen machte. Mein Freund sagte mir: »Ärgere dich nicht so sehr. Es hätte schlimmer kommen können. Du hättest dir auch den Arm brechen können.« Die Antwort machte mich so wütend, daß ich ihn am liebsten geschlagen hätte. Ich hörte mich sagen: »Du klingst genau wie meine Mutter! Sag mir nicht, wie ich mich fühlen soll!« Schließlich gelang es mir, meinen Zorn zu überwinden und ihm zu erklären, daß es eine Herabsetzung der Erfahrung eines anderen ist, wenn man ihm sagt, wie er sich fühlen soll. Ich erzählte ihm, daß meine Mutter mir immer gesagt hatte, ich solle stets ein lächelndes Gesicht machen. Ich haßte diese Art von Einmischung und empfand sie als Herabsetzung. Schließlich erinnerte auch er sich daran, wie degradiert er sich fühlte, wenn man ihm erklärte, was er »wirklich empfinde«. Diese Gelegenheit erlaubte uns festzustellen, was die Hauptabsicht hinter seiner Mitteilung war: Er wollte sich nicht in meine Depression oder Unzufriedenheit hineinziehen lassen und versuchte mich aufzuheitern. Wir sprachen darüber, wie er sein Bedauern ausdrücken und gleichzeitig seine Grenzen abstecken könnte. Wir trafen das Übereinkommen, unsere Kommunikationsfähigkeit so zu verbessern, daß wir einander nicht weh tun würden. Wir steckten ein Terrain ab, in dem wir unsere Reaktionen gefahrlos erforschen können und dabei lernen, die Minen zu entschärfen, die in unserer Kindheit gelegt worden sind. In einem weniger bewußten Zustand hätte es zu einem Streit zwischen unseren inneren Aspekten kommen können, der das alte Verhalten wieder einmal verstärkt hätte.

Die in der Familie erlernten Verhaltensmuster beeinflussen natürlich auch unser Benehmen am Arbeitsplatz oder unter Freunden. Wir wählen Freundinnen aus, die genau so sind wie unsere Mutter, mit der wir uns immer gestritten haben, oder die der Mutter ähneln, die wir uns immer gewünscht haben. Männer treten mit ihren Vorgesetzten meistens auf dieselbe Weise in Beziehung wie mit ihrem Vater, bis sie lernen, sich selbst Vater zu sein. Erst dann beginnen sie Männer anzuziehen, die sie tatsächlich in ihrem Wachstum fördern. Die Rolle, die wir in unserer Familie gespielt haben, werden wir auch am Arbeitsplatz annehmen: Wenn wir in der Familie »Retter« waren, werden wir versuchen, das Unvermögen unseres süchtigen Mitarbeiters zu kompensieren. Kam es in der Familie zu verbalem Mißbrauch, so werden wir weiterhin in Situationen geraten, in denen Leute Schimpftiraden von sich geben. Dies wird so lange der Fall sein, bis es uns gelingt, uns von der magnetischen Energie zu befreien, die diese Situationen anzieht.

Welchem Zweck dienen diese Verhaltensweisen? Von der Ebene höchsten Verstehens aus können wir sehen, wie diese destruktiven und kraftraubenden Verhaltensweisen schließlich dazu führen, daß wir begreifen, auf welche Weise wir diese Situationen schaffen. Erst dann können wir damit beginnen, die Verantwortung für unsere Rollen in diesen Szenarien zu übernehmen. Bis dorthin aber werden wir immer wieder mit unangenehmen Situationen konfrontiert werden, in denen wir der Verlierer sind oder auf Kosten anderer siegen. Diese Spiele sind niemals fair oder ausgewogen. Irgendwer verliert immer, und oft sind es beide Spieler.

Das Gefühl, jemanden zu brauchen, der einen zur Produktivität anspornt, ist sehr verbreitet. Dieses Verhaltensmuster kommt offensichtlich von der Familie, in der wir aufgewachsen sind. Anstatt uns Selbstmotivation zu lehren, brachten uns unsere Eltern aus Unwissenheit bei, nur unter Druck etwas zu unternehmen. Anstatt unserer Wünsche spornen uns Angstgefühle zu Leistungen an. Wenn unsere Verhaltensmuster auf dieser Art von Dynamik beruhen, werden wir uns ständig Leute suchen, die uns antreiben. Oder wir werden bis zur letzten Minute mit der Durchführung einer Aufgabe warten, um uns unter Druck zu setzen. Es ist deshalb wichtig zu verstehen, wie wir uns selber unter Druck und Streß setzen. Meistens schieben wir bewußt jede Veränderung auf, bis es zu einer Krise kommt. Diese Mentalität beherrscht die meisten westlichen Produktionssysteme. Die Leute nehmen sich regelmäßig mehr vor, als sie erledigen können, und zwar nicht nur um ihr Streßniveau auf dem vertrauten Stand zu halten, sondern auch um sich selbst wichtig vorzukommen.

Die Devise »Ich bin, was ich tue« basiert auf der Vorstellung, daß viel Arbeit uns wertvoller mache. Dies gibt unserem absinkenden Ego Auftrieb. Andererseits beraubt uns ständiger Streß unserer Energie, was zu physischen oder psychischen Zusammenbrüchen führen kann. Jeder Zusammenbruch ist ein Weckruf unseres größeren Selbst, das einen ruhigeren und friedlicheren Platz für seinen Aufenthalt sucht.

Der Verlust an Energie erfolgt immer mit unserem Einverständnis; wir können also nicht anderen die Schuld daran zuschieben. Niemand kann uns unsere Kraft rauben, es sei denn in brutalster physischer Form. Ebensowenig können wir unsere Kraft irgend jemandem übertragen. Wenn wir die Erfahrung akzeptieren, daß wir kraftvolle Wesen sind, werden wir uns nicht mehr selbst schwächen. Ob eine auf Abhängigkeit beruhende Beziehung oder die Unkenntnis unserer Handlungsmotive den Grund für den Kraftverlust darstellt – in jedem Fall kann dieser rückgängig gemacht werden. Wir haben die Kraft, jedes Verhaltensmuster zu verändern, das uns nicht länger von Nutzen ist und dessen wir uns bewußt werden.

4. KAPITEL

Wie wir Beziehungen benutzen

Es scheint meine Bestimmung zu sein, innerhalb einer Lebenszeit die Erfahrung so vieler Beziehungstypen zu machen, wie nötig sind, um mich selbst zu entdecken. Die Überseele, die meine Mission leitet, scheint einen Terminkalender zu führen, von dem meine Persönlichkeit bis vor kurzem keine Ahnung hatte. Weil ich diese Agenda nicht kannte, versuchte ich, mich einer »normalen«, »gesunden« und »vorhersehbaren« Existenz anzupassen. Jedesmal, wenn ich mich verliebte, und jedesmal, wenn ich heiratete, hoffte ich auf die Möglichkeit einer lebenslangen Beziehung. Immer wieder wünschte ich mir, mich dauerhaft mit einem Mann zu verbinden, um mit ihm durchs Leben zu gehen und mit ihm zusammen alt zu werden, also genauso zu leben wie meine Eltern! Diese Hoffnung und dieses Ziel waren die Ursache dafür, daß ich allen meinen Beziehungen ungeteilte Aufmerksamkeit widmete und jedesmal große Erwartungen hegte.

Ich wurde in eine konventionelle Familie hineingeboren. Mein Vater hatte nach seinen Erfahrungen im Zweiten Weltkrieg nur den Wunsch nach Sicherheit und einem Heim. Meine Mutter, die während der Depressionszeit auf einer Farm im Süden aufgewachsen war, hatte die gleiche Sehnsucht. Alles, was sie sich wünschten, war ein eigenes Heim und gesunde, glückliche Kinder. Natürlich bildete ihre Liebesbeziehung den Mittelpunkt dieses Szenariums.

Ich ertrug es nie, daß man mir irgendwelche Vorschriften machte. Ich rebellierte von der Krippe an. Ich verlangte Informationen, Streicheleinheiten und tiefe, bedeutungsvolle Gespräche und wollte mich mit der irdischen Realität so wenig wie möglich auseinandersetzen. Die Spielgefährten meiner Kinderzeit entstammten alle meiner Phantasie. Wir lebten auf dem Land; in der Nachbarschaft gab es nur einige ältere Cousins, die schon zur Schule gingen und auf dem Heimweg gelegentlich vorbeikamen. Ich war ein Einzelkind, das in einer Welt voller Feen, Geister, sprechender Pflanzen und Tiere lebte, die mir die ganze Zeit über Gesellschaft leisteten. Ich führte ständig Selbstgespräche – zumindest glaubte das meine Familie –, aber in Wirklichkeit unterhielt ich mich mit meinen »Freunden«. Meine Eltern und meine Großmutter schrieben das meiner lebhaften Phantasie zu und überließen mich viel mir selbst. Die Liebe meines Lebens war mein Vater. Sobald er nach Hause kam, schien die Sonne zu scheinen. Drei weibliche Wesen bemühten sich um seine Gunst, und ich konnte nie genug davon bekommen. Manchmal umarmte ich ihn so fest, daß er klagte, ich würde ihn erdrosseln. Ich dachte, wenn ich ihn nur fest genug halten könnte, würde ich auf zauberhafte Weise ein Teil von ihm, und dann wäre er immer für mich da. Ich hatte große Angst, allein zu sein, und die Augenblicke zwischen dem Zubettgehen und dem Einschlafen waren schrecklich.

Meine Eltern heirateten jung, sind immer noch zusammen und lieben einander seit etwa vierzig Jahren. In all den Jahren, in denen ich anderen geholfen habe, ihr Leiden und ihren Schmerz zu heilen, ist mir bewußt geworden, wie selten dieser Fall ist. Nie kam meinen Eltern der leiseste Gedanke, sich zu trennen oder getrennte Wege einzuschlagen. Sie hatten einander die Treue geschworen und blieben auf Gedeih und Verderb zusammen. Als ich ins heiratsfähige Alter kam, hegte ich dieselben Erwartungen für meine Zukunft. Ich würde mich verlieben und glücklich bis an mein Lebensende sein. Ich wußte damals nicht, daß dieses Modell zwar nach dem Krieg in den fünfziger und sechziger Jahren funktionierte, jedoch nicht auf die siebziger und achtziger Jahre übertragen werden konnte. Die gesellschaftlichen Strukturen hatten sich entschieden verändert. Die sexuelle Revolution der späten sechziger Jahre beeinflußte die Familienstruktur einer ganzen Generation, und ihre Auswirkungen werden vielleicht noch weiterhin spürbar bleiben. Die Bereitschaft, »unter allen Umständen« zusammenzubleiben, wich einer Haltung, die auf »Liebe um der Liebe willen« basierte. Man war in erster Linie sich selbst verpflichtet; die Verpflichtung gegenüber den anderen dauerte nur so lange, als es gut für einen selbst war. Sämtliche Abmachungen konnten verändert oder aufgelöst werden, wenn eine der beteiligten Personen es sich anders überlegte.

In dieser Zeit gingen viele Menschen weit über ihre psychischen und physischen Grenzen hinaus, nur um herauszufinden, wo diese Grenzen lagen. Niemand konnte sich erinnern, je zuvor einen derartig freien Umgang mit Drogen oder Sex erlebt zu haben. Viele brillante Köpfe und talentierte Menschen verloren sich in den Abgründen ihrer Süchte und sind nie wieder aufgetaucht. Andere haben diese turbulente Periode überstanden und führen jetzt mit ihren Partnern ein Familienleben wie in den Fünfzigern, im »Yuppie-Stil«. Doch handelt es sich dabei meistens um die zweite oder dritte Ehe oder ernsthafte Beziehung, der eine Serie von monogamen Beziehungen vorausgegangen ist. Für die Dauer der Beziehung wendet man sich voll dem Partner zu, um ihn dann gegen einen anderen auszutauschen. Die Familienstrukturen und die ihnen zugrundeliegenden Anschauungen, die für den Zusammenhalt der Familie verantwortlich waren, haben sich definitiv verändert.

Die Geschichte meiner eigenen persönlichen Beziehungen umfaßt drei Ehen und ebenso viele ernsthafte Beziehungen. Allen diesen Beziehungen lag ein gemeinsames Thema zugrunde: Ich habe versucht, alle meine vergangenen Partner zu »reparieren«, zu heilen oder ihnen zu helfen – mit anderen Worten, sie zu verändern. Die meisten von ihnen hatten ähnliche Eigenschaften wie mein Vater, nur einer glich meiner Mutter. Aber mit keinem meiner Lieben war ich zufrieden, und wir gerieten in irgendeiner Weise aneinander.

Dieser Vorgang vollzog sich oft auf subtile und verborgene Weise, oft aber auch völlig ungeniert: »Wenn du nicht zu trinken aufhörst, werde ich dich verlassen.« Doch in jedem dieser Fälle überzeugten mich meine Gefühle davon, daß dieser Mann der eine und einzige sei, nach dem ich immer Ausschau gehalten hatte. Außerdem sagte ich mir, daß ein harmonisches Zusammenleben jede Mühe wert sei. Ich hatte schließlich gesehen, wie meine Eltern schlechte Gesundheit, finanzielle Katastrophen, Mißernten, Todesfälle nahestehender Verwandter und geschwisterlichen Verrat überstanden hatten und dennoch in Liebe zusammengeblieben waren. Ich war davon überzeugt, daß es nur Entschlossenheit und eisernen Willens bedurfte, um »diese Männer zurechtzubiegen«. Obwohl alle diese Beziehungen ein Ende fanden, kann ich sagen, daß meine Partner dank meiner Anstrengungen Verbesserungen in ihrem Leben erfuhren und daß jede Beziehung für beide Teile eine Art Heilung bewirkte. Ich bin immer noch dabei, das zu verarbeiten, was ich aus diesen Beziehungen gelernt habe. Inzwischen verstehe ich, daß für mich an einer Beziehung das Wichtigste ist, daß mein Partner und ich zusammenpassen – spirituell, emotionell, psychisch wie auch physisch. Daß ich ihn akzeptieren kann, so wie er ist, ohne ihn verändern zu müssen, und daß er mir gegenüber ebenso empfindet.

Verläßlichkeit

Mein erster Mann fand, daß ich mich von ihm und seinem Leben völlig absorbieren ließ. Ich war immer da und stand ihm als Geliebte, Freundin und Vertraute zur Verfügung. So wurde ich unersetzbar. Ich war achtzehn Jahre alt, und mein Ego hatte noch keine eigene Wirklichkeit, wenn man von dem Rebellentum einer Halbwüchsigen absieht. Ich glaubte, daß eine Frau den Vorstellungen ihres Mannes zu entsprechen habe; und wenn er ihr diese nicht klarmachte, mußte sie eben selber »herausfinden«, was er sich wünschte. Ich lernte, wie seine Mutter zu kochen und wie sie das Haus untadelig sauberzuhalten. Ich übernahm sehr schnell seinen Geschmack in bezug auf Kunst und Wohnungseinrichtung, und wir gestalteten genau die Art von Haus und Heim, die er haben wollte. Es gehörte zu meiner Strategie, mich ihm so gut wie möglich anzupassen und mich so zu formen, wie er sich seine Ehefrau vorstellte. Weil ich so jung war, verbrachte ich viel Zeit mit dem Versuch, älter zu erscheinen. Ich las alles, was ich in seinem Bücherregal fand, und sah mir jeden Film an, den er für interessant hielt. Ich verschmolz mit seiner Wahrnehmung der Wirklichkeit. Ich besuchte Kurse in seinem Fach. Ich versuchte eine Künstlerin zu werden, so wie er es war, obwohl ich es ziemlich frustrierend fand. Nach der Geburt unseres Kindes erwartete ich von meinem Mann, daß er nur für mich und unseren kleinen Sohn lebe und dafür sorge, daß wir ein sicheres Leben führen konnten. Da ich meine Rolle mit solchem Eifer spielte, schien es mir natürlich, daß er dasselbe tun würde. Mein Leben drehte sich um sein Leben und um das Erschaffen eines Heimes, in dem er sich wohl fühlen sollte. Er ermutigte mich, eigene Gedanken und Ideen zu entwickeln, verlangte jedoch gleichzeitig, daß ich in seine Welt passe. Ich nahm an, daß er mich immer lieben und alles tun würde, damit wir unser Leben in Sicherheit verbringen könnten. Ich wußte, daß ich jederzeit auf ihn zählen konnte und daß er hundertprozentig für uns dasein würde.

Dann starb er.

In dieser Beziehung lernte ich etwas über Verläßlichkeit. Wer konnte mir versprechen, er würde immer für mich dasein? Wer konnte mich über den Tod hinaus lieben, und was spielte das überhaupt für eine Rolle? Wie stand es um meine eigene Verläßlichkeit mir und meinem Sohn gegenüber?

Die psychologische Wirkung dieser Erfahrung war die, daß ich Männern nie mehr vertraute: Alle würden sie mich auf irgendeine Weise verlassen; ich durfte mit niemandem rechnen. Ein Teil meiner Persönlichkeit beschloß, von nun an diejenige zu sein, die Schluß machte. Der Schock, unwiderruflich und ohne Diskussion verlassen worden zu sein, war zu groß für mich gewesen.

Was ist Verläßlichkeit? Die herkömmliche Bedeutung besagt, daß man auf jemanden zählen kann, sich auf ihn verlassen und von ihm abhängig sein kann. Dies ist mit Erwartungen und Forderungen verbunden, wodurch Fehlschläge vorprogrammiert sind.

Im neuen antihierarchischen Spiel bedeutet Verläßlichkeit, daß jede Person aus ihrer eigenen Integrität heraus agiert und nur für sich und das Wohlbefinden ihrer Kinder verantwortlich ist. Diese Art von Verläßlichkeit hat nichts damit zu tun, daß man für die Sicherheit einer anderen Person zu sorgen hat. Sie ist vielmehr eine gemeinsame Erfahrung, in der jede Person ihr Vertrauen in die eigene Lebenskraft setzt.

Fürsorge

Ein Jahr lang arbeitete ich für meinen Lebensunterhalt. Ich sorgte als Alleinerziehende für meinen Sohn und besuchte weiterhin die Vorlesungen am lokalen College. Dann wurde ich es leid, allein soviel auf dem Hals zu haben. Ich war einsam. Ich lernte einen Künstler kennen, der zwar von meinem verstorbenen Mann sehr verschieden, dafür aber auf seine eigene Art faszinierend war. Er besaß viel Talent und lebte in der Rolle des exzentrischen Künstlers. Er war unfähig, sein Leben zu organisieren, aber er machte mir den Hof, und mein Sohn verstand sich prächtig mit ihm. Also nahm ich ein weiteres Projekt in Angriff. Ich machte seinen Erfolg zu meinem Anliegen. Ich ermutigte ihn bei seiner Arbeit und verteidigte sein Recht, wegen der Kunst keinem »wirklichen« Beruf nachzugehen. Ich zahlte die Rechnungen, kochte das Essen und stand immer als Geliebte und Freundin zu seiner Verfügung. Stundenlang hörte ich mir seine weitschweifenden Ergüsse über Gott und die Welt an, kaufte ihm Schnaps und betreute ihn in seinem Katzenjammer. Außerdem vermarktete ich seine Kunst und machte Händler, Sammler und Galerien auf ihn aufmerksam. Er hatte nichts anderes zu tun, als zu produzieren, mir beim Aufziehen meines Sohnes zu helfen und mich zu lieben – mich anzubeten. Es war der Traum jedes Künstlers. Er brauchte nicht einmal ehrgeizig zu sein – auch das besorgte ich für ihn. Mein Ruhm bestand natürlich darin, diesen rohen, ungeschliffenen Stein, den nur wenige andere bemerkt hatten, an mich genommen, poliert, gereinigt und in etwas Respektables und Bewundertes umgeformt zu haben. Ich hatte das dringende Bedürfnis, in dieser Sache recht zu behalten, um es jenen Verwandten und Freunden unter die Nase zu reiben, die sich so sicher waren, daß ich meine Zeit und mein Leben verschwende. Johns geheimes Vorhaben war es, mich in seinen Lebensstil von Sex, Drogen und Verantwortungslosigkeit soweit wie möglich hineinzuziehen. Gleichzeitig profitierte er von meinen Anstrengungen, ihn zu »retten«. Er rauchte, fluchte, grollte, schnarchte, betrank sich, machte die Nacht zum Tag und zog das Alleinsein jeder Gesellschaft vor. Er bevorzugte alte, zerrissene, abgetragene Jeans, und seine Freunde waren entweder Aussteiger oder Hippies. In den Augen meiner klassenbewußten, religiösen Südstaatenfamilie gehörte sich all das überhaupt nicht. John förderte mein zum Vorschein kommendes Talent. Wir hatten eine wunderbare Zeit, als wir aus dem Nichts ein Studio gründeten und schließlich zu gesuchten Künstlern wurden.

Nach fünf Jahren stellte sich heraus, wie verschieden wir uns entwickelt hatten. Ich hatte mit Yoga und Meditation begonnen und wurde ziemlich spontan Vegetarierin. Ich interessierte mich nicht mehr für Alkohol und Marihuana und auch nicht für die Leute, mit denen wir uns umgaben. Außerdem begann ich plötzlich spirituelle Erfahrungen zu machen, und die Kundalini-Energie erwachte in mir. Die häufigen Visionen und Erfahrungen, vor denen John Angst hatte, bedeuteten mir sehr viel. Plötzlich befand ich mich außerhalb des Nebels aus Drogen und anderen das Bewußtsein trübenden Praktiken und hatte nur das eine Ziel, mich meinem Sohn und seiner Erziehung zu widmen. Ich wollte ihn auf eine bessere Schule schicken, um ihm dadurch mehr Chancen zu ermöglichen.

Schließlich reichten wir mit der Hilfe meines ersten Therapeuten die Scheidung ein. Beiden war klargeworden, daß wir nicht länger miteinander leben wollten. Wir gaben einander frei und teilten unseren Besitz sorgfältig auf, damit beide genug für einen neuen Start hatten. Dies war meine erste wirklich erwachsene Tat. Sobald die Entscheidung gefallen war, gingen wir fast fröhlich durch das Haus und wählten unsere Lieblingsdinge aus. Wir würfelten um die Dinge, an denen wir beide hingen, und gingen recht friedlich auseinander. John überließ mir die Hälfte einer Erbschaft, die ihm erst kurz zuvor zugefallen war.

Meine Familie und meine Freunde waren sehr erleichtert. Mein Vater war besonders erfreut, denn er hatte nie aufgehört, über meine Wahl den Kopf zu schütteln. Er hatte aber nicht erkannt, daß John seine Schattenseite verkörperte. John lebte die dunklen Aspekte meines Vaters – mangelndes Selbstwertgefühl, das Gefühl, unliebenswert und machtlos zu sein –, und ich hatte versucht, dies zu heilen. Auf einer noch tieferen Ebene dieser psychologischen Schichten verkörperte er auch meine Schattenseite. Mit ihm verglichen, erschien ich als die Gute.

Zum erstenmal in meinem Leben erfuhr ich jetzt echtes Selbstwertgefühl. Ich begann zu lernen, mir selbst zu genügen und eine gute Mutter zu sein, die auch ihre eigenen Bedürfnisse wahrnahm. Ich hatte aus erster Hand gelernt, daß ein Mensch nicht für einen anderen die Verantwortung übernehmen kann und daß man der eigenen Richtung folgen muß, wenn man überleben will.

Für jemand anderen zu sorgen ist gefährlich. Es zwingt einen der beiden Partner, sich im Lebensdrama des anderen zu verlieren. Das kann im Ernstfall soweit gehen, daß die oder der Sorgende danach süchtig wird, auf diese ungesunde Weise gebraucht zu werden. Der Sorgende bezieht seine Identität und sein Selbstwertgefühl aus der Beziehung, da er keinen anderen Fokus hat. Anzunehmen, daß eine andere erwachsene Person darauf angewiesen ist, daß wir etwas für sie tun, ist eine falsche Form der Fürsorge – es sei denn, man hätte dies ausdrücklich vereinbart.

Für sich selbst sorgen kann nur eine Person, die aufmerksam genug ist, um zu merken, wann von ihr mehr verlangt wird, als für sie gut ist. Die meisten Menschen sind ohnehin voll damit ausgelastet, die eigenen Bedürfnisse in bewußter und liebevoller Weise wahrzunehmen. Verantwortlich zu werden heißt, gewillt zu sein, in jedem Moment Entscheidungen zu treffen, die unsere Kraft unterstützen. Es bedeutet, sich die eigenen Bedürfnisse bewußtzumachen und zu erkennen, was wir den anderen zukommen lassen können, wenn sie uns darum bitten. Um Hilfe bitten zu können, wenn eine wirkliche Notwendigkeit besteht, ist Teil unserer Fürsorge für uns selbst.

Vertrauen

Mein Sohn war über den neuerlichen vaterlosen Zustand nicht glücklich. Zwei Jahre lang blieb ich mit ihm allein. Sean war damals zehn Jahre alt, besuchte eine alternative Schule und begann zu entdecken, daß er nicht das einzige Kind auf der Welt war, dessen Eltern anders waren. Ich kam zu dem Schluß, daß eine Ehe für mich nicht mehr in Frage kommt, und begann die Freiheit dieser Zeit ein wenig zu genießen. Es war unter anderem meine Yoga- und Meditationspraxis gewesen, die mich aus meiner letzten Ehe herausgeführt hatte, und ich begann daher, mich nach Gleichgesinnten umzusehen. Mein Leben war ausgefüllt mit meiner Karriere als Künstlerin, der Leitung einer Kunstgalerie für Frauen, der Erziehung Seans und der Entwicklung meiner spirituellen Praxis. Eine Weile lang hatte ich einen ständigen Freund, der mit Sean eng befreundet war, aber als er von Heirat zu sprechen begann, zog ich mich zurück. Ich war gerade dabei, meinen eigenen Lebensweg in den Griff zu bekommen. Es war immer genug männliche Energie in der Nähe, um Sean die Unterstützung zu geben, die er brauchte, und mir die Wertschätzung, die ich mir wünschte. Wir bildeten mit anderen Leuten Wohngemeinschaften und schufen eine neue Art von erweiterter Wahlfamilie. Außerdem begann ich, mich ernsthaft für eine Massageausbildung zu interessieren. Ich unterzog mich einer Reihe von Rolfingsitzungen und fand die Veränderungen, die in meinem Körper und Gemüt vorgingen, ziemlich erstaunlich. Ich wußte, daß ich diese Dinge lernen wollte.

Nach einigen Jahren der Beschäftigung mit mir selbst und mit den Heilkünsten, die ich als meine Lebensaufgabe ansah, begegnete ich einem Mann, der der vollkommene Partner, nach dem ich gar nicht mehr gesucht hatte, zu sein schien. Er sah gut aus und war spirituell, gesellig und aufrichtig. Er befaßte sich mit Naturmedizin und hatte auf diesem Gebiet viel mehr Erfahrung als ich. Er und mein Sohn verstanden sich prächtig und beschlossen gemeinsam – lange vor meiner Entscheidung –, daß wir eine Familie werden sollten. Damals hatte ich ziemlich starke Schuldgefühle und verurteilte mich selbst wegen der Wahl meiner Männer. Dieser schien jedoch tatsächlich alle Vorzüge zu haben, die man sich nur wünschen konnte. Sehr bald gab er seine Absicht bekannt, mich zu heiraten und eine richtige Familie zu gründen. Er wollte mir nicht nur ein guter Ehemann sein, sondern auch meinem heranwachsenden Sohn ein guter Vater, den dieser zum damaligen Zeitpunkt dringend brauchte. Es wurde mir immer klarer, daß die Dinge, die mein Sohn in diesem Stadium seiner Entwicklung lernen mußte, nicht zum natürlichen Wissen einer Frau gehörten. Er mußte lernen, als Mann mit der Welt in Beziehung zu treten, Kraft und Sensibilität zu integrieren und ein Gefühl für sich selbst zu entwickeln. Ich leistete Widerstand. Alles war gut, so wie es war. Ich wollte die Leichtigkeit bewahren und keine Komplikationen heraufbeschwören. Aber der neue Mann in meinem Leben ließ nicht locker. Er sagte, daß er lange genug auf die Richtige gewartet habe, um mit ihr eine spirituelle Ehe und Familie zu führen, und daß ich die Gesuchte sei. Er erklärte, daß er nur an einer Beziehung interessiert sei, in der beide Partner demselben spirituellen Pfad folgen würden. Er meditierte jeden Morgen, und obwohl seine Übungen mich nicht sehr befriedigten, versuchte ich mitzumachen. Er unterrichtete als Seniorstudent an einer Schule für Heilung und hatte bereits eine gutgehende Praxis für Körperarbeit. Er sah sogar ein wenig meinem Traummann ähnlich – groß, blond, stark, strahlendes Lächeln, Sinn für Humor, musikalisch und athletisch. Ein großartiges männliches Modell für meinen Sohn, dachte ich. Alle Leute begannen, mir zu versichern, wie glücklich ich mich schätzen könne, einen Partner gefunden zu haben, der so gut zu mir passe. Sean stimmte in der Chor mit ein. Er wünschte sich einen Vater und war nicht gewillt, diesen Kandidaten entkommen zu lassen.

Ich fuhr fort, mich zu widersetzen, indem ich all die großartigen Beziehungen aufzählte, die durch die Ehe kaputtgegangen waren. Um ihn zu entmutigen, führte ich alle Argumente an, die ich finden konnte, auch meine Unsicherheit in bezug auf Beziehungen. Außerdem begann ich, an diesem Mann eine Schattenseite zu bemerken, über die ich mehr wissen wollte. Ich verstand nicht ganz, was ich sah, noch vertraute ich ihm völlig. Er hatte seine Heiratsanträge mit dem Wunsch nach sexueller Monogamie verbunden. Er wollte erst dann mit mir zusammenziehen, wenn wir uns in diesem Punkt geeinigt hätten. Ich war, offen gestanden, erleichtert, da ich von Natur aus monogam bin, obwohl ich eine Zeitlang mit dem Gedanken an freie Sexualität gespielt hatte. Aber er blieb unerbittlich: Für eine spirituelle Beziehung hatten wir monogam zu sein. Also stimmte ich zu. Für mich würde es leicht und für Sean weniger verwirrend sein. Mir entging jedoch nicht, daß einige seiner Klientinnen nicht mehr zu ihren Sitzungen für Körperarbeit kamen, kaum waren wir zusammengezogen. Ich neckte ihn wegen seiner enttäuschten potentiellen Freundinnen. Er sagte: »Du weißt doch, daß die Leute manchmal eine Heilerfahrung mit einer persönlicheren verwechseln. Beide sind sehr intim. Aber ich gehe sehr klar damit um. Also brauchst du dir deswegen keine Gedanken zu machen.« Doch ließ mir diese Sache keine Ruhe. Auch er stand vor seiner dritten Ehe, und seine Scheidungsgeschichten waren ziemlich schlimm: kein Kontakt mit seinen beiden Exfrauen noch mit seiner Tochter aus erster Ehe. Dies erschien mir merkwürdig, aber er tat es mit der Erklärung ab, daß er sich während seiner Drogenjahre zu »verrückten Frauen« hingezogen gefühlt und jedesmal eine schlechte Wahl getroffen habe. Er gab seinem Wunsch Ausdruck, diese schmerzlichen Erfahrungen heilen zu wollen. Er war überzeugt, daß wir sämtliche Fehler aus unserer Vergangenheit bereinigen und ein spirituelles, der Heilung und Gott gewidmetes Leben führen könnten. Und doch wurde ich meine Zweifel nicht los, bis ich beschloß, mich einer Therapie zu unterziehen, da diese Zweifel ganz offensichtlich mein Problem waren. Der Therapeut gehörte zu seinen Freunden und riet zu Geduld, Vertrauen und Ehrlichkeit in bezug auf meine Gefühle. Ich schob meine Ängste beiseite, versuchte die von ihm als ungerechtfertigt bezeichnete Eifersucht zu heilen und nahm homöopathische Mittel, die das Ungleichgewicht in meinem Emotionskörper beheben sollten. Ich verjagte mein Wissen, das ich für Angst hielt. Ich begann, ihm zu glauben.

Im Frühling fand meine dritte Hochzeit statt. Wir inszenierten ein phantasievolles Fest, eine »New-Age-Hochzeit«, mit einer großen Anzahl lieber Gäste, die uns Glück wünschten. Mein Sohn war in die Zeremonie mit eingeschlossen und legte G. gegenüber einen Schwur ab und umgekehrt. Wir verfaßten unser eigenes Ritual, und ein alternativer Priester leitete die Zeremonie. Ich trug das Brautkleid meiner Großmutter aus handgefertigter Spitze, und wir versanken in einem Meer von Blumen, Champagner, Licht und Liebe. Meine Eltern, sein Vater, selbst die Eltern meines verstorbenen ersten Mannes sandten Segenswünsche. Um das Ereignis zu feiern, wurde der Tag für schulfrei erklärt.

Der offizielle Leiter der Zeremonie war der einzige, der leise Bedenken äußerte. Als wir unser Ehegespräch mit ihm führten, bemerkte er meine Erwartung, daß diese Heirat endlich alles »richten« würde. Er war der Meinung, daß dies ein ziemlich unrealistisches Konzept für eine Ehe sei. Zwei Tage vor der Hochzeit bekam ich kalte Füße und beichtete meine Ängste einer Freundin, die mich zu überreden versuchte, alles abzublasen, wenn ich mir nicht sicher sei. Doch die Flugtickets waren schon gekauft, die Einladungen versandt und die Hochzeitstorte bestellt. Es war zu spät, und das Schicksal nahm seinen Lauf. Eine Menge Hokuspokus umgab unsere Heirat. Wir experimentierten damals mit vielen verschiedenen Energiesystemen. Der eigentlichen Zeremonie ging eine Akupunktursitzung zur Verschmelzung unserer Energien voran, denn wir wollten uns ja in unserer Ehe zu einem Wesen vermischen.

Unsere Hochzeitsreise ging nach Mexiko und wurde nur von einem kleinen Zwischenfall getrübt. Als wir auf der Rückreise zur amerikanischen Grenze kamen, zeigte mein frisch angetrauter Ehemann seinen kanadischen Paß, und es stellte sich heraus, daß er schon einige Jahre lang illegal in den Vereinigten Staaten gelebt hatte. Er brachte blitzschnell unsere Heiratsurkunde zum Vorschein und durfte unter der Bedingung einreisen, daß wir innerhalb von sechzig Tagen alles regelten. Ich hatte keine Ahnung von seinem illegalen Aufenthalt gehabt und war ziemlich verärgert, daß er mir nie etwas davon gesagt hatte. Er schien sich auf den Vorfall an der Grenze gut vorbereitet zu haben, schrieb es jedoch sei-

nem Glück und seiner Sentimentalität zu, daß er die Heiratsurkunde im richtigen Augenblick in seiner Brieftasche hatte.

Meine Zweifel erhielten neue Nahrung, und wiederum
beschloß ich, sie zu ignorieren. Wir nahmen unser mit Arbeit
und Erziehung ausgefülltes Leben im Kreis der immer zahl-
reicher werdenden Freunde wieder auf. Wir regelten die Sache mit der Einwanderungsbehörde und kamen auch sonst
in unserem Leben gut voran. Wie ich erst rückblickend erkannte, lief kurz nach unserer Rückkehr aus Mexiko mein
altes Programm, eine »gute« Ehefrau zu sein, wieder an. Ich
begann an G. Dinge zu sehen, die einer Veränderung bedurften, und sagte ihm dies. Er kam sich bald unzulänglich vor.
Es gab des öfteren kleine Streitigkeiten, doch im großen und
ganzen hielten wir unser »New-Age-Ambiente« aus Liebe,
Licht und Segen aufrecht. Sean profitierte davon; G. war der
Vater, den Sean immer vermißt hatte. Er ging mit ihm auf
den Fußballplatz, trainierte mit ihm am Wochenende, besuchte Schulveranstaltungen und half ihm beim Lernen. Sie
nahmen sogar zusammen Karate-Unterricht. Nach außen
verkörperten wir die vollkommene Märchenfamilie. Wir waren beide beruflich erfolgreich, hatten viel zu tun und versteckten unsere Probleme nicht nur vor den anderen, sondern auch vor uns selbst.

Ein Jahr verging. Eines Tages erschien in unserem Haus
eine junge, blonde Europäerin, die fabelhaft aussah und sehr
gebildet war. Sie war mit unserer Hausgenossin befreundet.
Jedem männlichen Wesen blieb vor Staunen der Mund offen.
Ich tat mein Bestes, sie willkommen zu heißen, während ich
versuchte, die in mir aufkeimende Angst zu ersticken. Sie
hatte Naturwissenschaften studiert und unterhielt sich mit
G. angeregt über alternative wissenschaftliche Forschung. Da
sie ein körperliches Problem hatte, wurde sie G.s Patientin.

Sie begannen, ziemlich viel Zeit miteinander zu verbringen. Ich bemerkte, wie ein Gefühl der Eifersucht in mir erwachte, und versuchte, es zu kontrollieren. Eines Tages
sprach sie beim Abendessen den Wunsch aus, mehr von New

Mexico kennenzulernen. G. schlug vor, sie in eine kleine Stadt im Norden mitzunehmen, wo er zwei Tage in der Woche eine Praxis unterhielt. Während er seine Klienten versorgte, könne sie mit seinem Wagen die Umgebung erkunden und Unterkunft bei seinen Freunden finden. In der Nacht, in der die beiden dort waren, erwachte ich aus einem »Traum«, in dem sie sich liebten. Der »Traum« hörte aber nicht auf, als ich mich aufsetzte, sondern ging hellseherisch weiter. Ich absolvierte damals gerade ein Training im Verstehen von Träumen und wußte, daß dieser Traum keine Täuschung war.

Als sie am nächsten Tag zurückkamen, stellte ich G. zur Rede und erzählte ihm von meiner Vision. Ich wies auch auf ihr verändertes und sehr verführerisches Benehmen hin, das sie nach ihrer Rückkehr zur Schau stellte. Er stritt alles ab und sagte, der Traum sei eine Projektion meiner Furcht und Eifersucht. Natürlich fühle er sich zu ihr hingezogen, könne und würde aber nie etwas Derartiges tun, weil er mich liebe. Unsere Familie sei ihm einzig und allein wichtig. Ich befragte ihn über ihre offensichtliche Vernarrtheit, und er schwor, jedes weitere Flirten zu unterlassen. Und er hielt seinen Schwur. Er zeigte ihr die kalte Schulter. Es war vorbei mit den langen Gesprächen nach dem Abendessen und den verlängerten Heilungssitzungen. Er verwies sie sogar für den Rest ihrer Therapie an einen seiner Freunde. Sie reagierte mit Schmollen, Weinen, dem Versuch, mit ihm zu sprechen, und wurde richtig zornig auf mich – bis ich ihr schließlich mitteilte, daß ihre Gegenwart unerwünscht sei. Ihr Benehmen war für meine Familie überaus störend. Sean wurde zusehends verwirrter, G. litt, und ich war wütend. Unsere Hausgenossin war peinlich berührt und ersuchte ihre Freundin, das Haus zu verlassen.

Selbst nach ihrem Auszug hatte ich zu wiederholten Malen dieselbe Vision. Mein Mann sagte, es sei alles nur Einbildung, und bestand schließlich darauf, daß ich mich einer Therapie unterziehe, um meine krankhafte Eifersucht und meine Ängste zu klären. Schließlich kam es zu einer Reihe von Ereignissen, die mir zeigten, daß ich mit meinem Verdacht recht hatte. Ich erhielt die Bestätigung von unserer Hausgenossin, die glaubte, wir hätten die Sache untereinander abgeklärt. Ich konfrontierte meinen Ehemann mit meiner Wut und verlangte, daß er alles zugebe. Er behauptete, nur um der Liebe zu unserer Familie willen gelogen und versucht zu haben, seine Übergriffe zu verstecken. Seine Schuldgefühle über das Nichteinhalten seiner eigenen Ehebedingungen waren enorm. Er schwor, daß dies ein Erwachen für ihn sei und daß er sich diese Ehe mehr wünsche als alles andere.

Ich war verletzt und wütend, ich war über seine Lüge zorniger als über die Tat selbst, denn die Lüge hatte mich an jener Eigenschaft von mir zweifeln lassen, die ich zu stärken suchte – meinem übersinnlichen Wissen.

Einige Jahre später begann er eine Menge Zeit mit einer Frau zu verbringen, die zu unserem Freundeskreis zählte und ebenfalls eine Heilerin war. Es kam zu einem Austausch von Heilungssitzungen zwischen ihnen, und wenn er von diesen Sitzungen nach Hause kam, war er eindeutig »high«. Ein alter Verdacht begann wieder an mir zu nagen. Eines Tages platzte mir der Kragen, und ich warf ihm vor, sich in sie verliebt zu haben. Er gab es zu, sagte aber, es sei eine spirituelle Liebe und habe nichts zu tun mit profanen irdischen Gefühlen. Es sei alles vollkommen unschuldig, und ich würde bloß wieder in meine alte Eifersucht verfallen. Diesmal ließ ich mich nicht abhalten und folgte meinem Instinkt. Wir führten sogar ein Gespräch zu viert – sie, ihr Mann und wir beide. Sie versuchten uns zu überzeugen, daß ihre Verbindung rein und spirituell sei. Ich reiste in ein Yoga-Trainingscamp, um nachzudenken und Abstand zu gewinnen. Ich war besessen von dem Gedanken, daß die beiden zusammen seien, und hatte wieder ähnliche Visionen wie beim erstenmal. Ich kehrte heim und entdeckte, daß sie ihre »spirituelle Romanze« während meiner Abwesenheit in meinem Haus fortgesetzt hatten. Ich ergriff Maßnahmen und zog mit meinem Sohn wieder allein in die Welt hinaus.

Das Bild von der Vollkommenheit unserer Beziehung hatte mich getäuscht. Es war der Vorstellung von dem, was ich mir wünschte und brauchte, so unglaublich nahe gewesen. Ich hatte mein inneres Wissen verleugnet und mich von meinem überwältigenden emotionalen Hunger in die Irre führen lassen.

Vertrauen wird oft in dem Sinne mißverstanden, daß man eine andere Person für das eigene Glück und Wohlbefinden verantwortlich macht. Vertrauen wird dann mit Erwartung verwechselt und bedeutet, daß die Person, zu der man Vertrauen hat, sich so verhalten muß, daß man sich sicher fühlt. Wir nehmen gar nicht richtig wahr, mit wem wir zusammen sind, weil unsere Erwartungen und Wünsche das Verhalten der anderen Person beeinflussen. Wenn unser Bedürfnis, an die uns dargebotene Wirklichkeit zu glauben, stark genug ist, werden wir unsere Intuition immer überhören. Vertrauen darf also nicht mit Erwartung verwechselt werden, sonst kann es niemals funktionieren.

Gleichheit

Nach meiner Scheidung blieb ich eine Weile allein. Mein Sohn besuchte das College und fing an, selber Erfahrungen mit Beziehungen zu machen. Ich begann einzusehen, daß ich uns beide mit meinen ungeschickten Versuchen, alle unsere Bedürfnisse zu stillen, verkauft hatte. Meine Schuldgefühle waren beträchtlich angewachsen, und ich unterzog mich einer Therapie, um zu lernen, in Zukunft nicht mehr dieselben Fehler zu machen. Es war Zeit, mich von meinen Schuldgefühlen zu befreien und in Übereinstimmung mit meinen eigenen Bedürfnissen neue Grenzen abzustecken.

Endlich war ich bereit und leistete mir den Luxus, meine eigenen dunklen Bereiche zu erforschen.

Dann lernte ich einen Mann kennen, der mich äußerlich nicht besonders interessierte. Er war jedoch Heiler, und sein Fachgebiet war genau jenes, das ich als nächstes lernen wollte. Wir wurden Freunde, und er begann, mir als Teil meiner Ausbildung cranio-sakrale Behandlungen zu geben. Es war von Anfang an klar, daß er sich in mich verliebt hatte, doch ich fand ihn wenig attraktiv und brauchte außerdem eine Pause, um meine eigene innere Arbeit fortzusetzen. Er ließ nicht locker, und so wurden wir schließlich ein Liebespaar. Wir verbrachten eine wunderbare, fröhliche und unbeschwerte Zeit miteinander. Ich setzte jedoch keine großen Erwartungen in diese Beziehung, da ich wußte, daß er ziemlich liberale Ansichten über Sexualität hatte, und ich daher kaum damit rechnen konnte, länger mit ihm zusammenzusein. Ich war mit dieser Situation zufrieden und hatte sogar begonnen, mich auch mit anderen Männern zu treffen. Doch nach wenigen Monaten teilte er mir mit, daß es für ihn schwierig sei, seinen Wunsch nach einer tiefen Beziehung mit mir zu verwirklichen, wenn andere Männer im Spiel seien. Ich fragte ihn, ob dies bedeute, daß er sich eine monogame Beziehung wünsche, und er bejahte es.

Wir paßten sexuell und energetisch sehr gut zusammen. Wir hatten beide gerne viel Zeit für uns selbst. Wir machten beide die Erfahrung, daß wir innerhalb unserer intimen Beziehung leicht und regelmäßig einen tantrischen Zustand erreichen konnten. Er hatte eine Reihe von amüsanten Freunden, die sehr verschieden von den Leuten waren, die ich kannte. Wir glitten mit Leichtigkeit in eine erfreuliche und angenehme Beziehung hinein. Ich genoß die Konfliktfreiheit und Ehrlichkeit, von der unsere gemeinsam verbrachte Zeit geprägt war. Wir waren bereits neun Monate zusammen, als die erste Unstimmigkeit auftauchte. Alle seine Freunde dachten, er habe endlich die »Richtige« gefunden. Unser Zusammensein wurde von allen Seiten unterstützt, und unsere Seelen schienen sich in dieser harmonischen Situation mit großer Erleichterung zu entspannen. Wir meditierten, arbeiteten, spielten miteinander und liebten einander. Ein natürliches Wissen und Verstehen, wer die oder der andere war, herrschte zwischen uns, ohne daß wir darüber viele Worte zu machen brauchten. Als wir beschlossen zusammenzuleben, gab es einige Zwistigkeiten, aber nichts, was wir nicht ausdiskutieren und ziemlich schnell klären konnten. Doch ich bemerkte, daß die meisten meiner alten Freunde nicht mit ihm warm wurden. Ich dachte, ich würde vielleicht aus diesen alten Beziehungen hinauswachsen, und stillte mein Bedürfnis nach Freundschaft innerhalb seines Kreises. Ich wurde mit seiner Familie bekannt und hatte viel Spaß daran, für seine Nichte die »Tante« zu spielen. Daß ich in dieser Zeit etwa fünf Kilo zunahm, deutete ich nicht als Wink, mir unsere Beziehung genauer anzusehen, sondern verstand es als Zeichen dafür, daß ich endlich »aus Liebe erblühe«.

Je mehr sich unsere Beziehung vertiefte, um so beengter fühlte er sich. Doch ließ er mich das nicht auf eine klare Weise wissen, sondern begann, einfach mehr Zeit für sich allein zu beanspruchen. Weil ich ihm diese gewährte, kam ich mir sehr verständnisvoll und liberal vor.

Um sie den seinen anzupassen, mußte ich meine Bedürfnisse ziemlich verändern. Ich fühlte, daß sich eine tiefere Vertrautheit zwischen uns einzustellen begann. Er fing an, den Wunsch nach Kindern auszusprechen. Ich spürte kein dringendes Verlangen, wieder Mutter zu werden, aber ich liebte ihn stark genug, um ihm seinen Wunsch nach einer Familie mit Kindern zu erfüllen. Wir sprachen darüber, doch je mehr wir uns in diese Richtung bewegten, um so mehr begann er sich zurückzuziehen. Er bekannte oft, daß er nie jemanden so intensiv geliebt habe wie mich, mit Ausnahme seiner Mutter und seinem Guru. Seine Mutter war gestorben, und von seinem Guru fühlte er sich betrogen. Er hatte Angst vor dem Ausmaß seines Engagements mir gegenüber. Ich machte eine Reihe von merkwürdigen Vorschlägen, die seinen und meinen Bedürfnissen Rechnung tragen sollten. Ich stand wieder im Begriff, einen Ausverkauf meiner selbst vorzunehmen. Es gelang mir noch eine Weile lang, mich selbst zum Narren zu halten und mir einzureden, ich sei dabei, die alten verkrampften Ideen über eine Beziehung in etwas Neues und Aufregendes zu verwandeln.

Eines schönen Tages, als ich gerade auf der Autobahn fuhr, hatte ich eine blitzartige Erkenntnis. Ich führte einen inneren Dialog über die großartige, neue und erweiterte Beziehungsform, die ich gerade kennenlernte, als plötzlich eine sehr laute Stimme sagte: »Du belügst dich selbst! Du bist absolut nicht glücklich mit der Art und Weise, wie es verläuft, und fällst wieder in die alte Form von Abhängigkeit.« Die körperlichen Empfindungen, die diesen Aufschrei meines inneren Wissens begleiteten, waren unmißverständlich. Als ich heimkam, erzählte ich ihm, was vorgefallen war, und formulierte meine Bedürfnisse. Er schwieg lange Zeit und unternahm anschließend eine längere Fahrt mit seinem Fahrrad. Noch Tage danach war er nicht ansprechbar. Schließlich gelang es mir, ihn zu bewegen, mit mir zusammen meinen Therapeuten aufzusuchen, um unsere Kommunikationsschwierigkeiten zu überwinden. Er willigte ein, und mein Therapeut machte mich ohne Zögern auf die Grenzen meines Partners aufmerksam. Seine Freiheit und Unabhängigkeit bedeuteten ihm weit mehr als sein Verlangen, mir entgegenzukommen. Innerhalb weniger Tage war aus der geplanten Heirat ein totaler Zusammenbruch geworden. Er kam sich durch die Arbeit mit meinem Therapeuten entblößt und nackt vor. Er fühlte sich von mir im Stich gelassen, weil ich ihn im Zuge des therapeutischen Prozesses nicht verteidigt hatte.

Er beschloß, seinen Weg fortzusetzen. Der Bruch war komplett. Ich war vollkommen verzweifelt. Ich fand, daß ich mehr als je zuvor aufs falsche Pferd gesetzt und verloren hatte. Ich konnte nicht loslassen. Ich war in Aufruhr und zog zum erstenmal den Gedanken in Betracht, daß es vielleicht besser wäre, tot als lebendig zu sein. Ich verlor völlig den

Überblick. Mein Selbstwertgefühl erreichte einen Tiefstand. Wenn ich nicht imstande war, mit jemandem, der mir so ähnlich war, eine Beziehung einzugehen, mußte ich wahrhaftig einen irreparablen Defekt aufweisen. Ich beschuldigte ihn, nicht genug Mut zu haben, und gab mir die Schuld, nicht einfühlsam genug zu sein. Ich war dankbar, großartige Freunde zu haben und einen Therapeuten, der fühlte, daß ich tief genug in der Klemme steckte, um endlich die Selbstverleugnung zu heilen, die mich ständig dazu verleitete, blind zu wählen. Unter seiner Führung fand ich zu einem Selbstgefühl, das auch meine Schwächen und Ängste mit einbezog. Ich begann, für meinen Liebsten Mitgefühl zu empfinden und einzusehen, daß er durch seine Ängste ebenso behindert war wie ich durch meine.

Der Satz »Heilerin, heile dich selbst!« wurde zu meinem Mantra. Es hatte eines Seelengefährten bedurft, der mich die Schwächen erkennen ließ, auf welchen ich mein Leben aufbauen wollte. Er gab mir die Möglichkeit zu sehen, wie tief ich meine Bedürfnisse verleugnet hatte, um diese »vollkommene Liebe« zu erhalten. Daß ich mir meinen tiefen Schmerz und die Abkopplung von meinem Selbst eingestehen konnte, war der erste Schritt zur Veränderung meines Verhaltens innerhalb von Beziehungen. Es war klar, daß ich eine Beziehung entwickeln mußte, die auf Ehrlichkeit, Wahrheit, Vertrauen und Selbstwertgefühl basierte, ehe irgend etwas anderes passieren konnte. Da ich so tief gefallen war, gab es nur mehr eine Richtung für mich: aufwärts! Und es würde notwendig sein, diesen Weg allein zu gehen.

Bei einer Beziehung zwischen zwei Menschen, die einander sehr ähnlich sind, gibt es ein Zuviel von der gleichen Energie, und es fehlt der Raum zur Integration der Unterschiede. Die natürlichen Unterschiede stellen eine Bedrohung dar. Diese Gleichheit führt zum Trugschluß, die oder der andere mache genau dieselbe Erfahrung wie wir. Das Gefühl der Gleichheit erzeugt Blindheit und Intoleranz gegenüber den

Unterschieden, die es zwischen zwei Menschen immer gibt. Es entstehen die Sucht, nie irgendwelche Probleme zu haben, und die Unfähigkeit und Inflexibilität, mit Problemen umzugehen, wenn diese auftauchen. Diese Verhaftung an das gleiche ist in Wirklichkeit eine Form von Narzißmus, der nur überleben kann, wenn der Spiegel das reflektiert, womit wir einverstanden sind.

Das Zusammensein von zwei »gleichen« Menschen kann nur funktionieren, wenn sich beide auf parallelen Wegen befinden, und es fällt auseinander, wenn man versucht, diese beiden Wege einander zu sehr anzunähern. Wenn wir den Spiegel dazu verwenden, uns die Teile zeigen zu lassen, die nicht funktionieren, können wir diese Art von Beziehung für unser Wachstum benutzen. Allerdings dürfen wir den Spiegel nicht weglegen, wenn er uns etwas zeigt, mit dem wir nicht einverstanden sind und von dem wir uns nicht eingestehen wollen, daß es ein Aspekt von uns selbst ist. Das ist der einzige Weg, der eine Beziehung, die auf der Ähnlichkeit beider Partner beruht, sinnvoll macht.

Sicherheit

Damals war ich wirklich müde. Ich hatte mich eine Ewigkeit lang abgemüht und war erschöpft. Als ein neuer Mann erschien und mir finanzielle Entlastung, Verehrung und die Möglichkeit anbot, mich auszuruhen und so lange nichts zu tun, als ich es brauchte, griff ich zu. Es war ein bewußter Zug, der mir etwas geben sollte, was ich noch nie gehabt hatte: die Sicherheit, mich endlich ausruhen und heilen zu können. Ich dachte, dies würde besser sein, als mich alleine durchzuschlagen. Es war der absolute »Ausverkauf« meiner selbst. Der Gewinn war viel zu klein, um das Maß an Selbstverleugnung zu kompensieren.

Wo waren meine Grenzen? Wer war ich wirklich? Was konnte ich tun, um mir und den anderen, die mit mir in Beziehung standen, Kraft zu geben? Mein Lebenssinn bestand sicherlich nicht darin, Hausfrau zu spielen und nur von meinen eigenen Problemen besessen zu sein. Aus keiner Beziehung lernte ich so viel wie aus dieser. Sie führte mir meine sämtlichen Arten von Sucht, Ablenkung, gegenseitiger Abhängigkeit, Manipulation und Selbstverleugnung in lebhaften Farben vor Augen. Ich begriff, was geschieht, wenn man eine Beziehung eingeht, die auf Bedürfnissen basiert anstatt auf Liebe oder Seelenverbindung. Zu diesem Zeitpunkt war mein größeres Selbst es müde, sich ständig abzumühen, in diesen physischen und emotionalen Behälter zu gelangen. Es begann darauf zu beharren, daß ich auf meine wirklichen Bedürfnisse höre und mich ihrer und meines eigenen Wachstums annehme. Es machte dieses Leben, in dem ich einen leichten Ausweg gesehen hatte, zu einer Hölle. Was nach außen hin wirkte, als ob es die beste Lage war, in der ich mich je befunden hatte, war in Wirklichkeit Traurigkeit, Kummer, Konflikt und Krankheit. Der sichere Hafen verwandelte sich in ein Gefängnis, und meine Seele verlangte Ehrlichkeit und Freiheit.

Sicherheit, die in die Hände eines anderen gelegt wird, ist eine gefährliche Waffe. Sie wird zu einem Kontrollmittel und bildet die Grundlage gegenseitiger Abhängigkeit, in der so viele Paare leben. Geld, Lebensstil, Verehrung und das Bestreben, alles richtig zu machen, sind Fallen, die jedes Wachstum verhindern. Diese Art von Beziehung verlangt das Aufgeben der Freiheit und den Verzicht auf alles, was für die menschliche Selbstachtung notwendig ist. Sie basiert auf Ungleichheit und nötigt beide Partner, sich nicht zu verändern, weil sonst der Fall eintreten könnte, daß der eine den anderen nicht mehr braucht. Auf Sicherheit beruhende Beziehungen schwächen beide Partner, weil der eine mehr tun muß, als er kann, um eine andere erwachsene Person zu unterstützen, die ihrerseits fügsam und untätig bleiben muß, um das System nicht zu gefährden. Diese Beziehungsdynamik kann als Metapher für die heute in den westlichen Kulturen gängigen Verhaltensmuster angesehen werden. Auf allen Ebenen der Gesellschaft findet um der Sicherheit willen ein Ausverkauf des Selbst statt.

Wahre Sicherheit hat aus dem Selbst zu kommen. Egal ob es sich um finanzielle, emotionale oder körperliche Sicherheit handelt, sie ist nur real, wenn jede Person für sich selbst die Verantwortung übernimmt. Sicherheit ist im Grunde eine spirituelle Angelegenheit. Sie wird nicht eher erfahrbar, als bis das Individuum sich seiner Verbindung zu Himmel und Erde bewußt ist. Sie ist ein Akzeptieren der Realität, daß wir nicht bloß körperliche, sondern auch spirituelle Wesen sind und daher lernen müssen, sowohl von der himmlischen als auch von der irdischen Ebene Unterstützung zu beziehen. Sicherheit stellt sich ein, wenn ein Individuum sowohl in den Disziplinen der Erde als auch in den spirituellen Wirklichkeiten Fuß gefaßt hat.

Wir haben ein falsches Gefühl der Sicherheit, wenn wir nur die irdische Ebene meistern können. Sobald wir glauben, in einer Richtung Meister zu sein, müssen wir unsere Aufmerksamkeit der anderen Richtung zuwenden und fortfahren, zwischen den beiden Bereichen zu pendeln, bis wir uns in ihnen verwurzelt fühlen und über die wahre Natur des Seins Bescheid wissen.

Diese Geschichten illustrieren zwei Dekaden meines Lernens durch Erfahrung. Diese Lektionen des Lebens haben mich Verständnis für die Schwierigkeiten anderer Menschen gelehrt. Das Verlangen nach Integration dessen, was andere für Fehler halten mögen, hat mich veranlaßt, nach einem wirklichen Verständnis des unterschwelligen Bedürfnisses nach Intimität zu suchen. Die meisten meiner Schwierigkeiten entstanden aus den ungeschickten Versuchen, mit den Problemen der verwirrenden Zeit, in der ich lebte, fertigzuwerden. Die einfachen Familienstrukturen der fünfziger Jahre sind heute nicht mehr denkbar. Die spirituellen, sozialen und generationsbedingten Veränderungen der letzten zwei, drei Jahrzehnte haben das tiefe Bedürfnis erweckt, in Beziehungen neue Wege zu beschreiten. Ich sehe keine meiner Beziehungen als Fehlschlag, sondern als unschätzbare Lernerfahrungen, die mir geholfen haben, mich auf die Arbeit, die ich jetzt verrichte, vorzubereiten. Diese Arbeit besteht darin, anderen bei der Heilung ihrer emotionalen, verstandesbedingten und spirituellen Schwierigkeiten beizustehen.

5. KAPITEL

Das Heilige und das Profane

Von den Emotionen und Verhaltensweisen, die uns in Ekstase oder Verzückung setzen, wurden die meisten zu irgendeiner Zeit verdammt. Wir haben der Religion die Aufgabe übertragen, für uns moralische Maßstäbe zu setzen. Nur selten war es uns möglich, diese Bedingungen selbst zu wählen. Kleine, isolierte Gruppen, die sich für eine eigene Moral entschieden haben, wurden von der Gesellschaft oft geächtet. In der Geschichte der Menschheit hat es nur wenige waghalsige Menschen gegeben, die beharrlich nach der wahren Bedeutung des Lebens suchten und dabei entdeckten, was für sie Wahrheit war. Wann immer diese mutigen Menschen es gewagt haben, die Bereiche des Alltäglichen zu verlassen, hinterließen sie ein reiches Erbe neuer Entdeckungen und anregender Einsichten.

Nun ist der Wendepunkt in der Geschichte und Entwicklung der Menschheit gekommen, an dem uns die Aufgabe zuteil wird, einige der verborgenen Gärten zu erforschen und zu entdecken, was für uns heute angemessen ist. Ich denke dabei an Sexualität und Spiritualität, an die Beziehung zum Ökosystem unseres Planeten und unsere moralischen und ethischen Vorstellungen. Die Buddhisten lehren den achtfaltigen Pfad zur Erleuchtung – rechte Anschauung, rechte Gesinnung, rechtes Reden, rechtes Handeln, rechtes Leben, rechtes Streben, rechtes Überdenken, rechtes Sich-Versenken. Der Buddhismus befiehlt niemandem, er habe dies oder jenes zu tun. Er schlägt gewisse Verhaltensweisen, Gedanken und mentale Disziplinen vor, die die Entwicklung bestimmter Eigenschaften erlauben. Es gibt weder Himmel noch Hölle, die auf uns warten, je nachdem ob wir das Richtige oder das Falsche gewählt haben. Jede Person wird aufgefordert, ihren eigenen Weg zu finden und die Hilfe der Dogmen in Anspruch zu nehmen, um diesen Weg zu entdecken.

Es ist an uns zu klären, was das Heilige ist und was das Profane. Es ist an der Zeit, diese Unterscheidung aufgrund unserer eigenen persönlichen Erfahrungen selber zu treffen und uns nicht nur auf das Wort anderer zu verlassen. Es ist an der Zeit, daß unsere eigene Autorität bei der Entscheidung über unsere Verhaltensweisen zum Tragen kommt. Aus der Überlieferung der Lakota-Indianer stammt das Wissen, daß die Menschen mit allen Dingen verwandt sind und daß es einem Pfad zu folgen gilt, der die Menschen »heimführt«. Die Lakota-Indianer wissen, daß sie tun können, was sie wollen, und daß sie ihren Träumen oder Visionen nicht folgen müssen, wenn sie sich so entschieden haben. Aber sie scheinen ein angeborenes Wissen über die Konsequenzen zu haben, die aus dem Nichtbefolgen der Träume erwachsen. Sie anerkennen die Heiligkeit der Wahlmöglichkeit, die jeder Mensch hat. Zur Würde jedes Menschen gehört es, das zu wählen, was für ihn das Beste ist. Die Lakota sind sich der Konsequenzen ihrer Handlungen bewußt und treffen ihre Wahl in diesem Bewußtsein. Jede und jeder folgt auf diese Weise seinem eigenen Schicksal und findet seine eigene Wahrheit.

In der westlichen Gesellschaft waren wir zu lang von unserem eigenen Wissen und unserer Fähigkeit abgespalten, das zu wählen, was für uns richtig ist. Wir haben das Urteil anderer über die vielen verschiedenen menschlichen Erfahrungen für bare Münze genommen und uns auf diese Weise unser Urteilsvermögen nehmen lassen. Wir müssen die unzähligen Verhaltensweisen und ethischen Vorstellungen unter die Lupe nehmen und selber auswählen, welche für uns taugen. Die ethischen Grundanschauungen der nichtindustriellen Kulturen sind einander sehr ähnlich. Die grundlegenden Lehren darüber, wie ein guter Mensch zu sein hat, sind in den vielen Theologien der Welt dieselben. Wir haben unsere Fähigkeit, das Richtige zu wählen, verloren, weil wir auf die persönliche Verantwortung für unsere Handlungen verzichten. Wir haben unser Urteilsvermögen dem der Gesellschaft untergeordnet und unsere persönliche Macht an eine Gesetzgebung und Regierung abgetreten, die persönliche Moralvorstellungen durch ein unpersönliches Rechtssystem ersetzt hat. Dadurch verleugnen wir unsere natürliche Fähigkeit, auf unser eigenes Herz zu hören und zu wissen, was rechtes Handeln oder Denken ist. Wir nehmen an, daß die Antwort außerhalb von uns liegt, und liefern uns, in der Hoffnung, daß »Papa« es am besten weiß, dem patriarchalischen System aus. Wenn wir die Folgen für unser Handeln in Betracht ziehen, ist unsere Flexibilität im Wählen größer. Individuelle Risikobereitschaft ist gefordert, will man die Bereiche des Heiligen und des Profanen selber erforschen. Was ist das Profane? Und was das Heilige? Sehen wir uns einige dieser Bereiche an.

Muß Monogamie mit Monotonie verbunden sein?

Unter den Menschen hat sich eine Beziehungsform entwickelt, die innerhalb der Säugetiere nur wenige Gattungen kennen: die lebenslange paarweise Bindung in sexueller Monogamie. In den Interviews, die ich für dieses Buch geführt habe, wurden von den meisten Leuten folgende Gründe für die Wahl einer monogamen Beziehung genannt: Kindererziehung, Wohlbefinden, Bequemlichkeit, Konfliktreduzierung. Von einigen älteren Paaren wurden ihre religiösen Überzeugungen und Richtlinien als Grund angegeben. Viele halten diese Beziehungsform für die beste Umgebung für heranwachsende Kinder, weil diese zwei Erwachsene sehen und erleben, die einander lieben und denen das gegenseitige Wohl am Herzen liegt. Es kam in meiner Umfrage zum Ausdruck,

daß Monogamie einen gewissen Sinn für Stabilität im heranwachsenden und sich entwickelnden Kind erzeugt, was nicht
nur Einfluß auf sein Verhalten anderen gegenüber hat, sondern auch sein Selbstgefühl erstarken läßt. Oft wird Monogamie auch als der einzig sichere Weg (emotional und physisch) angesehen, sich sexuell zu betätigen.

Als Mädchen, das während der fünfziger und sechziger
Jahre in den Vereinigten Staaten aufwuchs, hatte ich Eltern,
die vollkommen monogam waren. Alle ihre Freunde waren
es ebenfalls, und nur gelegentlich ging das Gerücht um, daß
irgend jemand eine außereheliche Affäre habe. Dies gab natürlich Anlaß zu zahlreichen geflüsterten Vermutungen über
die Gründe, die zu dieser »Todsünde« geführt hatten, die
nachdrücklich verurteilt wurde. In der Gesellschaft, in der
ich aufwuchs, galt ein solches Benehmen als unerwünscht.
Als meine Mutter mir ihre ersten Unterweisungen bezüglich
Sex und Liebe erteilte, basierten diese natürlich auf ihren
eigenen Erfahrungen. Man verliebte sich in einen Mann, heiratete ihn, hatte erst danach Sex mit ihm, und er blieb auch
der einzige.

Als meine eigene Sexualität sich bemerkbar zu machen
begann, fühlte ich mich zu jedem Wesen mit kurzem Haar-
schnitt hingezogen – das war, bevor die Beatles und Hippies
mit ihrer langen Haartracht die Geschlechterrollen durch-
einanderbrachten. Es war total verwirrend für mich, daß man
nur einer einzigen Person gegenüber sexuelle Gefühle haben
durfte und dies noch dazu ein ganzes Leben lang. Die Ver-
mutung drängte sich mir sehr bald auf, daß irgend etwas mit
mir nicht in Ordnung sei. Aus den Lehren meiner Mutter und
der Mütter meiner Freundinnen ging klar hervor, daß brave
Mädchen ihre Knie fest zusammenpreßten, bis sie sicher verheiratet waren. Ich begann mit meinen älteren Cousins zu
reden, die bereits feste Freundinnen hatten, und entdeckte,
daß die verbotene Frucht der Sexualität für die jungen Leute
meiner eigenen Generation leichter erreichbar geworden war
und daß tatsächlich ein wenig damit experimentiert wurde.

Trotzdem wurde mir geraten, nie bis zum Äußersten zu gehen und so schnell wie möglich einen festen Freund zu finden, den ich am Ende heiraten würde, um den Rest meines Lebens mit ihm zu verbringen. Nur wenn man die feste Zusage von ihm hatte, daß er einen heiraten oder zumindest fest »mit einem gehen« würde, wurde es für richtig gehalten, die ersten Schritte auf dem Gebiet der Sexualität zu machen – Küssen, Petting, Berühren und Erforschen.

Auf der High-School begann ich mich gleich nach diesem einen umzusehen. Als mein erster Freund die Szene betrat, tat er dies mit intakten männlichen Kontroll- und Dominanzansprüchen. Damit provozierte er meinen Widerstand, denn ich sah in ihm eine Person, die Ähnlichkeit mit meinen Eltern hatte. Hier war noch jemand, der versuchte, mein Leben zu beherrschen. Wir hatten eine stürmische Beziehung; er probierte alles mögliche aus, um mich dazu zu bringen, seine Sklavin zu werden. Ich konnte mich einfach nicht unterordnen, und sobald er weg war, flirtete ich mit allen, aber ohne je bis zum Äußersten zu gehen, denn schließlich hatte ich ja einen festen Freund. Innerlich befand ich mich während dieser zwei Jahre dauernden halben Verlobung ständig in einem Zwiespalt. Ich wußte, daß ich mich mit dem, was er und die Gesellschaft von mir verlangten, nicht glücklich fühlte. Es verursachte mir Migräne und Magenprobleme. Ich entwickelte mich zu einem richtigen »Miststück« und hatte nur das eine Ziel: selbst die Kontrolle zu übernehmen. Ich langweilte mich die meiste Zeit und begann die Gesellschaft der Außenseiter unserer Schule zu suchen, der Dichter und Künstler. Ich fing an zu studieren, nicht so sehr um des Lernens willen, sondern um einen Ausweg aus diesem Gefängnis zu finden, zu dem mein Leben so früh geworden war. Die von der Monogamie auferlegte Beschränkung schien ein stählernes Band zu sein, das mein ganzes Wesen umfaßte. Ich wollte spielen und forschen.

Diese Suche nach Freiheit war selbst in jenen Tagen nicht ausschließlich sexuell begründet. Ich wollte Gedanken- und

Ausdrucksfreiheit. Ich hatte den Wunsch, jede Denkform und Glaubensvorstellung zu erforschen, die mir zu Ohren kam. Die Struktur dieser sexuell monogamen Beziehung war jedoch so beschaffen, daß sie das Mädchen von jedem äußeren Einfluß abschnitt. Im allgemeinen diktierte der Freund, was sie zu denken und zu fühlen hatte. So wurde er für mich einfach zu noch einer Person, gegen die es zu rebellieren galt, und so wurde diese Beziehung zum ersten männlich/weiblichen Machtspiel in meinem Leben.

Monogamie dreht sich in den meisten Fällen nicht allein um Sex. Es geht um den Verzicht auf die Möglichkeit von Intimität auf allen andern Ebenen, und es geht darum, wer wen kontrolliert. In den meisten meiner Beziehungen kam es in irgendeiner Form zu Auseinandersetzungen über die von der Gesellschaft vorgeschriebene Verpflichtung zur Monogamie. Die meisten Beziehungen waren belastet mit den Emotionen, Machtkämpfen und Selbstvorwürfen, die dieses Gebot begleiten. Immer verpflichteten sich beide auf Monogamie, aber dann kam es zum Streit über die Frage, was unter einem Abkommen über Monogamie zu verstehen ist. War es uns noch erlaubt zu flirten? Darf der Mann ungeniert seine Blicke schweifen lassen? Wo lagen die Grenzen, innerhalb deren wir uns sicher und geschützt fühlen konnten?

Ein Aspekt des modernen Mythos der Monogamie besagt, daß jeder Mensch sich danach sehnt, sein ganzes Leben nur mit einer einzigen Person zusammenzusein, und daß diese eine Person sämtliche Sehnsüchte und das Bedürfnis nach Liebe befriedigen kann. Würde es Ihnen gefallen, jeden Tag dasselbe zum Essen zu bekommen? Wie würden Sie sich fühlen, wenn Sie nur ein einziges Kleidungsstück hätten? Vielleicht klingt das etwas frivol, aber denken Sie einen Augenblick darüber nach. Der Wunsch, daß alles, was man im Leben braucht, von einer einzigen Quelle kommen soll, bürdet dem Partner eine ungeheure Last auf. Wenn es einem Mann an sinnlicher Ausdruckskraft fehlt oder wenn er intellektuell nicht besonders stimulierend ist, leidet die Frau in diesem System ihr ganzes Leben lang unter einem Mangel an einer bestimmten »Nahrung«, die sie braucht. Vielleicht möchte sie hören, daß sie schön und intelligent ist, und ihr Mann hat keine Ahnung, daß ihr diese Dinge wichtig sind. Was soll sie machen? Wie kann sie diesen Mangel beheben? Natürlich kann sie sich diese Dinge selber sagen oder diese Art von Feedback von einem Familienmitglied oder einer Freundin erhalten, aber nur die besondere Art und Weise, wie dieses Feedback von einem Mitglied des anderen Geschlechts, das sie attraktiv findet, geliefert wird, kann das natürliche Verlangen nach Anerkennung stillen. Ich spreche nicht über Sexualität an sich, sondern über die Fähigkeit, mit einer anderen Person eine innige Beziehung einzugehen. Dieses starke unbefriedigte Bedürfnis führt bei vielen Menschen in unserer Gesellschaft zu Depressionen oder zu Situationen, in denen sie ihre Wünsche ausleben und sich unbewußt auf sexuelle Dreierbeziehungen einlassen, die im Grunde heimlichtuerische Ausweichmanöver sind. Der Mythos der Monogamie beruht auf der Verwechslung von Sexualität und Intimität. Es gibt eine Menge guter Gründe, sich körperlich auf einen Sexualpartner zu beschränken, aber es gibt keinen Grund, sich in der Zahl der intimen Freunde und Freundinnen einzuschränken. Intimität wird verfälscht, wenn sie auf diese Weise mit Monogamie gleichgesetzt wird. Sie verkündet dann etwa die folgenden Slogans: »Wenn du mich wirklich liebst, so wie du behauptest, kannst du niemand anderen lieben.« – »Wenn du so intim und vertraut mit mir sein kannst, ist es nicht möglich, daß noch für jemand anderen etwas übrig ist, oder du bist nicht wirklich intim mit mir.« – »Wirklich intim zu sein heißt, daß du mir alles sagen kannst und mit niemand anderem mehr darüber reden mußt. Ich kann alles für dich sein.« – »Wenn du neben mir jemand anderen liebst, bist du böse, oberflächlich, unaufrichtig, unverantwortlich und weißt nicht, was Liebe ist.« – »Wenn man eine wirklich intime Beziehung haben will, muß man seine Welt verengen. Man kann nicht mit einer

Menge Leute intim sein; sonst ist man oberflächlich, und es handelt sich nicht um wahre Intimität.«

Ein erwachsener Mensch hat ein Verlangen nach intimen Kontakten mit dem anderen Geschlecht. Ein Großteil dieses Bedürfnisses kann durch nichtsexuelle Interaktionen gestillt werden. Auch ist es möglich, die sexuelle Energie zwischen zwei Menschen zu erkennen und sie als Treibstoff für Interaktionen zu benutzen, ohne sich auf sexuelle Aktivitäten einzulassen. Aber die Beschränkungen, die den Menschen, die diese Energien spüren und nicht zum Ausdruck bringen dürfen, auferlegt werden, verursachen Probleme. Diese Probleme äußern sich so, daß Eheleute einander zu langweilen beginnen. Entweder verleugnen sie diese Langeweile und fallen in eine Depression oder in Inaktivität, oder es kommt zu Streitigkeiten, Machtkämpfen und Forderungen. Wenn wir darauf angewiesen sind, daß eine Person uns alles gibt, was wir zur Stillung unserer Bedürfnisse und Kontaktwünsche brauchen, werden wir immer wieder enttäuscht sein. Oder wir werden unserer Partnerin oder unserem Partner ständig die Botschaft vermitteln, daß sie oder er nicht in Ordnung sei, und ihnen fortwährend zu verstehen geben, daß sie sich verändern müssen, um anders oder mehr zu sein, als sie sind. Wir fordern etwas von ihnen, das sie nicht geben können.

Wie können wir als intelligente, uns entwickelnde Wesen uns in eine solche Zwangslage begeben? Diese stillschweigenden Vereinbarungen beruhen ausschließlich auf Angst. Sie sind aus dem Bedürfnis nach der Sicherheit entstanden, daß wir nicht verlassen oder ausgeschlossen werden und daß unsere Partnerin oder unser Partner für uns da ist, wenn wir den Wunsch oder das Bedürfnis nach engem Kontakt haben. Doch das System schlägt zurück. Wenn die Erfüllung aller emotionalen Bedürfnisse von einer einzigen Person abhängt, entstehen Verstrickungen. Es gibt nur einen Weg aus diesen Verstrickungen: die anderen wissen zu lassen, daß sie uns lieb und wert sind und daß es nicht ihre Aufgabe ist, alle unsere Bedürfnisse zu stillen. Es wäre also unvernünftig, dies von ihnen zu erwarten. Es reicht, wenn sie die Bedürfnisse stillen, zu deren Erfüllung sie imstande sind. Dafür sollen sie geliebt und geschätzt werden, denn nur sie und niemand anderer kann dies tun. Es ist ein Segen für uns, daß sie uns dieses Geschenk machen. Jene Bedürfnisse aber, für deren Erfüllung sie nicht sorgen, werden wir woanders stillen.

Der Mythos der Monogamie schließt weiter die Annahme ein, daß jede Person den Wunsch hat, nur einem Mann oder einer Frau treu zu sein. Er geht davon aus, daß alle Menschen von Natur aus monogam sind, daß dies natürlich sei und der einzig richtige Weg für alle. Die Vorstellung, daß alle Menschen der Lebenskraft den gleichen Ausdruck verleihen müssen, ist ein unbewußter und ungeschickter Versuch, einfache Regeln aufzustellen. Wir haben diese Kontrollmechanismen von den patriarchalischen Systemen übernommen, die unsere Welt seit langer Zeit regieren. Die Weltreligionen haben diesen unnatürlichen und die Seele zerstörenden Gedanken gefördert. Ich will damit nicht sagen, daß zwei Menschen nicht eine gesunde monogame Beziehung eingehen können. Es gibt gewisse Typen von Menschen und gewisse spirituelle Praktiken, die diese Art von Ausrichtung verlangen. Für diejenigen, die keine Intimitätsprobleme haben, ist dies die beste Lösung. Sie kann tatsächlich die Basis für eine Gemeinsamkeit bilden, die auf keinem anderen Gebiet erreicht werden kann. Manche Menschen blühen auf, wenn sie wissen, daß diese Vereinbarung gültig ist. Wenn zwei Menschen sich ganz natürlich auf diese Weise zueinander hingezogen fühlen, werden sie es leicht haben. Die Monogamie erzeugt eine Intimität, die über viele andere Beziehungsformen hinausgeht und die Tür für ein höheres spirituelles Erwachen innerhalb einer sexuellen Beziehung öffnet.

Wenn jedoch der Grund für die Monogamie ein Müssen und nicht ein Wollen ist, wird dies unweigerlich zu Problemen führen. Auch ist es möglich, daß ein Paar sich für diese Beziehungsform entscheidet und diese einige Jahre lang funktioniert. Sobald jedoch ein oder beide Partner aus dieser

Form herauswachsen, müssen neue Vereinbarungen getroffen werden. Wenn diese Entscheidung bewußt und offen erfolgt, hat das Paar eine Chance, die bestehende Beziehung zu erweitern und alles, was das Leben bringt, zu integrieren. Jeder Partner kann bewußt wählen, was in diesem gegebenen Moment für ihn angemessen ist. Wenn das Paar nicht in der Lage ist, sich den sich verändernden Bedürfnissen und Seinsebenen anzupassen, ist die Beziehung zum Scheitern verurteilt.

Wenn ein Mensch jemanden trifft, der in ihm den Wunsch nach einer Seelen- oder Herzensverbindung oder nach einer aufregenden intellektuellen Verbindung auslöst, und er nicht fähig ist, dieser Inspiration zu folgen, wird er wie eine Pflanze welken. Der Teil von ihm, der sich erhoben hat, um eine neue Art von Beziehung einzugehen, fällt in Verzweiflung.

Jede Anziehung zwischen Menschen unterschiedlichen Geschlechts läuft Gefahr, mit einer sexuellen Anziehung verwechselt zu werden. Aufgrund unserer Programmierung haben wir das Gefühl, für Männer und Frauen sei die sexuelle die einzige natürliche Art, miteinander in Beziehung zu treten. Da wir Tausende von Jahren im Land der verbotenen Frucht gelebt haben, verbinden wir jede Art von Stimulation von seiten des anderen Geschlechts mit einer Aufforderung zum Geschlechtsverkehr. Viele großartige Freundschaften durften nie erblühen, weil der neue Freund zufällig zum anderen Geschlecht gehörte und wir Angst vor der Konfrontation mit dieser Energie hatten. Auch fehlte es uns an Vorbildern für diese Art von Beziehungen. Und so reihte sich ein weiterer Verlust in unsere Liste von Enttäuschungen ein.

Wenn uns jemand bewundert oder unsere besondere Kreativität erkennt, kommt jener Teil von uns, der sich nach Intimität sehnt, zum Zug und antwortet auf diese Stimulierung. Die gesellschaftlichen Konventionen, die aus dem Zwang entstanden, diese Gefühle zu leugnen oder herunterzuspielen, haben die Menschen zu lange gefangengehalten.

Wenn ein Mann und eine Frau zusammenkommen, werden sie sich automatisch auf ihren Wert als potentielle sexuelle Partner einschätzen. Dieser Vorgang findet im allgemeinen unbewußt statt; er beeinflußt aber energetisch den Verlauf unserer Beziehung. Vielleicht erkennt das Bewertungssystem des Körpers, daß die neue Person, die vor uns steht, kein potentieller sexueller Partner ist. Oder es berücksichtigt unsere bestehende monogame Beziehung, obwohl wir wissen, daß hier ein wichtiger intimer Austausch stattfinden könnte. Wenn wir der Psyche erlauben könnten, uns jeder Begegnung völlig offen zu nähern, kämen wir zu der Erkenntnis, daß die meisten unserer sexuellen Bedürfnisse in der liebevollen und hilfreichen Beziehung verwirklicht werden können, in der wir uns derzeit befinden. Wir wüßten dann, daß diese neue Person einfach da ist, um uns zu sagen, wie gut wir heute aussehen oder wie klug wir sind.

Ein größeres Bild

Liebe ist nicht gleich Sexualität. Wenn wir die Wahrheit unseres Menschseins erforschen, stellen wir fest, daß es einen tieferen und älteren Grund für die Liebe gibt, nämlich den Wunsch, sich mit einer anderen Person vollkommen zu verbinden und mit ihr eins zu werden. Diese uralte Sehnsucht hat eine spirituelle Grundlage. In den alten hinduistischen und buddhistischen Überlieferungen ist die Rede von Tantra[3] oder Vereinigung.

Menschen, egal welchen Glaubens, scheinen den Wunsch zu haben, zu Gott »zurückzukehren«. Gut zu sein und in den Himmel zu kommen ist für manche das Ziel. Andere glauben, daß sie die Erfahrung der Erleuchtung innerhalb der Erfahrungen ihres physischen Lebens machen müssen. In welcher Weise auch immer dieser Wunsch ausagiert werden mag, das Bedürfnis ist dasselbe. Menschen hungern nach etwas außerhalb ihrer selbst. Ein Weg, diesen Hunger zu stillen, ist die Liebesbeziehung zu einem anderen Menschen.

Der sexuelle Orgasmus ist ein Weg, mit dessen Hilfe die normale Wahrnehmung überschritten werden kann. Wenn wir einen Orgasmus haben, sind wir offen für andere Bereiche der Wirklichkeit. Dieser Zustand ist oft als Auflösung des individuellen Selbst beschrieben worden, der verbunden sei mit dem Bewußtsein, vom Partner nicht getrennt zu sein, sondern eine einzige Lebenskraft zu bilden. Von diesem Punkt aus ist es nur mehr ein kleiner Schritt, um im anderen Gott (oder Göttin) zu sehen und sich als ein Teil dieses Ganzen zu fühlen. Dieser letzte Schritt ist es, nach dem wir uns am meisten sehnen und vor dem wir gleichzeitig die größte Angst haben, weil er eine Art von Hingabe erfordert, die uns im allgemeinen unangenehm ist.

In meinen privaten »Guidelight«-Sitzungen haben sich meine Klienten oft an eine Erfahrung erinnert, die an der Wurzel dieser Sehnsucht zu liegen scheint. Es ist eine Erfahrung, die ich »Urtrennungserlebnis« genannt habe. Sie ist gekennzeichnet von dem tiefen Gefühl, das wahre Heim und die Stätte der Verbindung verlassen zu müssen oder hinausgeworfen zu werden.

Eine Klientin namens Joan begegnete in einer Rückführungssitzung einer Erinnerung, in der sie sich erstaunlicherweise nicht in einem physischen Körper befand. Sie beschrieb ihre Erfahrung wie folgt:

»Ich fühle, daß ich mit einem Bewußtseinszustand vermengt bin, der größer ist als ich. Ich empfinde diese Vermengung als vollkommenes Wohlbefinden und Harmonie, in der es keine Wünsche und keine Bedürfnisse gibt. Ich fühle mich vollkommen. Um mich herum sind andere Wesen, die sich ebenfalls in einem Zustand der Ruhe und Freude befinden. Nein, nicht Freude, sondern einfach Frieden. Kein Auf und Ab der Emotionen. Ich habe nie zuvor etwas Ähnliches empfunden! Oder vermutlich nie mehr seit damals. Es ist bemerkenswert, wie lebendig ich mich fühle, und gleichzeitig habe ich kein Gefühl von einem Körper.

Nun verändert sich etwas. Ich habe das Gefühl, in das Zentrum von irgend etwas hineingezogen zu werden. Da ist Bewegung, und Klang steigt auf. Das merkwürdige Gefühl der Körperlosigkeit ist noch da, aber ich nehme Bewegung und eine Anziehung wahr. Die Gefühle von Frieden und Harmonie sind jetzt vielleicht sogar noch stärker. Während ich in das Zentrum hineingezogen werde, beginnt der Sinn für das ›Ich‹ zu wachsen. Ich erlebe mich anders als zuvor und fange an, Gedanken und Empfindungen zu haben. Ist das vielleicht eine Geburtserfahrung? Nun, was es auch sein mag, es ist ein gutes Gefühl. Während meiner Annäherung an das Zentrum dieser Masse von Bewußtsein beginne ich etwas zu bemerken, das im Kern wie ein leuchtendes Wesen erscheint. Ist es das, was mich anzieht? Aus der Nähe dieses Wesens kommt eine intensive Strahlung auf mich zu, und ich erkenne, daß ich mehr davon will. Irgendwie beschleunigt diese Erkenntnis meine Geschwindigkeit, und ich werde immer schneller in das Zentrum hineingezogen. Als ich vor diesem Wesen angelangt bin, befinde ich mich mehr oder weniger in einer vagen Körperform. Sie erscheint mir sonderbar, und ich wundere mich, was das ist. Mit dem Auftauchen der Körperform bemerke ich plötzlich, daß ich mich weniger mit dem Raum um mich herum verbunden fühle und mehr mit der Gestalt vor mir. Dann ›höre‹ ich, zum erstenmal, Geräusche, die zu Worten oder Gedanken in meinem Bewußtsein werden. Ich erkenne, daß zu mir gesprochen wird. Das Wesen fragt mich, warum ich gekommen bin. Ich antworte, wobei ich feststelle, daß ich ebenfalls Geräusche aus meinem Zentrum hervorbringen kann, daß ich angezogen wurde. ›Dann‹, entgegnet die Gestalt, ›ist es Zeit, dich ins Leben zu begeben und in einen Körper und in die Körperlichkeit.‹ Ich frage, was das bedeutet. Die Gestalt beginnt zu erklären, was es heißt, ein Mensch zu werden. Sie erklärt mir Sinne, Gedanken, Form und sagt mir, daß mein Hervorkommen bedeute, daß es Zeit für mich sei, diese Geschenke der Seele zu erfahren. Ich bitte um mehr Information und sage, daß ich innerlich eine Unruhe spüre. ›Kann ich die hiesige Erfahrung mitnehmen?‹ Die Gestalt antwortet: ›Nein, das kannst du nicht. Die Erde ist die Ebene, wo du die Wirklichkeit, die du hier erlebst, zu manifestieren lernst, aber in einem Körper. Du nimmst zwar die Schwingung mit dir, aber du erinnerst dich weder an das Hiersein noch daran, daß es etwas anderes gibt als die physische Wirklichkeit. Das ist das Spiel der Inkarnation, und es ist Zeit für dich zu inkarnieren.‹ Ich weigere mich. Ich möchte diesen Ort nicht verlassen und auch nicht das Gefühl, mit allem eins zu sein, das bereits aus meinem Bewußtsein schwindet. Ich beginne Verlust und Angst zu empfinden. Die Gestalt ist sanft, aber unnachgiebig. Ich fühle, daß die Kraft außerhalb von mir stärker ist als die Kraft in mir. Ich kann das Geschehen nicht anhalten. Die Gestalt sagt mir, daß ich wählen könne, wie es sein werde, ja daß ich mich bereits im Prozeß des Wählens befinde. Ich bin mir nur eines einzigen Gefühles bewußt, von dem mir mein Verstand sagt, daß es Angst ist. Ich bin von der Stärke des Gefühles überwältigt und kann nichts anderes wahrnehmen. Die Stimme der Gestalt schwillt zu einem betäubenden Lärm an, und Licht durchdringt mein Wesen mit wachsender Geschwindigkeit. Ich erlebe es als Schmerz. Dann habe ich das Gefühl zu fallen. Ich falle durch Licht und Lärm und fühle nichts als Schrecken. Ich kann meinen Kurs nicht ändern. Ich bin in einer Erfahrung gefangen, die mir fremd ist. Ich bin mir zum erstenmal bewußt, allein zu sein. Ich kann keine der erst kurz zurückliegenden Empfindungen von Frieden und Harmonie fühlen. Ich erlebe nur einen wachsenden Schrecken und ein Gefühl der Hilflosigkeit. Ich bin allein. Ich bin allein und verloren.«

Diese Person war in die »Guidelight«-Sitzungen gekommen, weil sie Angst vor dem Alleinsein hatte. Ihr ganzes Leben lang war sie von ihrer Angst vor dem Alleinsein geplagt worden, und ganz besonders fürchtete sie sich davor, allein zu sterben. In ihrem jetzigen Leben gab es nichts, was eine solche Furcht hervorgerufen hätte. Aber wie ihre Geschichte zeigt, wurde sie mit dieser Angst geboren und hatte fast ihr ganzes Leben lang von dieser Grundlage aus agiert. Sie war von dem Gedanken besessen, mit jemandem verheiratet und eins sein zu wollen. Sie hatte ihr Leben mit der Suche nach jemandem verbracht, der dieses Gefühl von Angst und Einsamkeit wegnehmen könnte, das tief in ihrem Wesenskern steckte. Ihre Eltern hatten sie geliebt und unterstützt. Ihr Leben war in der Tat voller Chancen und Möglichkeiten gewesen, und doch wurde sie an jedem Wendepunkt von ihrer Angst gelähmt. Sie hatte viele Jahre lang verschiedene Beziehungen ausprobiert, die immer damit geendet hatten, daß die Männer sie verließen, weil sie das Gefühl hatten, vereinnahmt zu werden.

Ein anderer Klient, Wolfgang, beschreibt eine ähnliche Erfahrung mit sich selbst, aber mit einem ganz anderen Ausgang. Er berichtete:

»Ich habe das Gefühl, am wunderbarsten Ort zu sein, den ich mir vorstellen kann. Ich bin umgeben von innig mit mir verbundenen Wesen, von denen ich weiß, daß sie mich lieben, und ich fühle mich selbst voller Liebe. Sie strömt ein und aus. Es ist merkwürdig, das zu sagen, denn ich habe wirklich nicht das Gefühl von einem physischen Körper. Ich bin reines Bewußtsein, und dieses Bewußtsein ist Liebe. Da sind Klänge, wie ich sie nie auf dieser Erde gehört habe. Vielleicht sind das Engel, die singen. Der Klang durchdringt uns, und wir fühlen uns durch ihn vereint. Er ist der Träger für die Liebe, die wir sind. – Jetzt möchte ich eine Weile nicht reden und nur diese Erfahrung spüren.«

Dann fährt er fort:

»Die anderen Wesen sind wie Zellen in einem riesigen Organismus. Auch ich bin eine dieser Zellen. Wir sind getrennt, doch es gibt kein Gefühl der Trennung im negativen Sinn.

Ich habe Bewußtsein und kann denken. Ich habe Sinnesorgane und kann fühlen. Ich kann mich bewegen, aber es gibt keinen Ort, wohin man gehen könnte. Es ist alles hier. Nun taucht erstaunlicherweise ein Gedanke auf, der sich von denen, die ich zuvor hatte, unterscheidet. Ich frage mich, ob es noch etwas außerhalb dieser Wirklichkeit gibt. Als ich darüber nachdenke, bemerke ich, daß ich in eine gewisse Richtung bewegt werde. Jedesmal, wenn dieser Gedanke auftaucht, werde ich in dieselbe Richtung bewegt. Das macht Spaß! Meine Gedanken sind Treibstoff für Bewegung! Dann bemerke ich, daß meine Aufmerksamkeit von etwas angezogen wird, das zu einem Wirbel aus Licht, Farbe und Klang verschmilzt. Ich frage mich, was das ist, und stelle fest, daß ich durch diese Frage noch mehr angezogen werde. Das ist erstaunlich! Es ist herrlich herauszufinden, daß verschiedene Arten von Gedanken neue Erfahrungen schaffen. Das ist noch schöner als Liebe. Nicht, daß die Liebe mir nicht gefallen würde, aber das hier ist noch aufregender!

Die Klänge, die aus dem Wirbel kommen, beginnen zu Worten zu verschmelzen, die ich in meinem Geist als Gedanken höre. Aber es ist mir klar, daß dies nicht meine Gedanken sind. Sie kommen von außen. Die Gedanken beginnen, mir Bilder zu zeigen von einem Ort, der ziemlich verschieden ist von dem, wo ich mich befinde. Ich sehe die Erde mit ihren Menschen, Tieren, Pflanzen, Wolken und den Himmel, Wasser, Berge und Wüsten. Und ich weiß jetzt, daß dies eine Gelegenheit für mich ist, dort hinzugehen und Erfahrungen zu machen. Ich bin aufgeregt. Es sieht so schön aus und ist so anziehend. Dann kommen die Bilder zum Stillstand, und ich ›höre‹, daß ich wählen muß. Die Wahl bedeutet, daß ich den Ort der Liebe und des Zugehörigkeitsgefühls verlassen muß, um in das Gefährt für die Reise zur Erde zu gelangen. Ich frage, ob ich diesen Ort vergessen werde, und es wird mir gesagt, daß alles bis auf einen winzigen Schimmer der Erinnerung aus meinem Bewußtsein gelöscht werden wird. Dieses Vergessen sei notwendig, um den Übergang zu vollziehen. Ich frage, ob ich je hierher zurückkehren kann, und es wird mir geantwortet: ›Wann immer ich es will.‹ Dann kommen wieder Bilder, und ich werde von Aufregung und Sehnsucht nach der Erderfahrung übermannt. Ich begebe mich jetzt in die gedankliche Verfassung, die notwendig ist, um Mensch zu werden. Ich weiß, daß der Ort, den ich verlasse, alles übertrifft, was ich auf Erden erleben werde, und dennoch ist die Anziehungskraft des Lebens sehr stark. Ich empfinde ein großartiges Gefühl von Freude und Freiheit. Jetzt bin ich im Bauch meiner Mutter. Das Leben hat begonnen! Ein großartiges Abenteuer!«

Die Erinnerung an die Erfahrungen vor Beginn des irdischen Lebens führte bei beiden Personen zur Suche nach einer tiefen, intimen Beziehung, in der sie das ursprüngliche Gefühl tiefer Bindung wieder erleben wollten, das sie im natürlichen Verlauf der Seelenentwicklung hinter sich gelassen hatten. Die eine Person suchte diese Verbindung mit dem Versuch, ihrer Angst entgegenzuwirken. Bei der anderen bildeten eine starke Sehnsucht und die schwache Erinnerung an die überwältigende Freude, an die keine andere Freude mehr herankam, den Ausgangspunkt für ihre Suche. Obwohl die Urtrennungserlebnisse beider Klienten einen völligen Gegensatz bildeten, suchten beide nach der gleichen Lösung. Die eine wollte ihre Narbe heilen, die aus dem Gefühl, verurteilt und zurückgewiesen worden zu sein, herrührte, und der andere wollte seine Erfahrung von unermeßlicher Freude wiedererlangen. Diese Sehnsucht nach einem tiefen, unmißverständlichen Gefühl der Verbundenheit mit dem Göttlichen könnte, wenn wir uns ihrer bewußt wären, dazu führen, daß wir Partner für intime Beziehungen wählen, die besser zu uns passen als jene, die wir aufgrund hormonaler, emotionaler, wirtschaftlicher oder gesellschaftlicher Kriterien aussuchen.

Bestrafung

Bestraft zu werden, weil sie ihr Licht leuchten lassen, ist für viele Menschen eine nur allzu bekannte Erfahrung. Wenn wir als funktionierende Lichtwesen vollständig konzentriert schwingen, ist unsere Energie sehr stark. Sie zieht dann entweder Energien ähnlicher Natur an oder Energien, die von ihr zehren oder sie zerstören wollen. Parasiten oder Rächer – beide hängen sich an, wenn der emotionale, physische oder mentale Körper einen Riß hat. Diese Risse entstehen durch emotionale Erschöpfung oder inmitten von Prozessen, während deren man verwundbar ist. Eine weitere Ursache sind physische Schwäche oder Übermüdung sowie das Vorhandensein von Glaubensvorstellungen, die nicht reiner Natur sind. Selbst ein Wesen mit einer sehr hohen Frequenz und einem starken Energiefeld kann gegenüber Parasiten oder Rächern verwundbar sein. Diese Wesenheiten verkleiden sich; oft glaubt man, man könne sie einfach ignorieren, denn sie würden von sich aus wieder weggehen. Die Schamanen auf der ganzen Welt wissen jedoch, daß es für den Heiler notwendig ist, sich regelmäßig zu reinigen und sich mit seinen eigenen erschöpften oder aus dem Gleichgewicht geratenen Energien auseinanderzusetzen, besonders dann, wenn man kranken oder unausgewogenen Menschen beisteht. Diese Attacken der parasitären Energien oder der Rachegeister werden oft als Bestrafung angesehen. Weil wir nicht imstande sind, uns zu schützen, sollten wir sie als Gelegenheit betrachten, unser »Ego« abzuwerfen und unsere Gewöhnlichkeit zu erkennen. Wir alle haben Zeiten der Schwäche und Verwundbarkeit. Wir müssen lernen, uns während dieser Zeiten zu schützen. Wir dürfen nicht einer auf Furcht beruhenden Wirklichkeit verfallen, die sooft die Gedanken und Gefühle hervorruft, wir würden bestraft.

Um es in irdischerer Sprache zu sagen: Oft werden wir von Schuldgefühlen befallen, wenn es uns gelungen ist, das Leben nach unseren Wünschen zu gestalten. Es fällt uns sehr schwer, uns einfach zu entspannen und unseren Wohlstand zu genießen. In einem Zustand der Glückseligkeit ist es gut, daran zu denken, daß alles vergänglich ist. Damit soll nicht die gute Erfahrung vermindert werden, es geht vielmehr um eine reine Bestandsaufnahme. Auf mich wirkt dieser Gedanke so, daß ich die glücklichen Umstände besser zu schätzen weiß und sie bewußter erlebe. Das Anerkennen der veränderlichen und wandelbaren Natur der Wirklichkeit erlaubt mir, mich voll in eine Erfahrung zu versenken und ihre Gaben aufs tiefste zu fühlen. Viele Menschen haben die unglückliche Angewohnheit, ihre Momente der Freude und Glückseligkeit zu zerstören durch die Furcht, sie zu verlieren, oder durch das Gefühl, sie hätten sie nicht verdient.

Viele Leute neigen zu Eifersucht und Neid gegenüber jenen, denen es bessergeht. Früher oder später werden die Beneideten dies spüren, und das wird sie in ihrem Glück stören. Es gehört zu den alten, stillschweigenden Abkommen innerhalb der Gesellschaft, daß niemand mehr Freude oder Glückseligkeit verdient als die anderen. Auch wir leisten dazu unseren Beitrag, indem wir Gefühle der Schuld oder Scham zulassen und unsere freudige Erfahrung auf diese Weise vergiften. Dieses Verhaltensmuster aus der alten patriarchalischen Veranlagung gehört überprüft. Wir können uns die Frage stellen: »Wem nützt es, wenn man sich schuldig fühlt oder sich schämt, weil es einem gutgeht?« Wenn wir ehrlich sind, wird die Antwort lauten: »Niemand profitiert davon.« Jetzt können wir beginnen, diese Gewohnheit abzustreifen, und Freude und Glückseligkeit zulassen. Sie sind genauso natürlich wie das Leiden. Auf diese Weise verändern wir unseren energetischen Magnetismus und ziehen nicht mehr die Eifersüchtigen oder Neidischen an, sondern Menschen, die sich wie wir an allen Erfahrungen, die das Leben bietet, erfreuen. Die Erkenntnis, daß emotionale Zustände nicht von Dauer sind, ermöglicht uns, Freude und Glückseligkeit ungeniert zu genießen.

Religion gegen Sexualität

Sexuelle Beziehungen tragen von allen menschlichen Interaktionen die stärkste Explosivkraft in sich; diese Kraft führt Menschen immer wieder aus ihren konventionellen und streng geregelten Lebensstilen heraus. Religionen, Regierungen und Erziehungssysteme haben deshalb immer wieder versucht, dieses explosive Potential zu kontrollieren. Sie behaupteten, die Menschen könnten sich nicht selbst unter Kontrolle halten und hätten weder die Weisheit noch die Intelligenz, mit diesen Energien in angemessener Weise umzugehen. Die Vorstellungen von Sünde und Schuld wurden als wirkungsvolle Kontrollmechanismen und Verbote eingesetzt. Politische und religiöse Führer haben den Menschen Regeln aufgezwungen, die zur Verleugnung ihrer wahren Gefühle führten. Sie begriffen nicht, daß durch diese Kontrolle Gemüt und Körper, Emotionen und Seele der Menschen derart Schaden leiden, daß es zu perversen sexuellen Verhaltensformen kommt – sexuellem Mißbrauch von Kindern, Vergewaltigung, Sexualmord, Prostitution und Geschlechtskrankheiten.

Die Angst vor der Sexualität kommt daher, daß diese Energien die Fähigkeit haben, uns geradewegs zu Gott und zur Erleuchtung zu führen. Wenn es den Menschen erlaubt wäre, diese Energien nach ihrem Belieben in vollem Ausmaß zu erforschen, hätte dies wahrscheinlich für religiöse Organisationen und ihre Kontrollsysteme negative Konsequenzen: Sie würden die Kontrolle über ihre Mitglieder und deren Energie verlieren.

Romantisches Modell

Bereits im Mittelalter erkannte das romantische Liebesmodell die spirituellen Aspekte von Beziehungen. Es idealisierte die geliebte Frau und entrückte sie in unerreichbare Ferne. Sehr häufig gehört zu diesem Typ von Liebe, daß die Frau sie nicht erwidert oder für den Mann nicht erreichbar ist (wie zum Beispiel Ginevra und Sir Lancelot in der Artuslegende). Indem der Held seine Aufmerksamkeit von sich abzieht und auf die Frau seiner Träume lenkt, gibt er seinem Leben Sinn, auch wenn seine Angebetete ihn nicht erhört. Dieses romantische Modell war noch bis in die jüngste Vergangenheit in den Beziehungen zwischen Männern und Frauen vorherrschend. Es bestimmt in der Tat noch immer die verborgenen Aspekte unserer Psyche und beherrscht die Erwartungen, die wir in unsere Beziehungen setzen, wenn wir uns verlieben.

Romantische Liebe verlangt, daß man sich ver-liebe und dabei die Kontrolle über sich verliere, wie das die Vorsilbe ver ja bereits andeutet. Wenn sie sich verliert, ist er da, um sie aufzufangen. Wenn er sich verliebt, hat er die Chance, etwas von der Hingabe zu empfinden, die von der Psyche mit spiritueller Erfahrung gleichgesetzt wird. Dies ist die einzige Stelle, an der der Held verwundbar ist und seine Gefühle zeigen kann. Die Überwältigung durch die Liebe eröffnet ihm den Zugang zu dem seltenen und ungewöhnlichen Gefühl der inneren Sanftheit.

Im romantischen Liebesmodell werden die Liebenden weniger als real existierende menschliche Personen gesehen denn als mythische Größe. Sie werden zur Verkörperung der Träume, Projektionen und Phantasien. Für die unvermeidlichen Schwierigkeiten des wirklichen Lebens hat dieses Idealpaar keine Mittel. Wenn der Mann nicht imstande ist, für den Lebensunterhalt oder Schutz seiner Geliebten so zu sorgen, wie sie es von ihm erwartet, wird sie verzweifeln und aufhören, ihn zu lieben. Sie wird ihn fallenlassen und einen anderen, fähigeren Beschützer suchen, oder sie wird ihn verachten und als hoffnungslosen Fall darstellen und sich selber in den Status einer Märtyrerin erheben.

Und wenn sie altert, ihre Schönheit oder Liebenswürdigkeit verliert, wird er nach einem Ersatz Ausschau halten, der in sein Muster paßt. Welches Muster verwirklicht wird, hängt von den kulturellen Normen der jeweiligen Gesellschaft ab.

Die meisten Kulturen gewähren dem Mann, der eine jüngere und schönere Geliebte als Ersatz für seine alte, ausgediente Frau nimmt, stillschweigend Pardon.

Dieses Konzept hat während einiger Jahrhunderte die Beziehungen der meisten Paare beherrscht. Es hat der kollektiven Psyche der Männer und Frauen, die vergeblich versucht haben, seine Anforderungen zu erfüllen, großen Schaden zugefügt. Die romantische Liebe war aber auch ein notwendiger Schritt in der Entwicklung der menschlichen Beziehungen. Sie holte uns aus dem dunklen Zeitalter des »animalischen Paarungsverhaltens« heraus und schuf die Vorstellung, daß Liebe mehr als eine physische Erfahrung sei. Die romantische Liebe führte die Spiritualität in die Liebesbeziehungen ein; sie war aber nicht imstande, dem Wachstum der beiden Partner im Hinblick auf ein gemeinsames spirituelles Ziel zu dienen.

Das romantische System verlangte, daß beide Partner völlig aufeinander angewiesen waren, weil ihre essentielle Verbindung zum Leben und zum Göttlichen davon abhing. Der Hingabe der Frau an den Mann entsprach die Hingabe an den Vatergott. Dem Mann bot sich die Gelegenheit, die totale Hingabe weiblicher Energie zu erfahren und dennoch ein Außenstehender zu bleiben. Gelegentlich erprobte er seine eigenen überwältigenden Emotionen in dem Raum der Sicherheit, den ihm die romantische Liebe bot. So begann er, Sanftheit und Sensitivität wenigstens in Ansätzen zu schätzen. Doch blieb es ihm dank seiner Rolle als erobernder Ritter erspart, diese »Schwächen« in sich selbst zu fühlen. Die Hingabe der Frau erlaubte ihm, die Erfahrung absoluter Liebe zu machen. Der Frau gewährte seine Standhaftigkeit die Erfahrung der totalen Unterstützung. So machten beide ihre spezifischen Erfahrungen und gaben diese an das kollektive Ganze weiter. Sie erhoben die Liebe auf die nächste Stufe der Evolution.

Die Zeit ist reif für die nächste Entwicklungsphase und für ein neues Konzept für Liebe und Partnerschaft. Der Autor Gary Zukav schreibt in seinem Buch »Die Spur der See-le« (erschienen im Heyne-Verlag, München): »Der Archety-pus der spirituellen Partnerschaft, einer Partnerschaft, die dem spirituellen Wachstum dient und die Gleichheit der Part-ner voraussetzt, macht sich innerhalb unserer Gattung be-merkbar. Er unterscheidet sich vom Archetypus der Ehe in-sofern, als dieser das physische Überleben gewährleisten sollte und die Gleichheit der Partner nicht unbedingt gege-ben war.« Das alte romantische Beziehungsmodell basierte auf Abhängigkeit. Jeder hatte seine Rolle aufrechtzuerhalten, obwohl es menschlich gesehen unmöglich war, in dieser Rol-le ein ganzes Leben lang auszuharren. Keiner der beiden Partner besaß die Freiheit, ein ehrlicher Mensch mit allen seinen Fehlern sein zu dürfen.

»Verliebter Sex« oder »spiritueller Sex«

Die erste Vorstellung hat natürlich im romantischen Modell ihren Ursprung. Obwohl die meisten von uns inzwischen ei-nige Aspekte der sexuellen Revolution durchlaufen haben, schleppen wir wahrscheinlich noch immer Spuren der alten Ideen mit uns herum. Auf irgendeine Art sind die meisten von uns in diese Falle gelaufen und haben eine Menge Zeit damit verbracht, den vollkommenen Partner zu finden, der in dieses Beziehungsmodell hineinpaßt.

Wenn es uns gelingt, uns in die Person »zu verlieben«, mit der wir körperlich intim sind, haben wir automatisch das Gefühl, daß dies eine bessere und bedeutungsvollere Bezie-hung sei als gewöhnlicher Sex. Viele Leute täuschen aus Ge-wohnheit sich selbst und ihrem Partner diesen Zustand vor. Dies funktioniert nur so lange, als der Partner in die vorge-schriebenen Verhaltensmuster paßt und in der vom anderen erwarteten Weise reagiert. Wenn die wirkliche Person zum Vorschein kommt und das Programm sprengt, kann die Illu-sion der Verliebtheit nicht länger aufrechterhalten werden.

Die Idee, daß Sexualität eine spirituelle Komponente haben müsse, erreichte ihren Höhepunkt in der bereits im Abklingen begriffenen New-Age-Bewegung. Man glaubte, daß gewöhnliche Sexualität nur die niedrigsten unserer Energien speise, das Wurzelchakra und das zweite Chakra, und nahm Anleihe bei tantrischen Methoden, um sie in höhere Bereiche zu bringen. Manche Richtungen sahen in der Sexualität in erster Linie ein Mittel zur Fortpflanzung, die in der New-Age-Bewegung ebenfalls zu einem göttlichen Akt erklärt wurde. Auch wurden verschiedene Lehren kombiniert, doch was dabei herauskam, war nicht das erhoffte bessere System.

Was geschieht mit unseren Überzeugungen von Liebe und Intimität, wenn wir mit der Vorstellung von kurzzeitigen Bindungen konfrontiert werden? Glauben wir, daß in einer solchen Situation wirkliche Intimität entstehen kann?

Wenn zwei Menschen fähig sind, Liebe zu empfangen und zu geben, und wenn sie frei sind von den üblichen Beschränkungen einer »normalen« Beziehung, kann ein Wunder geschehen. Wenn sie ihre vorgefaßten Urteile über das, was richtig oder perfekt ist, fallenlassen, öffnen sie sich für den Kontakt mit anderen und empfangen wahre Zuneigung.

Ein Mann und eine Frau begegnen einander beim Jogging. Sie grüßen einander, und vom ersten Augenkontakt an fühlen sie sich zueinander hingezogen. Einer von ihnen hat den Mut, den anderen nach dem Namen zu fragen, und sie beginnen eine Unterhaltung. Sie stellen fest, daß sie gemeinsame Interessen und ähnliche Ideen über das Leben haben. Es gibt vieles, was sie am anderen anspricht, und beide fühlen sich sofort wohl und entspannt in der Gegenwart der anderen Person. Sie sagt: »Ich wohne ganz in der Nähe, möchtest du mitkommen und etwas trinken?« Er will. Sie verbringen die nächsten Stunden im Gespräch miteinander und mit anderen Mitgliedern des Haushalts. Sie bemerken, daß ihre Augen wohlgefällig aufeinander verweilen. Nach einer Weile beginnen sie einander zu berühren, und dann reden sie wieder miteinander. Es ist eine langsame Bewegung in Bereiche der Sicherheit und des Wohlbefindens. Sie sind voneinander begeistert. An einem gewissen Punkt haben sie genug über sich erzählt, so daß jeder von ihnen das Gefühl hat, den anderen gut genug zu kennen, um persönlicher zu werden. Sie beginnen einander zu küssen und zu liebkosen. Wenn beide wach und aufmerksam sind, kann es in den nächsten Stunden zu einem überaus angenehmen Austausch kommen, wie ihn keiner von beiden je zuvor erlebt hat. Wenn sie mit ihren Gefühlen ehrlich sind, werden sie ziemlich mühelos in einen tiefen Kontakt auf der Basis ihrer menschlichen Natur hineingleiten. Wenn sie sich von allen »man soll« und »man soll nicht« befreien und nur füreinander da sind, wird es zu einer auf gegenseitigem Wohlgefallen und Wertschätzung beruhenden Begegnung kommen. Alles, was wir über eine andere Person wissen müssen, ist bereits in den ersten Momenten der Begegnung vorhanden. Wenn wir in eine solche Begegnung mit Offenheit, klarem Verstand und willigem Herzen hineingehen, kann viel geschehen. In kurzen Begegnungen können Menschen einander ihr tiefstes Wesen offenbaren. Sie können das Herz füreinander öffnen ohne die vielen unnötigen und oft verwirrenden Informationen, die unsere Urteile und Ängste aufkommen lassen, wenn wir jemanden erst einmal länger kennen.

Was ich andeuten will und auch selbst in einem solchen Fall erlebt habe, ist die Frische und Unschuld, die wir in solch kurze Liebeskontakte einbringen können. Das kann zu sehr befriedigenden Momenten der Intimität führen. Schon bei der ersten Öffnung zur Liebe kann man die Ängste, Stärken, Überzeugungen, Glaubensvorstellungen und Gefühle einer anderen Person sehen. Wenn wir gewillt sind, unserer Intuition zu vertrauen, können wir eine Menge lernen, indem wir die andere Person einfach bitten, ihre Geschichte zu erzählen. Welche Art von Prägung ihr Elternhaus hinterlassen hat, zeigt sich an der Veränderung des Gesichtsausdrucks, wenn sie über ihre Eltern oder ihre Kindheit spricht. Während sie eine Reise oder einen Film beschreibt, können wir durch Beobachtung feststellen, was sie wirklich von sich hält. Wenn wir offen sind und der Kontakt zwischen Herz und Kopf funktioniert, werden wir in wenigen Minuten alles Nötige über den anderen Menschen wissen.

Vielleicht glauben Sie, die Tiefe und Qualität dieser spontanen Art von Intimität sei begrenzt. Sie wird nur von den Ansichten begrenzt, die Sie in Ihrem Inneren tragen. Wenn Sie nur auf ein kurzes sexuelles Abenteuer aus sind, werden Sie es bekommen. Wenn Sie imstande sind, die andere Person wirklich als ein menschliches Wesen zu sehen und sich seiner wahren Natur zu öffnen, werden Sie viele Rosen für Ihre Mühe ernten. Was jeder von uns will und braucht, ist Liebe. Was jeder sucht, ist Anerkennung – ein anderes Wort für Liebe. Vielleicht fragen Sie sich: »Wie kann man innerhalb weniger Minuten wirklich lieben?« »Wieso soll man es nicht können?« ist meine Gegenfrage. Wenn wir unserer inneren Führung und Intuition vertrauen, haben wir die Möglichkeit, miteinander in Bereiche von solcher Tiefe vorzudringen, wie sie selbst nach jahrelanger Bekanntschaft selten vorkommen. Liebe und Vertrauen zu sich selbst sind die Voraussetzungen für ein solches Experiment.

Ich plädiere nicht für Promiskuität, sondern möchte vorschlagen, daß wir mit unserem wahren Selbst in Einklang kommen und uns darauf verlassen können, daß alles, was wir sehen, auch wirklich da ist. Diese Art von Selbstvertrauen erfordert eine große Menge an Selbsterkenntnis. Wir müssen lernen, von unserem innersten Kern aus zu handeln. Ich spreche hier nicht von der leichten oder frivolen Beziehung, sondern vom Zulassen tiefer Intimität, ohne daß dabei irgendwelche Zukunftspläne geschmiedet würden – es geht um eine Erfahrung in der Gegenwart. Sie erlaubt uns, uns frei und bewußt von einem Moment zum anderen zu entscheiden und den freien Fall bedingungsloser Liebe zu spüren, der sich von »Verliebtheit« gründlich unterscheidet.

Teil II

»Bis ich zur Quintessenz der Erleuchtung geworden bin, werde ich eine Einstellung entwickeln, die auf die unübertreffliche, vollkommene Erleuchtung ausgerichtet ist, so daß die Wesen, die noch nicht erlöst wurden, erlöst werden; die noch keinen Trost gefunden haben, ihn finden mögen, und diejenigen, die noch nicht ins Nirwana eingegangen sind, ins Nirwana eingehen mögen:

So wie die Erde zusammen mit dem Weltall in alle Ewigkeit für die Nahrung der unzähligen fühlenden Wesen sorgt, so möge auch ich in jeder Weise zur Nahrung für fühlende Wesen bis zu den Grenzen des Weltalls werden, bis alle das Nirwana erreicht haben.«

Aus »The Heart of the Buddha«, Chogyam Trungpa, Shambala Publications

6. KAPITEL

Innere Ehe

Zwei Aspekte unseres Wesens, die ich das innere Männliche und das innere Weibliche nenne, sind für alle, die sich mit der neuen Psychologie beschäftigen, geläufige Ausdrücke. Wir alle werden mit den energetischen Komponenten beider Geschlechter geboren. Wir verfügen in unserem Inneren über das Potential, das Leben von einem androgynen Standpunkt aus zu sehen. Wenn wir uns in einem weiblichen Körper befinden, besitzen wir bestimmte Eigenschaften und Fähigkeiten, die ihrer Natur nach in den Bereich des Weiblichen gehören. Das gleiche gilt für die Männer. Wir wählen unser Geschlecht vor unserer Geburt in Übereinstimmung mit den Erfahrungen, die wir zum gegebenen karmischen Zeitpunkt durchlaufen müssen, um unser Repertoire an Seelenwissen und Begabungen zu erweitern. Außerdem verfügen wir auf der Seelenebene über Erinnerungen aus anderen Lebenszeiten, als wir Körper des anderen Geschlechts trugen, und diese Erinnerungen versetzen uns in die Lage, im Bedarfsfall einen anderen Gesichtspunkt einzunehmen. Dies ermöglicht jeder Mutter, sich in ihren Sohn einzufühlen und dieses scheinbar fremdartige Wesen zu verstehen. Es erlaubt uns Frauen, Mitgefühl für die Männer in unserem Leben zu empfinden, wenn sie mit Machtproblemen kämpfen oder das Gefühl haben, sich der Welt aufdrängen zu müssen. Männer können sich dank ihres Zellengedächtnisses sowohl in einen Geburtsvorgang einfühlen als auch in Sanftheit und Nachgiebigkeit. Diese Fähigkeit ermöglicht uns den Zugang zum anderen Geschlecht. Innere Ganzheit zu erreichen ist wichtig. Wir müssen unsere physische Polarität akzeptieren und in unserer Persönlichkeit zum Ausdruck bringen.

Wenn wir uns als ganze Wesen erleben, sind wir imstande, auf einzigartige Weise zu geben und zu empfangen. Wir gehen Beziehungen nicht mehr aus Bedürfnissen ein. Wir haben »das Recht, uns helfen zu lassen; aber nicht das Recht zu fordern«. (Aus: »Standing Still Like a Hummingbird« von Henry Miller.)

Es ist schwierig und unharmonisch, unser Leben so zu leben, als ob uns dieses innere Wissen nicht zur Verfügung stünde. Als die Kraft der Frau so groß wurde, so daß die Männer sie nicht ertragen und die Frauen nicht mehr mit ihr umgehen konnten, kam es zu einer Art Vereinbarung, die uns erlaubte, uns zu teilen und zu solchen »Halbmenschen« zu werden. Die derart polarisierte Erde wurde für uns zu einem Trainingsort, wo wir lernen können, ganze und intakte Wesen zu werden. Wir haben uns entschieden, diesen Ort in Unwissenheit über unsere ursprüngliche wahre Natur zu betreten. Wir tun dies, um uns bewußt dafür entscheiden zu müssen, daß wir Wesen von ganzheitlicher Energie sind. Nur das, was wir durch bewußte Erfahrungen lernen, wird von uns wirklich wahrgenommen. Wir sind auf der Suche nach der Erfahrung der Wahrheit, und ein Teil dieser Wahrheit ist die Tatsache unserer Vollständigkeit.

Die Spaltung, von der ich spreche, geht von unserem Kopf aus. Sie ist eine gesellschaftliche Konvention, die unserem Wesen schadet. Wenn wir uns völlig mit unserer geschlechtsspezifischen Rolle identifizieren, wird unser Leben auf eine Weise eingeengt, die fast einer Behinderung gleichzusetzen ist. Diese Begrenzungen beeinflussen unser ganzes Dasein. Wenn ich mich ausschließlich als Frau erlebe, bin ich allem unterworfen, was die gesellschaftliche Konvention als passend für eine Frau bestimmt.

Ich habe mich erst kürzlich einige Zeit in den moslemischen Landesteilen Indonesiens aufgehalten und war schockiert, als ich sah, welches Maß an Unterwürfigkeit von den

Frauen erwartet wird. Selbst erwachsene Frauen müssen auf der Straße jungen Männern ausweichen. Sie haben Vorrang. Außerdem wird von den Frauen erwartet, daß sie sich der in diesem Kulturkreis üblichen Beschneidung unterziehen. Sie müssen zulassen, daß der empfindlichste Teil ihrer Genitalien entfernt wird. Zweifellos soll dieser barbarische Brauch die sexuelle Lust der Frau massiv einschränken, damit ihr Ehemann sie unter Kontrolle halten kann.

Wenn Frauen sich für diese Operation »entscheiden«, tun sie dies, weil es von ihnen erwartet wird. Sie haben als Kollektiv beschlossen, die Kontrolle über den eigenen Körper bis zur vollständigen Opferung der sexuellen Lust abzugeben. Erstaunlicherweise erfreut sich die Religion dieser Kultur des größten Wachstums auf der ganzen Welt. Warum stimmen Frauen einem solchen Mord an ihrer Energie zu? Dieser Akt muß sich auf die Sensitivität dieser Frauen derart verheerend auswirken, daß für immer und ewig eine Narbe zurückbleibt. Sie sind nicht fähig, ein Leben als voll funktionierende energetische Wesen zu führen. Sie erlauben, daß man ihnen ihre kostbarste Fähigkeit nimmt, mit der Natur, der Erde und der Lebensenergie in Berührung zu treten. Während diese Operation durchgeführt wird, halten die Mütter ihre jungen Töchter gewaltsam fest.

Dies ist ein extremes Beispiel dafür, wie wir Menschen unsere innere Gespaltenheit ausagieren. Die der Frau angeborene sensitive Kraft wird entfernt, und ihr Körper wird einer wichtigen Möglichkeit, Energie zu kanalisieren, beraubt. So verstümmelt, kann sie den ihr gebührenden Platz im harmonischen Gleichgewicht des Lebens nicht fühlen. Der seelische Schaden, der diesen Frauen zugefügt wird, ist enorm. Dieser Verlust führt auch bei den Männern zu einer Verhärtung. Da die Frauen nicht fähig sind, sensitiv und lustvoll zu reagieren, sondern sich eher passiv verhalten, statt ihr Vergnügen zu suchen, können auch die Männer nichts empfinden, was über das bloße Stillen eines Triebes hinausgeht. Höhere Bereiche sexueller Vereinigung bleiben ihnen verschlossen. Die Verbindung zum Göttlichen durch den Liebesakt ist innerhalb einer ganzen religiösen Gemeinschaft verlorengegangen. Ihre sexuelle Erfahrung ist ebenso begrenzt wie ihr Potential für energetische Ekstase. Dieses extreme Beispiel ist nur eines von vielen, das zeigt, wie tief unsere Trennung von allem Natürlichen und Heiligen geworden ist.

Unsere kollektive Seinserfahrung hat dieser Spaltung Vorschub geleistet und uns in einem Grad »abhängig« gemacht, der alle unsere Beziehungen beeinflußt. Männer und Frauen führen manchmal Krieg miteinander, weil sie sich selbst nicht als ganz wahrnehmen. Wir Frauen beginnen zu erkennen, daß die patriarchalische Welt, in der wir leben, auf unsere Lebensenergie und Kraft einen zerstörerischen Einfluß ausübt. Wir sehen dies im Weltgeschehen und in der fortschreitenden Zerstörung der Erde und ihrer Gaben. Wir bekommen dies zu spüren, wenn die alten Männer in der Politik unsere Söhne in den Krieg schicken wollen, und wir nichts tun, um diesem Blutbad Einhalt zu gebieten. Wir fühlen eine tiefe Sehnsucht nach Ausgewogenheit und Fairneß.

Viele Frauen sind in den letzten Jahren in bezug auf ihre Rechte sehr militant geworden und haben leider aufgrund ihrer inneren Gespaltenheit ihre Trauer und Sorge in Form von Wut, Haß oder Depression ausgedrückt. Unsere Polarisierung nimmt zu, anstatt sich zu verringern. An den Feministinnen ist zu kritisieren, daß sie einem Mißverständnis in bezug auf die wahre menschliche Natur zu unterliegen scheinen – jene Natur, die alle in ihre Arme schließt und in der es eine fließende Übereinstimmung zwischen männlichen und weiblichen Aspekten des Lebens gibt. Zugunsten dieser Frauen muß jedoch gesagt werden, daß sie uns darauf aufmerksam gemacht haben, wie viele Probleme es auf unserer Welt gibt. Indem sie sich vom Hauptstrom abgespalten und verlangt haben, als sensitive und zugleich als starke und kraftvolle Wesen anerkannt zu werden, haben sie einen klaren, bewundernswerten Standpunkt eingenommen. Indem sie ihr Gefühl der Abgespaltenheit übertreiben, schärfen sie uns, die wir durch Duldung vielleicht sogar zum Patriarchalismus beitragen, den Blick für das, was wir preisgegeben haben. Doch können wir uns durch Kampf weder schützen noch das zurückgewinnen, was wir verloren haben. »Liebe ist der einzige Schutz. Alle anderen Formen führen zum Krieg.« (Aus: »Standing Still Like a Hummingbird« von Henry Miller.)

Der Ort, an dem wir beginnen müssen, die heilende Energie der Liebe zu erleben und zu teilen, liegt in unserem Inneren. Wir müssen fähig sein, den entgegengesetzten Pol zu unserem physischen Selbst, der in unserem Inneren liegt, zu umarmen und zu lieben. Da wir diese Aspekte so lange verleugnet oder abgelehnt haben, sind sie wahrscheinlich geschwächt oder beschädigt. Damit sie sich überhaupt hervorwagen, müssen wir diesen verletzten Teilen von uns eine sichere und heilende Umgebung bieten. Zuerst muß in uns der Wunsch erwachen, mit diesen gegensätzlichen Teilen von uns in Verbindung zu treten und sie zu akzeptieren. Wir müssen bereit sein, darauf zu verzichten, dieses andere zu beurteilen und kontrollieren zu wollen.

Es ist der Verdienst der amerikanischen Männerbewegung, die Männer zu ermutigen, ihre sensitive Seite zu entwickeln. Sie lernen, ihre weibliche Seite zum Vorschein zu bringen und zu sehen, ob sie verletzt wurde. Sie können sie nur pflegen, wenn sie einwilligen, ihr Beschützer zu werden. Ein Mann, der seiner weiblichen Seite erlaubt hat, sich zu zeigen, ist stark. Seine Kraft liegt nicht in dominierender Stärke, sondern in einer neuen Vertrauenswürdigkeit, die er durch seine Offenheit geschaffen hat. Viele Männer, die diese Erfahrungen gemacht haben, fühlen, daß sie endlich imstande sind, sich auf alles einzulassen, was die Erde ihnen bietet. Sie haben erlebt, daß dieser Planet tatsächlich ein Ort des Unterstützens und Gebens ist, wenn sie sich ihm fragend anstatt fordernd nähern. Sie lernen, ihre Wünsche auf eine andere und natürlichere Art zu materialisieren.

Als Frauen müssen wir unsere Kraft und Stärke zulassen, obwohl wir in einer Welt leben, in der diese Eigenschaften mit Manipulation oder Kontrolle verbunden werden. In den letzten Jahrzehnten haben viele Frauen, die gleichzeitig die Rolle einer Mutter, Arbeiterin, Hausfrau, Freundin, Geliebten usw. zu spielen hatten, eine ähnliche Haltung angenommen wie die in dieser Gesellschaft dominierenden männlichen Wesen. Diese Frauen sind hart und unbeugsam. Sie haben die Verbindung zu ihrer Weiblichkeit und zur Wirklichkeit ihres Geschlechts verloren. Diese Art Überlebenstechnik war notwendig, doch nun hat sie ihre Wirksamkeit verloren. Wir haben auf diese Weise zur Zerstörung des harmonischen und natürlichen Lebens beigetragen. Wir haben gelernt, »etwas zu erreichen« auf Wegen, die dem Ausverkauf an das Patriarchat Vorschub leisten. Wir haben unsere Fähigkeit, aus der Fülle heraus zu geben und zu empfangen, fast verloren.

Harmonisierung Ihrer inneren Polarität

Wie immer besteht der erste Schritt zur Veränderung eines Verhaltensmusters in der Anerkennung seiner Existenz. Es ist oft extrem schwierig, sich selbst in diesem neuen Licht zu sehen. Niemand anerkennt gerne die Tatsache seiner Gespaltenheit, doch die meisten von uns haben sich zu irgendeiner Zeit in ihrem Leben auf dieses Spiel eingelassen. Wenn Sie sich dieser Selbstenthüllung stellen, müssen Sie für sich selbst Mitgefühl aufbringen. Die Erfahrung kann schmerzvoll und furchterregend sein, denn oft werden Sie Dinge verändern müssen, die Sie bis zu dem Zeitpunkt für Ihr ganzes Leben und Ihr Selbstbild als ausschlaggebend erachteten.

Sie können jedoch sicher sein, daß Sie für Ihre Anstrengung belohnt werden: Sie werden entdecken, wie man sich selbst genügt, und Sie werden stärker mit der inneren Quelle oder Göttlichkeit verbunden werden. Was wir suchen, liegt nie außerhalb von uns. Es ist nur zu finden, wenn wir mit unserer inneren Wahrheit in Einklang kommen. Der Wunsch nach Abhängigkeit von einem andern liegt nicht in der Natur des Menschen. Wir sind alle auf der Suche nach Freiheit und der Fähigkeit, uns mit dem Göttlichen verbunden zu fühlen.

Der wichtigste Aspekt dieser Heilung ist energetisch. Wir treten mit der reinen Lebensquelle und göttlichen Energie des Universums in Verbindung. Tatsächlich wurde diese Verbindung noch nie unterbrochen, nur war unser Wahrnehmungsvermögen durch die von uns praktizierten Beziehungen vernebelt. Unsere Verbindung war geschwächt, weil wir so viel von unserer Kraft vergeudet haben.

Als weitere Belohnung werden wir eine Veränderung unserer Beziehung erfahren. Entweder wird unser Partner dazu angeregt, sich ebenfalls zu verändern, oder wir entwickeln uns weiter und ziehen einen Partner an, der auf demselben Weg ist. Sobald wir beginnen, diese Energien in uns in Bewegung zu setzen, können wir nicht mehr ohne weiteres zu den alten Beziehungsformen zurückkehren. Wir wachsen über den alten Behälter hinaus. Wenn wir wieder in die alte Seinsweise zurückfallen, fühlen wir uns elend, und keine noch so romantische Liebe kann uns zufriedenstellen. Wir kämpfen, bis wir wieder frei für unsere Heilung sind.

Tiefere Heilung – mit oder ohne Partner

Unserer Beziehung wird diese Heilung besonders zugute kommen. Wenn Ihr Partner nicht gewillt ist, sich dieser Art von Veränderung und Arbeit zu unterziehen, werden Sie sich entscheiden müssen, ob Sie diese Beziehung fortsetzen wollen. Es ist extrem schwierig, Gewohnheiten oder Abhängigkeiten zu verändern, wenn die Menschen um Sie herum diese weiterhin pflegen. Es ist nicht unmöglich, aber es erfordert ein großes Maß an Selbstvertrauen und Überzeugung. Eine starke Verbindung zu Ihrer inneren Quelle ist auch in diesem Fall von unschätzbarem Wert. Wenn Sie nicht mehr weiterkommen, können Sie sich um Ermutigung oder Unterstützung an diese Quelle wenden. Sie dürfen nicht erwarten, daß diese Veränderungen über Nacht eintreten. Sie haben Jahre gebraucht, um diese Gewohnheiten und Verhaltensmuster aufzubauen. Es wird einige Zeit dauern, bis Sie beständige Resultate zu sehen bekommen.

Tatsächlich ist es möglich, daß Sie auf Widerstand oder Aggression seitens Ihrer Partnerin oder Ihres Partners stoßen. Als ich in meiner spirituellen Praxis ein bestimmtes Niveau erreichte, das einen weniger problematischen und friedlicheren Alltag für mich erforderlich machte, reagierte mein Partner auf meine Änderungsvorschläge mit großem Widerstand. Sein Widerstand trat jedoch nicht offen zutage. Im Gegenteil, er zeigte verbal Aufnahmebereitschaft und Verständnis. Er schwor mir, daß auch er sich mehr Frieden und Harmonie wünsche. Energetisch waren wir jedoch auf verschiedenen Wellenlängen. Ich war auf einem spirituellen Pfad mit einer bestimmten Ausrichtung; er war auf einem anderen. Die Unvereinbarkeit war an sich nicht destruktiv, doch die Bedrohung, die unsere Emotionskörper angesichts der Unterschiede empfanden, stellte ein großes Problem dar.

Er war nicht in der Lage, sich an unsere Vereinbarungen zu halten. Auch ich war nicht fähig, dies ständig zu tun. Jeder von uns pochte auf seine Rechte und wollte seinen Kopf durchsetzen. Ich versuchte, meine üblichen Kontrollmechanismen aufzugeben, war jedoch nicht bereit, mich überfahren zu lassen. Er fand, daß meine neuen Anforderungen, verbunden mit meiner Unfähigkeit, mich daran zu halten, einfach zu verwirrend für ihn seien. Er kritisierte meine spirituelle Praxis und sagte, sie lohne den Aufwand nicht, da sie mich nicht befähige, das zu tun, was ich tun wolle. In Wirklichkeit kritisierte er meine Praxis, weil sie mich von ihm entfernte. Ich wurde immer verwundbarer und unfähiger, Übergriffe zu tolerieren, selbst wenn sie noch so geringfügig waren. Ich wollte nicht, daß man mich anschrie oder auf kritische und barsche Weise mit mir sprach. Eine freundliche Stimme oder einfache Bitte wäre viel wirksamer gewesen. Die Entscheidung ging schließlich von ihm aus. Er benahm sich auf eine Weise, von der er wußte, daß ich sie nicht tolerieren würde.

Ich fühlte, daß es nur eine Lösung gab: die Beziehung zu beenden. Um mein eigenes Wesen zu schützen, mußte ich meinen Weg allein fortsetzen. Die Energie zwischen uns war so angespannt, daß ein Weiterkämpfen zu gefährlich wurde. Wir hatten in unserem Tanz die Grenzen erreicht. Das Ende war stürmisch. Tatsächlich hatten wir bei dem Versuch, dem anderen entgegenzukommen, ständig unsere Grenzen überschritten. Wenn das geschieht, gibt es keine andere Lösung, als sich zurückzuziehen und seine Parameter wiederherzustellen. Selbst in den intimsten Beziehungen ist es notwendig, die persönlichen Grenzen aufrechtzuerhalten. In solchen Beziehungen ist dies sogar besonders wichtig, weil wir besonders verwundbar sind, wenn wir »lieben« und auf unsere Kraft verzichten.

Wenn wir uns dem Selbst verpflichten, werden wir feststellen, daß wir Hindernisse und Blockierungen vermeiden. Wir werden ihnen eher aus dem Weg gehen, als ihretwegen unsere Reserven zu erschöpfen. Nachdem wir die Generatoren unserer Selbstheilung in Gang gesetzt haben, können wir nicht mehr in unsere alten Gewohnheiten zurückfallen. Außerdem ist es ein Dienst an der Freiheit, einer Person, die wir lieben, zu erlauben, die für ihren eigenen Entwicklungsprozeß nötigen Umstände zu wählen. Der Weg, den ich ihn zu gehen bat, war nicht der Weg meines Partners. Es war mein Weg, den er einzuschlagen versuchte. Dies brachte uns zum Scheidepunkt. In diesem Licht gesehen, gibt es niemanden, der schuldig oder zu tadeln ist. Ich schrieb ihm einen Brief und bat ihn um Verzeihung, weil ich versucht hatte, mir von ihm etwas zu nehmen, was er nicht geben konnte. Ich verzieh ihm, daß er von mir verlangt hatte, ich müßte anders sein, als ich es war. Immer noch bewirkte eine »Leere« in uns, daß wir unsere Bedürfnisse auf den anderen projizierten in der Hoffnung, er könne sie erfüllen. Ja, wir verlangten und erwarteten das sogar voneinander. Jetzt weiß ich, daß diese Beziehung eine der stärksten Lektionen war, die ich je erhalten habe. Wir verfehlten uns auf subtile Weise. Die Art, in der wir verschmolzen, fühlte sich so tröstlich und vertraut an. Wir paßten zueinander in den Schwächen unserer Emotionen, in der Genetik unserer Familien und in den Gepflogenheiten unserer Zeit. Als wir uns trennten, hatte wir beide das Gefühl eines großen Verlustes. Ein Großteil dieser Trauer wurde durch die Haftstellen in unseren Emotionskörpern hervorgerufen, die versuchten, sich festzuklammern, auch wenn sie dadurch die Seele erstickten.

Energetische Komponente der inneren Ehe

Die innere Ehe vollzieht sich im Herzzentrum. Um dieses Phänomen zu erleben, müssen wir alle Teile von uns, insbesondere aber den polaren Gegensatz, akzeptieren und lieben. Wenn uns dies gelingt, kommt es zu einer tiefgehenden Wirkung auf das Herz, und wir können dieses Zentrum vertrauensvoll öffnen und voll akzeptieren, was es bedeutet, ein ganzer Mensch zu sein.

Das vierte Chakra oder Herzzentrum ist einer der Orte, wo wir uns selbst verkaufen. Wir nennen vieles Liebe, was mit Liebe nichts zu tun hat. Die Buddhisten sagen, daß dieses Zentrum die wahre Heimstatt des Geistes ist. Wenn an diesem Ort in unserem Inneren Harmonie und Fülle herrschen, sind wir imstande, jene Dinge für uns und andere zu erkennen und auszuwählen, die wahrhaftig in Gleichgewicht und Harmonie sind. Wir fühlen und leben Mitgefühl und wahre Liebe. Wir handeln nicht aus Bedürftigkeit oder Neid. Wir fürchten uns nicht vor dem Verlust einer anderen Person, weil wir wissen, daß wahre Liebe bedeutet, anderen ihre Freiheit zu geben. Und das bedeutet oft nichts anderes, als loszulassen. Der Vormarsch der Herzkrankheiten in den westlichen Ländern und in den sich rasant entwickelnden Ländern der Dritten Welt ist vor allem auf den Mißbrauch dieses Zentrums zurückzuführen. Wir sperren diese kraftvolle, lebenspendende Energie in Käfige aus Leid und Eifersucht. Wir schließen unsere Herzen, statt sie zu öffnen und mehr vom Leben und seinen Gaben zu fühlen. Wir fürchten uns vor unseren Gefühlen und behaupten oft, daß sie uns »zuviel« seien und wir sie nicht ertragen können. In Wahrheit handelt es sich bloß um ein starkes Gefühl der Liebe oder des Mitgefühls, das sich bemerkbar macht. Wenn wir unser Herzzentrum mehr und mehr der Liebe öffnen, wird es sich erweitern und grenzenlosen Mitgefühls fähig sein. Mit offenem Herzen und der Bereitschaft, alles Leben zu fühlen, können wir die Lektionen des vierten Chakra am besten leben.

Dieses Zentrum ist der Ort, wo die Energie der drei niedrigeren Chakren mit Liebe vermischt wird. Sexualenergie, die durch dieses Portal strömt, wird zum Lebensfluß der Kreativität. Vermengen wir unsere Kraft mit Liebe, dürfen wir sicher sein, daß wir richtig handeln und niemandem schaden.

Wenn wir die entgegengesetzten polaren Aspekte unseres Geschlechts erkennen und akzeptieren, können wir sie zu einer inneren Vermählungszeremonie einladen. Wir können das Gefühl innerer Ganzheit verstärken, indem wir durch eine Zeremonie die beiden Hälften zusammenfügen. Es ist ein wunderbares Geschenk, das wir uns mit diesem inneren Ehegelöbnis selbst bereiten. Sie verfassen es am besten selber und schaffen sich eine Zeremonie dazu. Vielleicht gehen Sie aus oder kleiden sich festlich, vielleicht bestellen Sie Blumen und Champagner, um Ihrer Feier den richtigen Rahmen zu geben. Sie können sogar andere als Zeugen einladen. Heiraten Sie sich selbst, und beginnen Sie ein Leben der Erfüllung und Freude, das auf Ganzheit und Stärke basiert. In Kapitel 10 werden wir sehen, wie die innere Ehe der Welt und unseren Mitmenschen dient.

Selbstliebe

Der Schlüssel zu einer erfolgreichen inneren Ehe ist die Liebe zu sich selbst. Es kann natürlich einige Zeit dauern, bis wir imstande sind, alles an uns zu lieben. Halten Sie sich immer vor Augen, daß Liebe Anerkennung und Mitgefühl bedeutet – und das ist nicht unbedingt identisch mit der schwärmerischen Form der Liebe.

Im gleichen Maße, wie unsere Bewußtheit für uns selbst und unser Verständnis für die Wirklichkeit wächst, setzt eine notwendige Auflösung des ichbezogenen Selbst ein. Die Erkenntnis, daß es im Grunde keine Trennung gibt, verändert die Wahrnehmung des Selbst, und alles beginnt zusammenzugehören: Alles ist wie ich – ich bin wie alles. Urteile fallen weg.

Wir müssen eine richtige Beziehung zu unserem Selbst finden. Am besten nähert man sich ihm in einem Zustand der Ehrfurcht für das Leben, das wir sind. Das Große Selbst möchte unser Leben und unser Wissen auf harmonische Weise beeinflussen und die volle Kreativität und Stärke unseres Wesens zum Ausdruck bringen. Es fordert uns auf, uns in die Essenz des Seins zu begeben und mit den Aspekten des Selbst zu kommunizieren, die auf Respekt, Mitgefühl und Liebe ausgerichtet sind. Die volle Kreativität wird in unseren Handlungen freigesetzt, wenn die innere Ehe vollzogen ist und als Kern unseres Wesens funktioniert. Das Große Selbst kann die Große Mutter oder der Große Vater sein. Es wird uns lieben, was auch geschehen mag.

Es handelt sich weniger darum, nach unserem Großen Selbst zu suchen, als darum, Raum und Stille zu schaffen für seine Verkörperung. Es ist in uns, auch wenn es nicht immer erkannt wird. In der Meditation können wir diesen Raum schaffen, in dem wir es bitten, uns seine Eigenschaften jeden Tag zu offenbaren. Die Metapher von einem Selbst außerhalb von uns hilft uns heute nicht mehr weiter. Zu sehr erinnert sie an die gute Fee im Märchen oder an eine separate

Wesenheit. Es ist wirksamer, mit uns selbst und der Welt um uns herum Frieden zu schließen und so dem Selbst eine Bühne zu verschaffen, auf der es spielen kann. Die Erfahrung des Großen Selbst ist das Gefühl, auf dem richtigen Weg zu sein und die Gegenwart von Weisheit und Wissen zu spüren. Sie bedeutet nicht, daß wir versuchen sollen, Supermenschen zu werden und keinen menschlichen Emotionen und Gedanken mehr unterworfen zu sein.

Die Verpflichtung zur Verkörperung des Selbst führt uns auf ein Spielfeld, das zu groß ist für die kleinlichen Streitigkeiten und Reaktionen, die viele Menschen plagen. Wir begeben uns in einen Zustand der Gnade und Herrlichkeit, der wirklich ein Spielfeld der Götter ist. Es ist unser Geburtsrecht, uns auf dem Planeten Erde in göttliche Spiele einzulassen.

7. KAPITEL

Heilige Sexualität

Polarisation ist nicht mehr nötig

Die strenge Trennung in männlich und weiblich dient uns in keiner Weise mehr. Sie erzeugt in uns das Gefühl, daß unsere Geliebten außerhalb von uns existieren und daß wir von ihnen auf eine Art und Weise getrennt sind, die nur Disharmonie, Verurteilung und Ausschließung hervorruft. Das ändert aber nichts an der Tatsache, daß zwischen Mann und Frau Unterschiede bestehen, die anzuerkennen sind.

Die Gehirnforschung hat herausgefunden, daß die linke Gehirnhälfte in ihren Funktionen eher logisch, linear, konzentriert und zeitbewußt (also männlich) ist, die rechte hingegen intuitiv, kollektiv, diffus und die Zeit als ein einziges Ereignis wahrnehmend (also weiblich) ist. Daher neigen Männer zu einem mehr von der linken Gehirnhälfte gesteuerten Betragen, während Frauen in ihren natürlichen Verhaltensweisen mehr von den Eigenschaften der rechten Gehirnhälfte zeigen. Wir haben alle Zugang zu den Informationen und Verhaltensmustern beider Gehirnhälften, doch scheint unser Geschlecht uns in der einen oder anderen Weise zu prädisponieren.

Männer und Frauen hören auf unterschiedliche Art. Frauen können gleichzeitig zwei Unterhaltungen zuhören und zudem bewußt wahrnehmen, was das Weinen des Säuglings im Nebenzimmer zu bedeuten hat. Männer hören auf genaue Informationen und Details. Wenn Sie einem Mann schnell etwas mitteilen möchten, vergewissern Sie sich, ob Sie seine Aufmerksamkeit auf sich gezogen haben, sonst werden Sie aller Wahrscheinlichkeit nach überhört werden. Männer halten nach Details oder spezifischen Bewegungsmustern Ausschau oder suchen nach logischen Erklärungen; Frauen hingegen haben die Tendenz, ihre Augen über die Landschaft schweifen zu lassen und das gewisse »Gefühl« aufzunehmen, das von einem Ort ausgeht. Weil wir über viele Generationen hinweg in einer polarisierten Wirklichkeit gelebt haben, sind die Unterschiede offensichtlicher geworden, und erst in den letzten Jahren haben die Menschen bewußt versucht, die Barrieren zu überbrücken. In dem Maße, in dem wir alle gemeinsam die hierarchische lineare Wirklichkeit überwinden, werden die Unterschiede ihre Wichtigkeit verlieren. Es ist deshalb wichtig, daß wir erkennen lernen, wann wir unsere Energie und Aufmerksamkeit auf die Unterschiede lenken, die der Spaltung Vorschub leisten.

Das Programm der menschlichen Evolution scheint vorzuhaben, daß wir über das Bedürfnis hinauswachsen, uns auf exklusive Familienzellen zu beschränken. Es ist Zeit, daß wir lernen, unsere Familienstrukturen oder Gemeinschaften aus Liebe zu wählen und nicht aus Angst oder Herrschsucht. Die Rollen, die Besitzgier, Eifersucht und Herrschsucht in der Geschichte der Menschheit gespielt haben, waren seinerzeit wichtig. Diese Emotionen bildeten die Basis für ein Abkommen, das zwei Menschen aneinander band und das eine sichere Umgebung für das Großziehen der Kinder schuf. Die natürliche Lebenserwartung der Gattung betrug fünfundvierzig oder fünfzig Jahre. Die Stammesältesten, die über das Wissen verfügten, hatten das Bedürfnis oder die Fähigkeit zur Fortpflanzung hinter sich gelassen und ihren natürlichen Sexualtrieb ausgelebt, so daß diese Energie für sie kein Problem mehr darstellte. Allein aus Gründen der Aufrechterhaltung der Arbeitsordnung im Leben bestand in diesem sozialen Umfeld ein Bedürfnis nach menschlicher Polarität. Die Männer mußten stark sein, auf die Jagd gehen und die Ordnung wahren. Die Frauen mußten intuitiv und fürsorglich sein und einen Zugang zu anderen Ebenen der Wirklichkeit haben, was ihre Sinne und Wachsamkeit für Momente der Gefahr schärfte und ihnen die Fähigkeit verlieh, über die Umtriebe ihrer Kinder stets Bescheid zu wissen. Die Emotionen, die diese Familien- und Stammeseinheiten zusammenhielten, beruhten auf den durch diese Lebensweise hervorgerufenen Anschauungen und den tatsächlichen Überlebensbedürfnissen.

Unsere Lebensspanne hat sich im Laufe unserer Entwicklung verlängert, und es ist daher notwendig geworden, uns sexuell neu zu orientieren. Was sollen wir mit unserem starken, gesunden, sexuell aktiven Körper tun, wenn wir nicht mehr an unserer Fortpflanzung interessiert sind? Wir haben erkannt, daß die Emotionen, die die frühen Gesellschaftsstrukturen zusammenhielten, für uns nicht nur nutzlos, sondern sogar destruktiv sind. Possessives Verhalten führt zu Rebellion und Rachegefühlen; Kontrollmechanismen sollen uns vor eingebildeten Gefahren schützen und verhindern, daß die auf das Überleben ausgerichtete Familienstruktur zerbricht. Das sind die Probleme, die von der Familientherapie trotz jahrelanger Bemühungen nicht gelöst werden konnten. Sobald die ursprüngliche, der Fortpflanzung dienende Familie ihren Zweck erfüllt hat, suchen viele Erwachsene nach einer anderen Art von Lebenserfahrung. Angesichts dieses heute ziemlich natürlichen Wunsches nach anderen Arten des Liebesausdrucks und der persönlichen Erfüllung müssen Familien heute Enttäuschung, Verrat, Trennung und Schmerz ertragen.

Erweiterung unserer Grenzen

Nur wenige Paare sind in der Lage, in dem Lebensabschnitt, da ihre Kinder sie nicht mehr brauchen, ihre Verbindung und Verantwortung füreinander zu vertiefen und frei und unabhängig ihre spirituelle Einheit zu erforschen. Die meisten Paare heiraten aus sozialen, ökonomischen oder sexuellen Gründen und selten aus einer tiefen, aufrichtigen Bindung und spirituellem Wissen. Wann haben Sie jemanden von der Geburt eines Kindes als einem Mittel für das eigene spirituelle Wachsen sprechen gehört? Vermutlich nicht sehr oft!

Heilige Sexualität hat als Grundlage die Bereitschaft zur Hingabe und die Unterordnung an den Fluß der Liebe. In Augenblicken der Hingabe haben wir die Gelegenheit, unsere Verbindung mit dem Göttlichen zu erleben und diese Wirklichkeit mit dem geliebten Menschen zu teilen. Es ist ein Weg, der uns erlaubt, sowohl spirituell als auch emotionell in eine gesunde und positive Richtung zu wachsen. Wir lernen zu lieben und Mitgefühl für uns selbst zu empfinden, indem wir zulassen, daß unser Selbst erscheint und ein anderer Mensch als Zeuge zugegen ist. In dem Maße, in dem wir die Egobarrieren zwischen uns und unserem Partner auflösen, sind wir fähig, das Bedürfnis aufzugeben, mit der Maske eines intakten Ego zu leben. Die Maske des Ego ist die stärkste Schranke zwischen unserem wahren Selbst und dem der anderen. Diese Rüstung trennt uns von Freude, Glück und Ekstase. Wenn wir lernen, uns selbst mehr zu lieben, werden wir bemerken, daß diese Liebe zu einer tiefen Selbsterkenntnis führt, die Mitgefühl auslöst. Wenn wir imstande sind, unsere Schwächen, Fehler und Gewohnheiten frei von Scham anzuschauen, werden wir feststellen, daß wir uns selbst vergeben können, daß wir menschlich sind und daher immer noch einige Dinge lernen müssen. Sobald wir uns selbst diese Erlaubnis gegeben haben, fällt es uns leichter, sie auch anderen zu erteilen.

Der Zweck

Sexualität, deren Grundlage das Verlangen bildet, alles zu wissen und zu erleben, nimmt den Platz ein, den das Bedürfnis nach Fortpflanzung in den jüngeren Jahren unseres Lebens innehatte. Der natürliche Paarungstrieb, der Seelen auf die Erdebene ruft, hat im späteren Leben eine andere

Bestimmung. In den reifen Jahren kann dieser immer noch starke Trieb benutzt werden, um das Auftauchen und die Geburt des vollen Seelenselbst herbeizuführen. Die Sexualenergie kann der Katalysator für dieses Geschehen sein. Nach dem Auftauchen des vollen Seelenselbst ist das nun geschaffene neue Wesen immer noch das Selbst des existierenden Menschenwesens, doch es lebt jetzt mit der Kraft und dem Potential einer bewußt inkarnierten Seele. Diese Erfahrung bewirkt eine Revitalisierung von Körper, Gemüt und Geist des existierenden Menschen. Nun erst kann die Seele das volle Potential ihrer gegenwärtigen Inkarnation verwirklichen.

Heilige Sexualität bildet das fruchtbare Umfeld für die »Geburt« zweier Wesen in größere Aufmerksamkeit und Bewußtheit. Jedes der beiden Wesen wird durch die bloße Gegenwart des anderen genährt und unterstützt. Wenn zwei Wesen einander in diesem Grad von Intimität kennen, ist der Energieaustausch subtil und konstant. Was hier geschieht, ist eine Speisung der Seele. Es ist selten, daß Menschen diese Speisung der Seele erleben. Gewisse religiöse Erfahrungen und erhöhte Bewußtseinszustände können flüchtige Momente dieser Erfahrung herbeiführen.

Eine Beziehung, die uns täglich und kontinuierlich mit dieser Seelennahrung versorgt, ist eine Seltenheit. Diese Art der Vereinigung ist wahrscheinlich geeignet, eine lebenslange Partnerschaft zu schaffen. Diese intime Form seelischer Anerkennung bildet den Nährboden für das Wachstum zweier Seelen und ihre Entwicklung zu Menschen von wahrer Größe, deren Aufgabe auf der Erde in selbstloser Nächstenliebe besteht.

In den Anfangsphasen dieser Seelengemeinschaft bildet die Partnerschaft das Feld, auf dem das Loslösen und Heilen von karmischen Rückständen, Schmerz oder Verwirrung stattfinden kann. In diesem frühen Stadium kämpft das Ego um seine vertraute Existenz. Es verläuft nicht immer alles glatt, denn das Ausmaß, in dem diese beiden Seelen einen Hausputz vornehmen, ist unglaublich groß. Was die eine von sich aus nicht »erwischte«, wird durch die unermüdliche Aufmerksamkeit der anderen erreichbar. Jede Interaktion, selbst eine einfache Unstimmigkeit darüber, wo man das Abendessen einnehmen oder welchen Film man sich ansehen soll, kann zu einem Kanal für das größere Bewußtsein werden. In dieser Art von Beziehung gibt es tatsächlich keinen Grund zu streiten. Die andere Person wird von einer wissenden Seele bewohnt, die alle Aspekte des Partners akzeptiert.

Am Anfang ist es schwierig zu akzeptieren, daß es eine andere Person gibt, die einen liebt und völlig annimmt, sogar mit seinen »schlimmen« Seiten. Wir neigen zum Ausagieren dieser unliebsamen Teile, weil wir den Partner prüfen wollen. »Nun, kannst du auch das hier lieben?« Doch im Unterschied zu gewöhnlichen emotionalen Beziehungen, wo diese Verhaltensweisen nichts als Verteidigungs- oder Kontrollmechanismen sind, sind sie in der heiligen Beziehung eine Aufforderung der Seele an ihren getreuen Freund und Partner, ihr dabei zu helfen, die alten Schutzwälle und Umzäunungen abzubauen. Wir sehnen uns danach, frei zu sein von Selbstverurteilung und Einschränkungen, so daß unser wahres Gottselbst erscheinen kann. Wir benützen unseren Partner, um unsere Last zu erleichtern, und helfen ihm, seine zu tragen. Wir reinigen uns, so daß wir als die Lichter erscheinen können, die wir tatsächlich sind. Der Widerschein vom Seelenpartner ist nur so hell, wie wir selbst hell sind. Es gibt keinen Platz und kein Versteck für die Lüge. Alle unbewußten Gewohnheiten kommen ans Licht.

Diese Art von Beziehung erlaubt uns, aus dem alten System der Polarität herauszutreten. Wir alle können dem anderen Mutter, Vater, Schwester, Bruder und Freund oder Freundin sein. Es gibt keine Rolle, die wir nicht füreinander spielen können. Ich bin weiblich und männlich, ich bin sensitiv und stark. Ich bin fähig, meinem Partner sowohl nährende (weibliche) als auch schützende (männliche) Energie zu senden.

143

Während der reifen Phase des Lebens können zwei Seelen einander auf der körperlichen Ebene begegnen und Liebende werden. Selbst in einer seit vielen Jahren bestehenden Beziehung kann eine solche »Begegnung« stattfinden, wenn beiden bewußt wird, wer die vertraute andere Person wirklich ist. Auf diesem Weg der Bewußtwerdung kann jeder des anderen Hebamme werden, die ihm bei der Geburt in seine Wirklichkeit beisteht und das Auftauchen des Selbst fördert. Die Voraussetzung dafür bildet ein tiefes und beständiges Vertrauen. Diese Art von Vertrauen kann nicht künstlich oder durch bloßes Reden herbeigeführt werden, sondern muß tiefem seelischem Wissen entspringen. Nach meiner Erfahrung tritt dieses Wissen in Form des Gefühls auf, den Partner schon seit Anbeginn aller Zeiten zu kennen. Ich empfinde für diese Person ein Mitgefühl, wie ich es sonst nur für mich, mein Kind oder einem Klienten gegenüber in einer Therapiesituation empfinden kann. Mein Gefühl sagt mir, wann er aus seinem Ego oder aus Angst heraus wählt anstatt aus seinem höheren Selbst. Und auch er hat die Fähigkeit, diese Schwankungen in mir zu sehen. Jeder kann die »Kehrseite« des anderen beobachten und ein Feedback liefern, wozu sonst niemand in der Lage ist.

Wir kennen einander auf einer tiefen Ebene und akzeptieren alles, was in unserem Partner existiert, so daß unser Vertrauen auf Seelenwahrheit beruht anstatt auf emotionalen Wirklichkeiten. Dieses Ausmaß an Vertrauen verhindert jedoch nicht das Auftreten von Problemen. Es gibt uns einfach Stärke und Ausdauer, dank deren wir durch die Schwierigkeiten und Mißverständnisse zur Wahrheit vordringen. Außerdem bringt es unsere dunkelsten, auf Angst beruhenden Aspekte an die Oberfläche. Nichts kann verborgen bleiben. Oft haben wir die Absicht, mit den anderen und uns selbst aufrichtig zu sein, und doch gibt es Dinge, die wir vor uns selbst verheimlichen. Diese Art von Beziehung bringt alles aus dem Dunkel ans Licht. Manchmal ist es schmerzhaft, so daß wir uns ein wenig zurückziehen müssen, um das, was aufgetaucht ist, zu integrieren. Aber es kommt nie zu einer ernsthaften Gefährdung unserer Verbindung. Nichts ist so dunkel oder furchterregend, als daß wir uns nicht damit befassen könnten. Wir mußten nicht erst lernen, einander zu vertrauen. Wir stellten fest, daß das Vertrauen bereits vorhanden war und wir es nur anerkennen mußten.

Meine Arbeit mit Inkarnationsprozessen kann für dieses Ausmaß an seelischem Vertrauen einige Erklärungen liefern. Aber selbst jene Menschen, die das Inkarnationsmodell nicht anerkennen oder benutzen, können verstehen, daß zwei Seelen, deren Entwicklung innerhalb einer Lebenszeit ähnlich verlaufen ist, großes Vertrauen füreinander empfinden können. Auf jeden Fall ist dieses Maß an Vertrauen die Voraussetzung dafür, daß wir uns auf diese tiefe und intime Weise einem anderen Menschen gegenüber öffnen können.

Übung zur Förderung des Vertrauens

Eine wichtige Übung, die das Auftauchen dieser Art von Vertrauen fördert, besteht darin, einander in die Seele zu blicken. Nehmen Sie Ihrem Partner gegenüber Platz, und lassen Sie Ihre Augen auf den seinen verweilen. Blinzeln Sie so wenig wie möglich, und lassen Sie Ihren Blick nicht umherschweifen, sondern schauen Sie einfach Ihrer Liebe tief in die Augen.

Während dieser Meditation wird das Gesicht, das Sie so gut kennen, sich zu verändern beginnen und den Gesichtsausdruck anderer Menschen annehmen. Vielleicht sehen Sie, wie sich Ihr Geliebter in eine alte Frau verwandelt. Immer, wenn eine andere Wesenheit erscheint, haben Sie die Möglichkeit, emotionale Informationen und Inhalte von diesem Aspekt Ihres Geliebten zu erhalten. Was Sie sehen, sind die vielen möglichen und existierenden Aspekte dieses Wesens. Sie können seine Angst oder seine Gewalttätigkeit sehen. Lassen Sie einfach Ihren Blick aufeinander ruhen, und absorbieren Sie alles. Wenn ein Gesicht auftaucht, das Sie nicht leiden können, heißt das nichts anderes, als daß Sie an sich arbeiten müssen. Was sehen Sie, das Sie dermaßen abstößt? Gibt es eine Ähnlichkeit mit einem versteckten, geheimen Teil in Ihnen selbst? Ist es eine Emotion, die Sie verurteilen und ignorieren möchten? Lassen Sie einfach zu, daß Sie sich ein wenig mehr öffnen und auch diesen Aspekt in Ihre Liebe aufnehmen. Was müssen Sie bei sich selbst verändern, um diesen Aspekt einlassen zu können? Wenn Sie fähig sind, alles aufzunehmen, was Ihre Liebe Ihnen enthüllt, können Sie sie ganz erfassen. Die Seele hat so viele Facetten, wie sie Lebenserfahrungen gehabt hat. Jede Seele enthält und projiziert viele verschiedene Gesichter, gleichgültig ob aus der Perspektive eines oder vieler Leben gesehen.

Je leichter Ihnen die Beobachtung der verschiedenen Aspekte Ihres Partners fällt, desto mehr werden Sie erkennen, daß alles, was Sie in anderen sehen, in irgendeiner Weise auch in Ihnen vorhanden ist. Sie werden die Fähigkeit erlangen, beim anderen das Gesicht seiner Habgier zu sehen und gleichzeitig Ihre eigene zu fühlen. Wenn das geschieht, haben Sie die Wahl, sich von der Kraft dieser Emotion überwältigen zu lassen oder sie als Teil der Wirklichkeit des Menschseins festzuhalten. Wenn Sie imstande sind, letzteres zu wählen, werden Sie feststellen, daß Sie sofort ein tiefes Mitgefühl für Sie selbst und Ihren Liebsten empfinden. Sie werden erkennen, daß das Gesicht der Angst bei Ihrem Geliebten gewissermaßen die Angst der ganzen Menschheit ausdrückt. Wenn wir fähig sind anzuerkennen, daß wir alle die gleichen Emotionen haben und sie in ähnlicher Weise zum Ausdruck bringen, werden wir ein tiefes und dauerhaftes Mitgefühl für andere entwickeln. Wir brauchen vor dem Ausdruck der Furcht oder irgendeiner anderen »negativen« Emotion nicht mehr davonzulaufen. Wir brauchen weder zu reagieren, noch müssen wir versuchen, sie zu verändern. Wir akzeptieren sie, und wir wissen, daß dieses Akzeptieren aus der Liebe kommt.

Diese Übung wird am besten in regelmäßigen Abständen durchgeführt. Neue Aspekte werden im Laufe der Zeit und mit der Vertiefung der Intimität auftauchen. Die Vertiefung der Intimität läßt uns die Hindernisse erkennen, die sich ihr entgegenstellen, das Gefühl, daß uns jemand »zu nahe« tritt, oder Schamgefühle, wenn wir über uns selbst urteilen. In dem Maße, in dem wir diese Barrieren überwinden, wird sich unsere Intimität vertiefen und unser Vertrauen wachsen.

Schließlich »erfassen« wir tief in unserem Wesen, daß wir füreinander da sind und alles miteinander teilen können. Manchmal führt diese Übung zu einem hysterischen Lachanfall, der vom wechselnden Gesichtsausdruck unseres Gegenübers ausgelöst wird. Die Fähigkeit, gemeinsam und übereinander zu lachen, ist ein wirkungsvolles Heilmittel und fördert zugleich die Intimität.

Die heilige sexuelle Erfahrung

Eine andere Erfahrung, die sich durch diese Form der Anteilnahme auf der seelischen Ebene verändert, ist die Sexualität selbst. Die Konzentration bei der sexuellen Vereinigung richtet sich zumeist auf Ausführung und Höhepunkt. Viele Leute verwenden Energie auf die Verbesserung ihrer sexuellen Verführungskünste, um als Sexualpartner erwählt zu werden oder jemanden zu »ködern«. In der heiligen Sexualität ist nicht unbedingt der Orgasmus das Ziel. Er ergibt sich einfach als Folge, wenn zwei Menschen einander auf ausgewogene und liebevolle Weise Lust bereiten. Er ist das natürliche Resultat in einem Liebesaustausch zweier Menschen, die sowohl das eigene als auch das sexuelle Vergnügen des anderen im Sinn haben. Er tritt auf natürliche Weise und ohne große Anstrengung ein, wenn die Liebenden einander auf seelenvolle und herzliche Weise begegnen.

Es scheint mir, daß bei vielen Leuten die Verbindung zwischen dem Herz und den Genitalien gestört ist. Eine noch viel gestörtere Verbindung scheint zwischen dem Bewußtsein und den Genitalien zu bestehen. Wir haben uns über alle Einschränkungen und Verbote hinweg entwickelt, und dennoch fühlen sich die meisten Menschen gerade in ihrer Sexualität unbefriedigt. Sobald sie einmal eine Enttäuschung erlitten haben, geben viele sexuell aktive Erwachsene einfach auf oder entwickeln Vorurteile in bezug auf sexuelles Verhalten, so daß sie sich nie wieder ungestört daran erfreuen können. Die Notwendigkeit von Geburtenkontrolle und die Vorsorge zur Verhütung von Krankheiten haben ebenfalls dazu beigetragen, daß viele Menschen eine Entfremdung zur Sexualität empfinden. Um die notwendigen Vorbeugungsmaßnahmen zu integrieren, müssen Paare die Verantwortung für das eigene Wohlbefinden akzeptieren und gewillt sein, Wege zu finden, sich trotz verminderter Spontaneität, die diese Maßnahmen bewirken, ihrer Sexualität zu erfreuen. Die Störungen, die unter sexuell aktiven Erwachsenen heute um sich greifen, sind ein Teil der Lektion, die wir im Zuge der fortgeschrittenen Zivilisation als Menschen lernen müssen. Wir werden auf dem Gebiet, das für unser Vergnügen bestimmt war, mit einer lebensbedrohenden Krankheit konfrontiert. Unsere Kultur hat zugelassen, daß aus einem lebensspendenden ein wirklich lebensbedrohlicher Aspekt geworden ist.

Die Angst hat uns von unserem lebendigsten Aspekt entfernt. Mißtrauen und Ego machen uns selbst im Kreise unserer Familie und Freunde einsam. Wir haben den Weg, den Liebe und Anteilnahme bieten, verloren. Wir zappeln im Netz offen ausgedrückter Sexualität und scheinen den Weg zurück zu wahrhaft erfüllter Liebe nicht zu finden. Wir vergeuden unsere Zeit mit Partnern, die nicht zu uns passen. Unsere Emotionen und die Spiele unseres Ego hindern uns daran, zu wissen, was wir wirklich brauchen. Wir sind eine Gesellschaft, die gelernt hat, sich mit den Augen der Außenwelt zu bewerten und sich nach dem Urteil der anderen zu richten. Die meisten Leute versuchen einfach, das Beste aus ihren persönlichen Beziehungen zu machen, und begnügen sich in sexuellen Belangen mit dem, was »gut genug« ist. Aber »gut genug« ist keine Realität. Das Leben der meisten Leute ist mit Phantasien über eine Traumperson angefüllt, die kommen wird, um ihnen das Gefühl zu geben, ganz zu sein.

Den meisten von uns dauert das Warten auf den wirklich passenden Partner zu lang. Wir finden jemanden, der einem Teil unserer Kriterien für den richtigen Partner entspricht, und verbringen dann Monate oder Jahre mit dem Versuch, die Lücken zu füllen. Wir unterziehen uns einer Therapie, um jemanden lieben zu lernen, von dem unser Körper und unsere Seele weiß, daß er nicht der »Richtige« ist. Wir entwickeln alle Arten von Strategien und Maßnahmen, weil wir glauben, es sei besser, irgendwen zu haben als niemanden. Die Menschen haben Angst, loszulassen und auf den richtigen Partner zu warten. Diese Idee zeigt, daß viele glauben, daß es für jede Person den richtigen Partner gibt. Ich selbst glaube, daß es für jeden Menschen mehrere »richtige« Möglichkeiten gibt und einen vollkommenen Partner, dem Sie in jenem Leben begegnen, in dem sexuelle Harmonie Ihr Lebensweg oder Ihre Lektion ist. In letzter Zeit ist über Seelengefährten und Zwillingsseelen vieles geschrieben worden, was diese Idee bestätigt.

Es war eine große Erfahrung für mich, aus einer jahrelangen familienartigen Beziehung auszubrechen und allein durch Asien zu reisen. Der Geist leitete mich, und ich fuhr an einen Ort, wo ich niemanden kannte. Ich fand einen leeren Strand, und es begann meine Zeit des Trostes und der Einsamkeit. Ich schrieb und pflegte meine Wunden. Zuerst fühlte ich mich elend und hatte Mitleid mit mir selbst. Ich war erfüllt von Selbstkritik und hörte nicht auf, mich zu fragen, weshalb meine Beziehungen nicht funktionierten und warum ich in der Blüte meines Lebens allein war.

Einige Monate später stellte ich plötzlich fest, daß ich seit Wochen nicht mehr daran gedacht hatte, daß ich allein war. Das war ein Durchbruch! Ich hatte genug über meine innere

Landschaft gelernt, um mich in meiner eigenen Gesellschaft wohl zu fühlen und mit ihr zufrieden zu sein. Meine tägliche Meditation und meine Übungen erfüllten mich mit großer Freude und Frieden. Ich lebte einfach mein Leben und fühlte mich wohl. Ich entwickelte während dieser Zeit ein neues Selbstverständnis in bezug auf meine Sexualität und begann zu verstehen, in welcher Weise ich diese Energie in der Vergangenheit zur Untermauerung meines Selbstwertgefühls mißbraucht hatte. Jetzt war ich ohne sexuellen Partner und fühlte mich besser als je zuvor! Gelegentlich tauchte ein altes Gedankenmuster auf, wie zum Beispiel: »Hier sitze ich wieder einmal allein beim Abendessen!«, aber ich erkannte schnell, daß dies bloß eine alte Gewohnheit war, mich selbst herabzusetzen, und ließ dann diesen Gedanken einfach vorüberziehen.

Es war mir völlig klar, daß dies die beste Zeit war, die ich je in meinem Leben gehabt hatte, und daß ich keinen Partner brauchte, um glücklich zu sein. Diese Erkenntnis führte zu einer wahrhaft heiligen sexuellen Beziehung mit mir selbst und dem Leben. Ich begann die Welt als Geliebten zu sehen und jeden Menschen als Teil meiner Familie. Ich fühlte mich den Menschen, Tieren, Erdformen und dem Zauber, der mich umgab, innerlich verbunden. Ich befand mich ständig in einem leicht ekstatischen Zustand, der in seinen körperlichen Empfindungen sehr sexuell war. Außerdem stellte ich fest, daß es mir leichter gelang, mit Menschen auf eine intime und bedeutungsvolle Weise in Beziehung zu treten, ohne daß durch den verwirrenden Einfluß der sexuellen Energie irgendeine Trübung entstand. Da ich mich innerlich sexuell erfüllt fühlte, zog ich keine unerwünschten sexuellen Avancen von seiten der Männer auf mich, noch stellte ich eine Bedrohung für andere Frauen dar. Die sexuelle Spannung, die immer ein Teil meiner Beziehungen gewesen war, verschwand, und ich fühlte mich fast in jeder Gesellschaft wohl, und wenn dies nicht der Fall war, konnte ich mit großer Leichtigkeit einfach meinen Weg fortsetzen. Das Leben wurde zu einem Spiel, in dem es nur »Das gefällt mir« oder »Das gefällt mir nicht« gab, leicht und ohne Konflikte.

Viele meiner alten sexuellen Vorstellungen und Programme, die ich in meinen früheren Liebesbeziehungen durchgespielt hatte, tauchten auf, um begutachtet zu werden. Ich sah das kleine dünne Mädchen vor mir, das sich zu einer Halbwüchsigen entwickelte, deren Brüste in einer Kultur, die nur große Busen schätzte, viel zu klein waren. Ich trat mit einem riesigen Minderwertigkeitskomplex in die Pubertät ein und gab mir sehr viel mehr Mühe zu gefallen als andere Mädchen. Ich war immer zu einem Flirt oder Scherz aufgelegt, um die negativen Eindrücke zu überspielen, die ich beim anderen Geschlecht hervorzurufen glaubte. Mein Benehmen versprach eine Menge, so daß ich mich in der Folge mit verwirrenden und manchmal gefährlichen Reaktionen auseinandersetzen mußte. Auf diese Weise lernte ich, daß verbotener und gefährlicher Sex am besten ist. Ich fand Geschmack an Männern, die es ein wenig rauh mochten. Außerdem entwickelte ich einige merkwürdige Ideen über meine Sexualität und lernte ihre Macht zu benutzen, um in den Lebenssituationen mit meinen Sexualpartnern das Steuer an mich zu reißen. »Niemand würde eine, die so gut im Bett war, verlassen oder mißhandeln«, dachte ich irrtümlicherweise.

Tief in meinem Inneren bewahrte ich immer ein Bild von meinem »Richtigen« auf. Es war eine ziemlich detaillierte Vorstellung, die sich von Geruch und Geschmack bis zur Augenfarbe erstreckte. Doch er schien nie aufzutauchen, und ich nahm vorlieb mit jedem, der mich damals anbetete. Meine Weise vorliebzunehmen bestand vor allem in dem Versuch, jeden Mann nach dem Idealbild in meinem Inneren umzuformen. Dies schuf auf beiden Seiten eine Menge Unzufriedenheit und gab jedem das Gefühl, daß es unmöglich sei, mir zu gefallen, was tatsächlich stimmte. Aber in meinem Zustand der Verwirrung gab ich meistens den anderen die Schuld und fand irgendeinen Grund, um die Beziehung zu lösen und meinen Weg fortzusetzen.

Jeder Abschied hinterließ in mir etwas mehr Unbehagen. Von meiner Teenagerzeit bis Mitte Dreißig gab ich mich in jeder Partnerschaft mit weniger zufrieden, als ich eigentlich wollte, weil ich das Alleinsein nicht ertragen konnte und mein Selbstwertgefühl darunter litt. In der Gesellschaft, aus der ich kam, mußte man, um jemand zu sein, entweder eine Liebesbeziehung oder einen Ehemann haben. Alle Frauen aus meinem Bekanntenkreis, darunter auch die vielen Karrierefrauen und Mütter, sehnten sich nach einer Liebesbeziehung, wenn sie keine hatten, oder versuchten, die ihre zu verbessern – und sahen darin die Lösung für ihre sämtlichen Lebensprobleme. Lust wurde mit Liebe verwechselt, und sexuelle Berührungen ersetzten wahre Zärtlichkeit. Es war eine verwirrende Zeit, und beinahe jeder, den ich kannte, spielte mit der Erweiterung der üblichen sexuellen Maßstäbe und Grenzen. Offene Ehen und Dreierkonstellationen wurden ausprobiert, Bisexualität war ebenfalls eine Zeitlang aktuell, und beinahe jede und jeder schien sexuell frustriert zu sein.

Nach zwei Ehen und zwei gleichfalls schmerzlichen Beziehungen, in denen ich mit meinen Partnern zusammenlebte, gab ich schließlich auf. Es schien mir, als hätte ich viel zu viel Zeit und Energie auf die Suche nach dem perfekten Mann verschwendet, und meine spirituellen Praktiken rieten mir ebenfalls, die Antworten in meinem Inneren zu suchen. Also brach ich auf, um einen anderen Lebensstil zu erforschen. Als ich von Asien zurückkam, fühlte ich mich als ein ganzes und von mir selbst erfülltes Wesen und war bereit, dieses Buch zu schreiben und über alles zu berichten. Meine Heilerin sagte mir, ich hätte tatsächlich eine Menge über das Für und Wider von Beziehungen gelernt. Ich hätte einen ziemlich vollständigen Vorrat an Erfahrungen über den Gebrauch von Beziehungen und außerdem eine großartige Theorie über die heilige Partnerschaft. »Aber«, sagte sie, »es ist alles Theorie! Es wird erst Kraft haben, wenn du es wirklich lebst.« Ich war nicht vorbereitet, das zu hören. »Nein«, jammerte ich, »ich habe soeben die Selbstgenügsamkeit gefunden und fühle mich wohl dabei!« – »Dann wird sich das Buch wie ein guter Roman lesen, doch niemand wird die Geschichte glauben. Außerdem gibt es einige Dinge, an die du überhaupt noch nicht gedacht hast und die du erst wissen wirst, wenn du deinen wirklichen Partner gefunden hast und beginnst, diese Ideen als praktische Realität zu erforschen. Daher schlage ich dir vor, mit dem Buch noch zu warten, dich auf das Finden deines wahren Lebenspartners zu konzentrieren und wirkliche Forschungsarbeit zu betreiben, damit das Buch Früchte trägt.«

Nach dieser Sitzung fühlte ich mich alles andere als gut. Ich wollte nicht so schnell wieder in das Beziehungsspiel einsteigen, und mein Widerstand zeigte mir, daß ich Angst vor einem neuerlichen Reinfall hatte. Ich beschloß, einfach in die andere Richtung zu schauen, und wenn tatsächlich der Richtige auftauchen sollte, so würde er mich erst davon überzeugen müssen.

Wenige Tage danach begegnete ich meinem Partner. Was als beiläufige Romanze begann, entwickelte sich und wächst noch immer weit über alle meine Träume hinaus. Er sieht genau richtig aus, riecht genau richtig, wir befinden uns auf dem gleichen oder ziemlich ähnlichen spirituellen Pfad, und unsere Wege im praktischen Leben sind ebenfalls ähnlich. Die Theorie von der heiligen Partnerschaft wird täglich gelebt. Ich kann jetzt wirklich sagen, daß es sich absolut lohnt, so lange zu suchen oder zu warten, bis der »Richtige« auftaucht.

Er verfolgt den Weg des Herzens und leistet mit hohen moralischen Werten und Maßstäben seinen Beitrag zu dieser Welt. Mein Weg umfaßt das Verständnis und die Entwicklung von Beziehungen zu ihrer höchsten Möglichkeit. Wir sind ausgezeichnete Partner, die einander auf dem jeweiligen Gebiet mit Informationen unterstützen. Wir verbringen gemeinsam eine wunderbare Zeit mit Spielen, Meditieren und Leben. Jede Meinungsverschiedenheit ist für uns ein Anlaß nachzusehen, wo unser Ego noch immer versucht, die Dinge zu kontrollieren, oder wo es Restbestände an Furcht oder Unsicherheit gibt. Es ist ein Pfad der Erleuchtung, der von unserer heiligen Sexualität motiviert wird.

Keiner von uns wäre für diese Beziehung reif gewesen, hätten wir nicht bereits intensiv an der Heilung der Gefühle des Getrenntseins und der Unvollständigkeit gearbeitet. Das allein verbrachte Jahr hat mir erlaubt, die wahrhaftigste heilige Beziehung zu entdecken und zu beginnen, sie zur Stärke meines Wesens zu machen. Die äußere Erfahrung mit meinem Partner bildet den Zuckerguß und ist die Belohnung für meine unermüdliche Wahrheitssuche. Wir studieren beide die Lehren des Buddhismus und sind uns darüber bewußt, daß eine der grundlegendsten Wirklichkeiten des Lebens seine Unbeständigkeit ist. Dieses Bewußtsein ermöglicht uns, voller Dankbarkeit zu sein für die Zeit, die wir beisammen sind. Wir leben bewußt in einem Zustand der Gnade.

Angemessene Sexualität

Wenn Sie voll sexueller Energie sind und begonnen haben, mit ihrer Kraft zu fließen, wird diese Schwingung für andere klar erkennbar sein. Sie wird hungrige Leute anziehen wie der Zucker die Fliegen. Diese Reaktion bietet Ihnen die Gelegenheit zu überprüfen, wie Sie Ihre sexuelle Energie in der Vergangenheit eingesetzt haben, und festzustellen, ob dies ein angemessener Weg ist, sich weiterhin auszudrücken. Wenn Sie für Ihr Wohlbefinden äußerer Wertschätzung bedurften, werden Sie die Neigung, die Aufmerksamkeit der anderen zur Fortsetzung dieser alten Muster zu benutzen, drosseln müssen. Wenn Sie Sex benutzt haben, um andere zu beherrschen, wird sich das als eine neue Fähigkeit beweisen, über andere massive Kontrolle auszuüben. Der Emotionskörper lernt etwas langsamer als der Geist, und Sie werden ihn daher neu trainieren und über die Bedingungen Ihrer neuen Wirklichkeit informieren müssen. Alte Emotionsmuster sterben langsam, und es wird ziemlich viel Disziplin von Ihrer Seite erfordern, diesen neuen Energiespiegel nicht zu miß-brauchen. Oder Sie müssen Erfahrungen sammeln, indem Sie ihn eine Weile mißbrauchen. Wie Sie damit umgehen, hängt allein davon ab, welche Erfahrungen Ihre Seele braucht.

Es scheint, daß der Prozeß des Vorrückens auf dieses Niveau des energetischen Flusses eine gewisse Weisheit mit sich bringt. Die Hauptsache ist, immer daran zu denken, daß die wichtigste Beziehung, die man hat, die Verbindung zum höheren Selbst ist. Die innere Beziehung zum wahren Selbst und zum höheren Bewußtsein kann von Außenstehenden nicht berührt werden. Manchmal scheint sie unter der Wucht starker emotionaler Wogen zu verschwinden, aber die wirkliche Verbindung ist immer da und bleibt auffindbar. Wenn der Emotionskörper uns in alte Verhaltensmuster hineinziehen will, können wir lernen, dies zu erkennen und eine andere Ausdrucksweise zu wählen. Außerdem ist es wichtig, daran zu denken, daß die heilige Sexualität ihren Fokus im Aussenden von Respekt und Liebe durch das Herzzentrum hat. Wenn Sie Ihren heiligen Partner noch nicht getroffen haben, können Sie die Zeit nützen, um zu lernen, Liebe und Mitgefühl von Ihrem ganzen und erfüllten Zentrum auszusenden.

Jeder Heiler kennt dieses energetische Spiel, da die heilende Energie im kreativen Zentrum oder Sexchakra erzeugt und dann durch Hände, Augen, Herz oder Stimme auf den Patienten übertragen wird. Wenn die Energie auf diese Weise genutzt wird und der Heiler sich dessen bewußt ist, so ist dies das stärkste Mittel für Veränderungen auf dem Planeten. Es ist das menschliche Äquivalent zur Kernkraft. Natürlich muß jeder Heiler eine klare Haltung in sexuellen Fragen einnehmen, um bei der Arbeit seine Integrität zu wahren, sonst kann es leicht passieren, daß er seine eigenen sexuellen Frustrationen, Wünsche oder Unsicherheiten in diese Energie einfließen läßt und sehr vermischte und verwirrende Botschaften an seine Patienten aussendet. Viele der Probleme, die unter Therapeuten auftreten, die mit ihren Patienten schlafen, sind auf diese unerledigte Arbeit im Heiler selbst zurückzuführen. Gerade auf diesem Gebiet ist es für Therapeuten besonders wichtig, die eigenen Motive und unerfüllten Bedürfnisse zu erforschen und an der eigenen Harmonisierung und Heilung zu arbeiten.

Wir müssen unbedingt lernen, diese Energie zum Wohl aller auszudrücken und ihr mit großem Respekt zu begegnen, denn sie ist ein wunderbares Geschenk, und ihr Einfluß auf andere ist nicht zu vermeiden. Wir dürfen uns deshalb nicht zu ernst nehmen, denn gerade das läßt die Egofalle unweigerlich zuschnappen. Mir bereitete es immer wieder großes Vergnügen zu beobachten, wie der Emotionskörper sofort in seine alten Verhaltensmuster verfällt, wenn jemand von dieser Energie angezogen wird. Damit bietet sich mir eine Gelegenheit für eine Kommunikation von Herz zu Herz zwischen mir und meinen Mitmenschen.

– Die hohe Schwingungsfrequenz, die von einer innerlich ganzen Person, deren männliche und weibliche Energien im Gleichgewicht sind, erzeugt wird, zieht ähnliche Energiefrequenzen an. Die Energie, die großer Nähe und engen Beziehungen standhält, hat dieselbe Frequenz.
– Diese Frequenz unterscheidet sich von allen anderen dadurch, daß sie nicht auf emotionalem Hunger basiert, sondern von einem selbst erzeugten spirituellen Treibstoff gespeist und regelmäßig aufgefüllt wird. Wer mit ihr in Berührung kommt, mag zwar den Wunsch nach körperlicher Gemeinsamkeit empfinden, doch treibt ihn weder ein unstillbares Verlangen noch ein Gefühl der Leere.

Bedingungslose Liebe

Dieser Begriff stammt aus alten spirituellen Lehren und beschreibt einen Zustand der Erfüllung und Ganzheit, der einem erlaubt, einen anderen so wie sich selbst zu sehen und den reinen Geist in allem anzuerkennen. Er wurde jedoch in New-Age-Zirkeln in einem solchen Grad mißverstanden, daß er seine Bedeutung einbüßte. Eine häufige Auslegung lief darauf hinaus, daß man an einer anderen Person alles akzeptieren müsse und sie nie kritisieren oder beurteilen dürfe. Es versteht sich wohl von selbst, daß Sterblichen die Befolgung dieser Auslegung schier unmöglich ist. Natürlich bedeutet Liebe Akzeptanz, aber man muß auch das eigene moralische Empfinden und die eigene Ethik berücksichtigen. Dies meint kein Urteilen oder Richten im biblischen Sinn, sondern Unterscheidung und Diskretion, die jeder und jedem erlaubt, ihrem oder seinem Seelenpfad zu folgen.

Bedingungslose Liebe muß zuerst in der Primärbeziehung zum Selbst praktiziert werden. Das bedeutet, daß wir Wege finden müssen, in unsere dunklen Ecken zu schauen und alles aufzudecken, was unsere Psyche enthält. Diese Bemühungen dauern vielleicht ein Leben lang. Es ist wichtig, daß wir dabei immer auf dem Laufenden bleiben und alles, was ans Licht kommt, zur Vertiefung unseres Verständnisses der inneren Vorgänge benutzen.

Wenn wir beginnen, unsere Geheimnisse aufzudecken und die Türen zu öffnen, die wir normalerweise verschlossen halten, werden wir langsam verstehen, daß der größte Teil des aufgefundenen Materials bei allen Menschen derselbe ist und daß wir uns in unseren Grundbedürfnissen und Sehnsüchten kaum voneinander unterscheiden. Tatsache ist, daß wir alle menschlich sind und daher aufhören dürfen, uns für schlechte Menschen zu halten, nur weil wir innerlich zweifeln oder verärgert sind.

Die auf Seite 145 beschriebene Übung zur Erweckung von Vertrauen ist ein Weg, um sich von alten emotionalen Mustern und Fallen zu heilen. Wir beginnen damit, bedingungslose Liebe für uns selbst zu empfinden. Mir hilft es, mich jeden Tag auf mein höheres oder göttliches Selbst einzustimmen und diesen reinen Aspekt des Selbst zu beobachten. Wenn ich das tue, fällt es mir leichter, mich selbst zu schätzen und meinen menschlichen Schwächen gegenüber weniger kritisch zu sein. Wenn ich dies nicht praktiziere, falle ich zurück in meine alten emotionalen Reaktionen und verbringe die meiste Zeit damit, meine eigene Unzufriedenheit auf die Menschen in meiner Nähe zu projizieren.

In einer heiligen Partnerschaft stehen Ihnen zwei Spiegel zur Selbstbeobachtung zur Verfügung: der innere und der äußere in Form Ihrer/Ihres Geliebten. Sie/er wird immer spiegeln, bis zu welchem Grad Sie fähig sind, sich selbst und somit auch sie/ihn bedingungslos zu lieben. Es ist eine Tatsache, daß der Grad an bedingungsloser Liebe, den Sie anderen schenken können, davon abhängt, in welchem Maß Sie sich selbst bedingungslos lieben. Außerdem unterliegt er einer ständigen Veränderung, die von unserer jeweiligen emotionalen oder mentalen Einstellung abhängt.

Wenn wir in unsere sexuelle Ausdrucksweise bedingungslose Liebe einbringen, öffnet sich uns eine Tür, die zu tiefen Erfahrungen führt. Unsere alten Anschauungen über sexuelles Verhalten lösen sich auf, und wir sind fähig, mit dem anderen in einer Art Tanz zu verschmelzen, der keine vorgegebenen Schritte hat. Der Tanz und sein Rhythmus verändern sich in Übereinstimmung mit unserem Energiefluß. Wir sind fähig, den Geliebten in allen seinen Erscheinungsformen wahrzunehmen und durch ihn hindurch das wahre Selbst zu erblicken. Ein reiches Feld der Erfahrungen tut sich auf diese Weise auf. Ich muß gestehen, daß meine Erfahrungen auf diesem Gebiet neu für mich sind und daß ich erst beginne, die Möglichkeiten dieser Art von Vereinigung mit meinem Partner zu erforschen. Daher kann ich nicht sagen, wohin das alles führen wird. Aber ich kann mir vorstellen, daß die Pforten der Wahrnehmung, die nun aufgestoßen werden, bald wahre Wunder an neuem Potential enthüllen werden. Wir erforschen das volle sexuelle Potential, das durch bedingungslose Liebe ermöglicht wird.

Heilige Sexualität und
ihre energetischen Komponenten

Heilige Sexualität öffnet die drei oberen Chakren, so daß Urenergie aus den unteren Chakren aufsteigen kann. Wenn die Energien des Wurzel-, Sexual- und Kraftzentrums im Herzen mit Liebe verschmolzen werden, kommen die Emotionen ins Gleichgewicht und können als reine Energie ihren Ausdruck finden.

Das fünfte Chakra ist unser Zentrum für äußere und innere Kommunikation. Dieses Chakra ist der Ort, wo es zur Manifestation der Wahrheit oder der Lüge in unserer Wirklichkeit kommt. Wir können entweder aus dem Herzen oder aus dem Geist sprechen oder einem unserer inneren Aspekte die Stimme leihen. Wenn unser Emotionskörper die Aufsicht über unsere Kommunikation hat, ist kein Verlaß darauf, daß wir immer die Wahrheit sagen oder überhaupt wissen, was das ist. Oft sagen wir Dinge, weil sie uns ein Gefühl der Sicherheit und Ganzheit geben oder weil wir glauben, die anderen würden sie gerne von uns hören.

Ich selbst entwickelte im Alter von fünf Jahren eine merkwürdige Paralyse der Kehle. Damals erhielt ich viele ausgesprochene und unausgesprochene Botschaften, daß das, was ich als Wahrheit wahrnahm, falsch sei. Was ich verbal ausdrückte, wurde oft mit Hohn, Verlegenheit oder Spott aufgenommen. Vieles von dem, was ich in jenen frühen Lebensjahren auszudrücken versuchte, war hellseherisches Wissen. Das Aussprechen meiner Wahrnehmungen stürzte mich häufig in die Rolle einer Kassandra. Meine Wahrheiten wurden nicht geschätzt, und man nannte mich oft altklug oder gebot mir zu schweigen.

Immer wenn der Aspekt des fünfjährigen Mädchens ins Spiel kommt, versagt mir selbst heute noch die Stimme, und ich beginne, verwirrt und aus mangelndem Selbstvertrauen heraus zu reden. Wir verleugnen uns selbst, wenn wir unseren eigenen Wahrnehmungen nicht genug Vertrauen schenken. Wir können nicht sagen, was wir wissen oder fühlen, wenn wir Angst vor Verurteilung haben. Oft beschönigen wir das, was wir sagen wollen, um eine andere Person an uns zu binden. Oder wir nehmen zum Verschweigen Zuflucht, weil wir unsere Beziehung auf ein sicheres Fundament stellen wollen.

Wenn das Kommunikationszentrum offen ist, weiß die Psyche, daß ihre Wahrheit richtig ist, und fühlt sich ermutigt, sie auszusprechen. Dann kann die Energie aus den niedrigeren Chakren aufwärts fließen und kraftvollen Ausdruck finden. Die Stimme, die diese Botschaften verkündet, ist tief, und in ihrem vollen Ton kommen Kraft, Mitgefühl und Verständnis zum Ausdruck. Sie kommt aus dem Bauch und stellt über das Zwerchfell die Verbindung zu Lunge, Herz und Geist her. Wenn wir einen Weg finden, unsere Integrität zu wahren, wird unsere Wahrheit zum Durchbruch kommen.

Das sechste Chakra birgt eines der am wenigsten erforschten Talente. Es muß bei den meisten Menschen erst aus dem Schlaf geweckt werden. Das innere oder dritte Auge verleiht uns ein tiefes Wissen über uns selbst. Wir können es dazu benutzen, die Wahrheit zu sehen und zu wissen, mit wem wir reden. Das dritte Auge blickt auch in die Zukunft. Im gegenwärtigen Stadium des menschlichen Bewußtseins machen wir von seinen Fähigkeiten selten Gebrauch. In unserem normalen Alltagsleben steht uns nicht das Wissen zur Verfügung, das für die Erforschung dieser Bereiche notwendig ist. Die Information ist oft verwirrend, und es gibt sehr wenige Menschen, mit denen man über die durch dieses Zentrum empfangenen Botschaften sprechen kann. Es hat immer eine kleine Gruppe von Menschen gegeben, die diese Bereiche der Wahrheit erforscht haben, doch hat diese Wissenschaft durch die Hinwendung zu materialistischen wissenschaftlichen Forschungen einen Rückschlag erlitten.

Die Erforschung der inneren Wahrheit stellt eindeutig einen der neuen Grenzbereiche dar. Wir stehen vor der Herausforderung, unser drittes Auge zu öffnen und das Leben als fortlaufende Offenbarung zu sehen. Meine eigenen Erfahrungen auf diesem Gebiet haben mich mehr und mehr dazu veranlaßt, dem zu vertrauen, was ich mit meinem dritten Auge sehe, anstatt der weniger verläßlichen Information durch meine »zwei Augen« zu glauben.

Das siebte Chakra ist wie das sechste ein unterentwickeltes Talent der menschlichen Gattung. Sein Sitz in unserem Körper gilt im allgemeinen nur als Behälter des Gehirns, als Steuerzentrale des Verstandes. Er wird in erster Linie wie ein großer Computer zur Navigation auf der irdischen Ebene benutzt. Dabei könnte es uns zu den Sternen geleiten. Es besitzt das Potential, einen ständigen Energie- und Kraftstrom aus dem Herzen des Universums aufzunehmen und in unsere materielle Existenz einfließen zu lassen. Wir können dieses Tor zum Empfangen und Senden von Energie von und zu anderen Menschen benutzen.

In tantrischen Praktiken wird dieses Chakra als Kanal für den Austausch von Energie zwischen Liebenden benutzt. In vielen Meditationen dient es zur Reinigung von unerwünschten und verwirrenden Gedanken und Ansichten. Unsere Beziehung zu der Energie, die wir manchmal »Gott« nennen, kann durch dieses Energiezentrum erlebt werden, wenn wir seine Funktion, uns zu öffnen und dem größeren Plan anzuvertrauen, anerkennen.

Anleihen bei tantrischen Praktiken

Tantrische Praktiken sind eine uralte, in Indien entwickelte Form des Yoga. Sie benützen die Sinne zur Erforschung höherer Bereiche. Tantriker wissen, daß jeder menschliche Körper ein ganzes und vollkommenes menschliches Wesen einschließt. Sie sind mit dem Konzept, daß jeder Mensch männliche und weibliche Aspekte hat, vertraut, und ihre Praktiken gestatten ihnen, die Gaben beider Aspekte des Selbst in ihren Beziehungen anzuwenden. Für Menschen, die

Tantra praktizieren, ist es allgemein üblich, durch das Heranziehen von Informationen aller Art, von der Erdebene bis hin zur Esoterik, auch die spirituellen Seiten des Lebens zu erforschen. Tantra erforscht den Fluß des Lebens und versucht eine Lebensweise zu bieten, die alles umfaßt, was zum Leben gehört.

Bei den tantrischen Praktiken geht es darum, sich und den Partner zu sensibilisieren und orgiastische Körpererfahrungen zu erleben. Die Konzentration wird von den Genitalien auf den ganzen Körper verlagert, der zum Organ sexueller Lust wird. Wenn man sich der Energie hingibt und ihr erlaubt, den Körper zu übernehmen, kann es zu einer Verschmelzung kommen, die beide Partner zuerst mit sich selbst, dann mit dem Partner und schließlich mit allem, was es gibt, vereinigt. Dieses ekstatische Verschmelzen führt zur Selbstverwirklichung und bewirkt, daß jeder Partner über das begrenzte Konzept des »Ich« hinausgeht und auf sinnliche Weise das »Wir« erlebt.

In der Hindutradition verkörpert Gott Shiwa im Tanz der Polaritäten den männlichen Partner, und seine Gefährtin Shakti den weiblichen Teil. Der männliche Partner wird ermutigt, seine männliche Energie frei auszudrücken. Diese wird von der durch seine Partnerin strömenden weiblichen Energie freudig empfangen. An einem bestimmten Punkt des sexuellen Spiels kommt es zu einem Rollentausch, und jeder bringt die Energie des anderen zum Ausdruck. Dieser Austausch führt zu einer Erweiterung und einem Hinauswachsen über die eigenen egozentrischen Ideen und erlaubt der Fülle des menschlichen Daseins in Erscheinung zu treten. Die beiden Liebenden werden eins und versuchen nicht mehr, einander zu gefallen, da sie sich beide bis in ihre tiefsten Schichten kennen. Dieses Wissen strahlt eine Energie der Liebe aus, die sie in eine aufwärts führende Spirale erhöhter Bewußtwerdung eintreten läßt. Sie versuchen nicht mehr, irgendwohin zu gelangen oder eine bestimmte Erfahrung zu machen. Die Erfahrung entfaltet sich, indem sie sich ihr überlassen. Wenn einer von ihnen auf Angst oder irgendeine Blockade stößt, kann die gesamte Erfahrung zum Stillstand kommen oder als Sprungbrett in einen noch höheren Bereich der Bewußtheit benutzt werden.

Grenzen, Ego, mentale Zustände, Ideen, Konzepte, Gefühle lösen sich auf, und die Wahrnehmung der physischen Wirklichkeit verändert sich. Die Psyche öffnet sich, und die Wahrheiten des Universums werden als unaussprechliche Gestalten enthüllt. Wenn sie ihre Erfahrungen im nachhinein vergleichen, stellen sie fest, daß sie dieselben Erfahrungen über die Natur der Wirklichkeit und des Geistes gemacht haben. Diese Erfahrung ist überaus lohnend, da sie zu einer Haltung von großer Dankbarkeit führt, die uns das Geschenk, das unser Leben darstellt, angemessen würdigen läßt.

Ein weiterer Aspekt tantrischer Praktiken ist die Stärkung des Selbst als sexueller Einheit. Man akzeptiert die Verantwortung und lernt Selbstgenügsamkeit in bezug auf sexuelle Bedürfnisse. Es ist nicht die Aufgabe des Partners, einem gewisse Erfahrungen zu verschaffen. Beide Partner überlassen sich ihren eigenen Empfindungen und dem Energiefluß. Jeder läßt sein Ego los, um sich dem, was geschieht, anzuvertrauen. Interessanterweise bewirkt dies eine Befreiung von der Sucht nach Sex. Süchte sind sich selbst wiederholende Zyklen aus Begehren und Befriedigung. Zuerst ist das Verlangen da, dann erfolgt die Befriedigung, später entsteht erhöhtes Begehren, mehr Hunger, der immer größer wird, bis weder man selbst noch ein anderer das Verlangen stillen kann. Dann stellt sich Langeweile ein; man beginnt, sich nach einem neuen Partner umzusehen, oder versucht, Veränderungen einzuführen. Jedenfalls entsteht Unzufriedenheit, und die Suche beginnt von neuem.

Viele Paare halten ihre Beziehung aufrecht, indem sie ständig ihre sexuellen Gewohnheiten verändern. Sie werden entweder zu einer »neuen Frau« oder einem »anderen Mann«, je nach den sich verändernden Bedürfnissen oder

Wünschen ihres Partners. Dabei geht es eigentlich darum, den wahren Ausdruck des Selbst in keiner Weise zu leugnen. Jeder Partner muß sich selbst mit seinen Wünschen auseinandersetzen und Wege finden, diese Bedürfnisse innerhalb der gemeinsamen Vereinbarungen zu befriedigen. Wenn die eine Person in diesem Spiel wirklich die volle Verantwortung für sich selbst übernimmt, befreit sie ihren Partner von der Notwendigkeit, sich anders zu gebärden, als er wirklich ist. Wenn der Schwerpunkt bei dieser Art von Meditation auf der Erhöhung der Aufmerksamkeit liegt, wird jede Person in Bereiche des Selbstausdrucks geleitet, die nicht nur sie selbst, sondern mit ziemlicher Wahrscheinlichkeit auch ihren Partner Erfüllung finden lassen.

In vielen sogenannten »New-Age-Tantrazirkeln« ist es allgemein üblich, zwecks Vermeidung dieser Sucht viele Sexualpartner zu haben. In frühen westlichen Tantrakreisen herrschte die Tendenz zur Promiskuität vor. In dem ungeschickten Versuch, den Abstand zu wahren, kam es immer dann zu einem Partnerwechsel, wenn die Gefahr einer festen Bindung zu einer bestimmten Person bestand. Von Pseudo-Yogis wie Bhagwan wurde die Idee verbreitet, daß das Praktizieren tantrischer Vereinigung mit einem einzigen Partner dazu verleite, die Erfahrung diesem zuzuschreiben und ihn dafür verantwortlich zu machen. Am Ende würden beide Teilnehmer glauben, diese Erfahrung sei auf eine spezielle Eigenschaft des anderen zurückzuführen. Auf diese Weise verliere der Tantrapraktizierende sein wahres Ziel, die Erleuchtung, aus den Augen und werde abhängig von der Person werden, mit der er diese Erfahrungen gemacht hat. Um diesen Irrtum zu vermeiden, läßt man sich mit jedem, zu dem man sich hingezogen fühlt, in tantrische Erfahrungen ein und hofft, auf diese Weise zu lernen, daß es in diesem göttlichen Austausch nicht um eine andere Person, sondern um die Hingabe an den Prozeß selber geht. Mir scheint das Praktizieren erhöhter Aufmerksamkeit die geeignetere Lösung zu sein.

Tantra ist ein Weg, der die volle Erfahrung des Seins erlaubt. Er hat einen schlechten Ruf unter jenen New-Age-Leuten, die nicht wissen, daß alle Wege der Konzentration bedürfen. Tantra gehört zu den Wegen, mit deren Hilfe wir unsere Konzepte über Sexualität erhellen und in eine spirituelle, sexuelle Erfahrung einbringen können. Uns mit einer Person auf diese Weise zu verbinden gibt uns die Möglichkeit, klar und ohne Ablenkung unsere Intentionen zu verfolgen. Wir entwickeln einen tieferen Sinn für das, was wir sind und was wir von uns selbst erwarten. Tantra ist ein Weg, um einerseits unabhängig von unserem Partner zu werden und andererseits wahres Mitgefühl und Verständnis für ihn zu entwickeln. Wenn wir fähig sind, diesen Grad an Intimität zu ertragen, wird sich die Bedeutung der Liebe für uns vertiefen und unser Leben bereichern. Alle Gebiete unseres Lebens werden von diesem Gefühl des Wohlbefindens und der Fülle erfaßt werden. Wir werden uns frei fühlen und kein großes Interesse mehr an den alten Spielen der profanen Sexualität haben. Wir senden unsere sexuelle Energie in das Reich der Götter, werden sinnlicher und verantwortungsbewußter, unser Selbstwertgefühl ist nicht mehr von anderen abhängig, und wir haben ein inneres Gefühl der Sicherheit, das uns Vitalität und Lebenslust verleiht.

Interview mit einem ledigen Mann, 37 Jahre alt

Was ist in Beziehungen wichtig für Sie? Warum führen Sie Beziehungen?
Ihre Frage geht von der Annahme aus, daß man eine Beziehung bewußt wählt. Ich glaube nicht, daß ich je die Absicht hatte, eine Beziehung einzugehen. Nein, ich wurde dazu gezwungen. Ich habe nie wirklich den Wunsch nach einer Beziehung gehabt. Meine ursprünglichen Triebe sind Sex oder eine mentale Verwandtschaft mit der Frau. Ich möchte mehr von dem, was mich anzieht – und dann beginnt eine Bezie-

hung, sehr zu meiner Bestürzung. Selbst das Wort klingt in meinen Ohren wie ein Netz. Etwas treibt mich, Menschen und Erfahrungen zu »trinken«, und die Beziehung ist eine Form dieser Sucht des »Trinkens«. In meiner Vorstellung ist die richtige Beziehung diejenige, in der zwei Leben sich parallel zueinander bewegen, ohne zu verschmelzen. Manchmal greifen sie nacheinander und berühren einander, aber sie bleiben intakt und ganz auf ihren eigenen Wegen. Verschmelzung bedeutet, das Selbstwertgefühl zu verlieren. Die eigenen Prioritäten, Hoffnungen, Intentionen werden unklar, weil sie sich mit denen der anderen vermischen. In meinen Augen ist es eine Schwäche, wenn man sich im Netz der täglichen Abhängigkeiten verfängt, die uns zusammenhalten. Mit den ersten Berührungen und Küssen beginnt man, die Verbindung zum eigenen Selbst zu verlieren und die Gewohnheit anzunehmen, den anderen immer um sich zu haben. Es beginnt mit kleinen Dingen und endet schließlich mit totaler Selbstverleugnung.

Richtige Beziehung ist kein Verschmelzen, sondern eine Berührung zwischen zwei separaten Wesenheiten. Man muß den Abstand wahren. Sobald der Abstand verlorengeht, ist alles vorbei. Es kommt zur Abhängigkeit. Der Abstand erlaubt mir, die Informationen, die ich vom anderen und von meiner Umwelt erhalte, frei zu interpretieren. Um bewußt zu sein, muß man fähig bleiben, aus der Beziehung herauszutreten, ohne dabei die emotionale Verwirrung zu empfinden, die eine Verschmelzung mit dem anderen bewirkt.

Was verstehen Sie unter Abstand?
Es gibt kein Vermissen, Sehnen, Wünschen. Es gibt einen Teil des Selbst, in dem die andere Person nicht existiert. Manchen Leuten erscheint das selbstsüchtig. Tatsächlich bedeutet es, das Gefühl für das eigene Selbst zu wahren, während man ein Teil einer anderen Einheit ist, die ebenfalls in sich selbst ruht und sich selbst enthält.

Wie steht es mit dem Sex in einer Beziehung? Wie wichtig ist er für Sie?
Ohne tiefe Intimität wird er eher langweilig. Guter Sex ist außerordentlich wichtig. Wenn alles andere schiefgeht und man schon aufgeben will, trägt er einen über die Hürden. Er ist ein instinktives Wissen. Er enthält alle Wahrheiten einer Beziehung: Ehrlichkeit und Lügen, Verletzbarkeit und Stärken. Während ich darüber rede, fange ich an zu glauben, daß Sex doch nicht so wichtig für eine wirkliche Beziehung ist.

Wie kommen Sie darauf?
Manchmal habe ich das Gefühl, als ob Sex, weil er so wichtig genommen wird, zur Sucht würde. Außerdem glaube ich, daß er mich manchmal auf einen Machttrip führt. Daß es meinem Ego schmeichelt, wenn sie durch mich »kommt« oder wenn ich Macht über eine Frau habe.

Ist das wirkliche Intimität oder einfach Sex?
Einfach Sex, denke ich, keine lang andauernde Beziehung. Mit Carol war es anders. Wir haben zusammengepaßt. Diese Beziehung hat mich geprägt. Ich fühlte mich sexuell zerstört, als wir Schluß machten, weil ich wußte, daß ich immer nach etwas Vergleichbarem suchen würde. Nein, ohne intimen Sex kann man keine Beziehung aufrechterhalten. Die sexuelle Beziehung, die wir hatten, war übernatürlich.

Was bedeutet das?
Wir brauchten nicht darüber zu reden, was der andere wollte oder brauchte. Jeder von uns tat es einfach ganz von selbst. Manchmal gerieten wir in die höchste Ekstase, wenn wir aufhörten, uns zu bewegen, und uns einfach nur ansahen. Wir transzendierten das rein Körperliche und fühlten, ich weiß nicht, was, aber die unglaublichsten Dinge, die wir je erlebt haben. Wir wurden zu einer Wesenheit und fühlten dennoch unser Selbst. Wie ein größerer Abstand, aber ohne Kanten. Alles an ihr wurde mir bewußt, und sie war sich auch meiner

ganz bewußt, und das war atemberaubend. Aus diesem Grund fühlte ich mich, als es zum Bruch kam, völlig ruiniert, kaputt. Als ob ich immer nach dieser Art Erfahrung gesucht hätte, und als sie zu Ende ging, fühlte ich mich enttäuscht.

Halten Sie es für eine spirituelle Erfahrung?
Das meine ich teilweise, wenn ich es als übernatürlich bezeichne. Doch nach dieser Erfahrung wird mir normaler Sex immer langweiliger, und ich bin nicht mehr sehr daran interessiert, sobald es nicht diese Art Sex sein kann. Das schränkt meine Beziehungen ziemlich ein.

Vermutlich das und die Überzeugung, daß so etwas nur einmal im Leben passieren kann. Haben Sie schon von Tantra gehört?
Nein.

Es ist eine uralte Yogalehre über den Gebrauch von Sex als Werkzeug zur Bewußtseinserweiterung und zur Erreichung und Aufrechterhaltung der Erleuchtung. Es gibt eine Übung, bei der das Paar besondere Stellungen einnimmt und fast keine oder nur subtile Bewegungen macht, was beiden erlaubt, sich voll auf den gegenwärtigen Moment zu konzentrieren, Abstand zu wahren und gleichzeitig voll beteiligt zu sind.
Scheint eine Art Meditation zu sein.

Genau. Es ist eine Form wechselseitiger Meditation. Es geht darum, wirklich in der Gegenwart zu sein, alles zu zeigen, sich selbst und dem anderen die Tiefe des eigenen Wesens zu enthüllen. Das Ergebnis ist eine immer tiefer werdende Verbindung zum anderen und durch den anderen. Eine Spiegelung, die es ermöglicht, sich im anderen zu erfahren, was dazu führt, daß man den anderen als Gott erlebt und eine Öffnung des Selbst bewirkt, die es erlaubt, Gott, die andere Person und das Selbst als ein Wesen zu erfahren.

In tantrischen Praktiken werden Orgasmus und Ejakula-tion zurückgehalten und so lange wie möglich hinausge-zögert. Die Energie wird die Wirbelsäule hinauf zum Kopf gesandt, zum dritten Auge, zur Zirbel- und Hirnanhang-drüse und durch das Kronenchakra hindurch. Dies bewirkt einen Orgasmus von kosmischem Ausmaß, der Körper und Geist umfaßt. Physische, emotionale, mentale und spiritu-elle Körper erleben zusammen eine Erweiterung und ver-schmelzen in einer gemeinsamen Erfahrung. Diese Art Sex ruft weder Erschöpfung hervor noch entzieht sie einem selbst oder dem Partner Energie. Sie hat eine stark verjün-gende Wirkung. Tantrische Praktiken werden in der Tat als Lebenselexier bezeichnet.

Nun, das wäre einen Versuch wert! Und man darf nichts er-zwingen wollen?

Nein, zu versuchen, etwas zu erzwingen, würde die Ener-gie ablenken.

8. KAPITEL

Kommunikationszusammenbruch – Kommunikationsdurchbruch

Ein Paar, das fähig ist, seine Beziehung auf ehrliche Kommunikation zu gründen, und sich der Wahrheit verpflichtet weiß, hat automatisch eine bessere Ausgangsposition. Es ist ein machtvolles Geschenk, zu wissen, daß dem anderen genausoviel daran liegt, zu hören und gehört zu werden wie mir selbst. Ich hatte vier Jahre lang eine Beziehung mit einem Mann, der halb taub war. Bei einem Unfall war ihm ein Trommelfell zerstört worden. Sobald es einer von uns an der erforderlichen Aufmerksamkeit fehlen ließ, kam es zu Problemen und Gefühlsausbrüchen: »Aber, ich habe dir doch gesagt ...!« Dies war eine gute Schulung für die Aufmerksamkeit, die für eine sichere und angemessene Kommunikation notwendig ist.

Wir alle haben es viele Male erlebt, daß jemand offensichtlich nicht gehört hat, was wir unserer Ansicht nach klar genug ausgedrückt haben. Wie viele Male haben wir selbst geglaubt, etwas Bestimmtes verstanden zu haben, nur um später feststellen zu müssen, daß unser Partner etwas ganz anderes gemeint hat. Die Tatsache, daß wir unseren Mund bewegen und erkennbare Geräusche machen, ist noch kein Beweis dafür, daß wir wirklich miteinander kommunizieren.

Die Kunst des Zuhörens scheint verlorengegangen zu sein. Vor einigen Jahren habe ich bemerkt, daß ich meistens lächelnd dasaß, wenn man mit mir sprach, ohne richtig zuzuhören, weil ich so damit beschäftigt war, mir eine passende Antwort auszudenken.

Als ich mit meiner Therapeutenausbildung begann, mußte ich hart an der Entwicklung meiner Fähigkeiten als Zuhörerin arbeiten, und noch immer bemerke ich, daß ich außerhalb einer Sitzung nicht so sorgfältig zuhöre, wie ich es durch meinen Beruf gelernt habe. Erst kürzlich habe ich die Erfahrung gemacht, nicht gehört zu haben, was man zu mir gesagt hat. Auf einer Reise bot ein Führer seine Dienste für 25 000 Rupien an. Als die Zeit zum Zahlen gekommen war, behauptete er, 25 Dollar verlangt zu haben. Meine Freundin und ich erklärten ihm, wir hätten ihn 25 000 Rupien sagen hören. Unsere Reisegefährtin entgegnete jedoch, sie habe ihn deutlich 25 Dollar sagen hören, und zahlte ihm die Differenz. Wie können Leute dasselbe Ereignis auf so verschiedene Weise erleben? Wieso können wir auf so verschiedenen Wellenlängen sein? Solche Ereignisse stellen für mich noch immer ein großes Rätsel dar.

Emotionen färben die Kommunikation

In jeder emotionell aufgeladenen Situation gibt es Verwirrung und Unstimmigkeiten über das, was gesagt oder kommuniziert worden ist. Emotionen färben auf jede Kommunikation ab. Was wir im Gedächtnis behalten, ist oft ziemlich verschieden von dem, was tatsächlich gesagt wurde. Die emotionale Färbung schafft ein Bild von dem, was eine Person hören will. Wenn wir aufgefordert werden, eine Abmachung oder Situation wiederzugeben, erinnern wir uns oft an dieses Bild und nicht an das, was tatsächlich geschah. Manchmal glaube ich, daß wir uns von der Wahrheit soweit entfernt haben, daß es keine schlechte Idee wäre, immer ein Tonbandgerät bei sich zu haben, um alles aufzuzeichnen, was gesagt wurde. Wir sind auf vielfältige Weise von der Wahrheit getrennt: durch kleine Lügen, Verleugnung, Rechtfertigung, Schweigen, Übertreibung, Verzicht auf Verantwortung, Angeberei oder Phantasien. All dies lenkt uns von der Wahrheitserfahrung ab und läßt uns das zu uns Gesagte falsch auslegen.

Ich habe einige Experimente mit Klienten gemacht. Klienten, die in emotionell aufgeladenen Situationen Abmachungen treffen, kommen oft in die nächste Sitzung und bestreiten ihre Vereinbarungen oder haben ihre »Hausaufgaben« anders in Erinnerung, als sie ihnen aufgetragen worden sind. Wenn sie das Band mit ihren Vereinbarungen hören, sind sie erstaunt, wie die emotionale Hitze des Augenblicks ihre Erinnerung gefärbt und entstellt hat.

Schutz den Vätern

Familien haben oft gestörte Kommunikationsmuster, die dazu dienen, eine bestimmte hierarchische Ordnung aufrechtzuerhalten. Sie schützen die Machtstrukturen, in die sich ihre Mitglieder stillschweigend gefügt haben. Im Geschäftsleben und in den meisten sozialen Interaktionen geschieht dasselbe.

Wie die jüngsten Vorfälle in den amerikanischen Medien gezeigt haben, scheuen sich die Frauen nicht mehr, Männer für ihr sexistisches Verhalten anzuzeigen. Sie laufen aber immer noch Gefahr, für das Verkünden ihrer Wahrheit lächerlich gemacht oder einer beschämenden Behandlung ausgesetzt zu werden. Unsere Gesellschaft weigert sich, eine Wahrheit zu hören, die diejenigen bedroht, die an der Macht sind. Es herrscht ein stillschweigendes Einverständnis darüber, wer was sagen darf und wie das, was diese Grenzen überschreitet, aufgenommen werden wird.

Familienangehörige lügen, um die Hierarchie aufrechtzuerhalten oder das Familiengeheimnis zu wahren. Die Macht liegt meistens in den Händen von ein oder zwei wichtigen Personen an der Spitze. In einer Familie sind dies im allgemeinen die Eltern. Kinder, die in ihrer Familie mißhandelt werden, erzählen einem Außenstehenden oft nicht, woher sie die Schramme haben. Sie befürchten, die starke Person zu belasten. Manche Kinder sind darauf programmiert, jeden glücklich zu machen. Sie sagen automatisch das, von dem sie glauben, daß es die andere Person hören will. Ob es die Wahrheit ist oder nicht, ist unwichtig. Sie haben gelernt, daß ihr Leben leichter wird, wenn sie sagen, was die Erwachsenen hören wollen. Viele Menschen wachsen mit dem Gefühl auf, es sei in Ordnung, nicht die ganze Wahrheit zu sagen. Wir versuchen, andere zu schonen oder uns Ärger zu ersparen, indem wir nur einen Teil der Wahrheit sagen und alles Belastende weglassen. Was für den einen wahr ist, mag für den anderen gelogen sein. Wie können wir angesichts dieser Tatsache je dazu kommen, unsere Wahrheit zu sagen?

Wenn ich von Wahrheit spreche, gehe ich von meiner besonderen Perspektive und Erfahrung aus. Jede Person hat ihre eigene Wahrheitsethik, die sie in ihrer Familie gelernt und durch ihre Lebenserfahrung entwickelt hat. Wenn es für uns vorteilhaft war, in unserer Familie die Wahrheit zu sagen, wachsen wir mit der entsprechenden Ethik auf. Ich habe einen inneren Wahrheitsmonitor. Ich habe gelernt, auf ihn zu »hören«. Als ich etwa im Alter von vier oder fünf Jahren herausfand, was Wahrheit ist, spürte ich beim Lügen eine bestimmte körperliche Empfindung. Außerdem stellte ich ein ähnliches Gefühl fest, wenn Freunde nicht die Wahrheit sagten. Oft reagierte ich zornig, nicht weil ihre Lüge so offensichtlich oder plump war, sondern weil sich diese unangenehme Empfindung, dieses Kribbeln und Zittern in meinem Solarplexus, einstellte. Zu lügen verursacht mir ein Gefühl des Herausfallens aus mir selbst. Wenn eine Situation so bedrohlich ist, daß ich die Wahrheit zu frisieren beginne, möchte ich am liebsten weglaufen. Im Laufe der Jahre hat der innere Monitor seine Botschaften verfeinert; jetzt höre ich tatsächlich eine innere Stimme, die mich vor bestimmten Situationen und Menschen warnt.

In einer Periode jugendlicher Aufschneiderei versuchte ich mich wichtiger und interessanter zu machen, als ich meinem Gefühl nach war. Die Lügen wurden so zahlreich, daß ich mich ständig in einem Zustand körperlichen Unbehagens befand, bis mir eines Nachts einfiel, daß es in meiner Macht lag, diese Empfindungen zu kontrollieren. Ich mußte nur die Wahrheit sagen – dann würden diese unangenehmen Empfindungen weggehen. Ich hatte eine großartige Lebensgeschichte erfunden, um damit einige neue Freunde zu beeindrucken. Ich erkannte, daß ich nicht nur aufhören mußte, diese Geschichten zu erzählen, sondern auch zugeben sollte, daß ich gelogen hatte. Ich mußte bei der Entwicklung dieser neuen Freundschaften wieder ganz von vorne anfangen. Entsetzen packte mich. Schließlich erzählte ich ihnen, daß mir der Weihnachtsmann die Stiefel mit den weißen Fransen gebracht habe und die achtjährige Tambourmajorin ein Scherz gewesen sei. Ich fühlte mich ziemlich erschöpft und ausgelaugt, aber sie lachten einfach und sagten, daß sie mir ohnehin nicht alles geglaubt hätten. Ich hatte zwar nicht die ganze Wahrheit gesagt, aber es genügte, um dieses nagende Gefühl in mir zum Verschwinden zu bringen. Mein Wohlbefinden hing davon ab, daß ich die Wahrheit sagte oder gar nichts.

Energiekörper und Lügen

Ich habe beobachtet, daß bereits Teenager die körperliche Energie, die das Lügen erzeugt, genießen. Das aufregende Gefühl, jeden Moment ertappt werden zu können, regt die Ausschüttung von Adrenalin an und wird in Körper und Gehirn als Energiestoß empfunden. Gewohnheitslügner sind süchtig nach diesem »Kick«. Ein junger Mann erzählte mir einmal, er habe schon so oft gelogen, daß er einfach nicht mehr wisse, ob das, was er denke, die Wahrheit oder eine Lüge sei.

Unser Nervensystem erleidet großen Schaden, wenn wir derart häufig lügen, daß wir nicht mehr imstande sind, den Unterschied zur Wahrheit zu erkennen. Eine solcherart belastete Person in den natürlichen Strom der Bewußtheit zurückzuführen erfordert sehr viel Training. Sie hat ihre natürliche Energie in eine langsame, unrhythmische Schwingung versetzt. Diese Schwingung zieht die Rhythmen und Menschen an, die ihre natürlich hohe Schwingungsfrequenz durch ähnliche Aktivitäten ebenfalls abgesenkt haben. Gleiches gesellt sich zu Gleichem, und es entsteht ein Lügenzyklus, der von seiner eigenen langsamen Energie gespeist wird.

Man kann diese Schwingungsart wahrnehmen, indem man sich die Abendnachrichten im Fernsehen ansieht und dabei seine Gefühle beobachtet. In den Nachrichtenprogrammen werden viele Halbwahrheiten, Fehlinformationen und sogar ausgesprochene Lügen verbreitet. Richten Sie die Aufmerksamkeit weniger auf das, was gesagt wird, als vielmehr auf Ihre Reaktionen. Mit ein wenig Praxis werden Sie in Ihren Reaktionen ein Muster erkennen, das für Sie Bedeutung erlangen wird, wenn Sie es auch im Alltag wahrzunehmen versuchen. Es kommt nicht selten vor, daß man sich nach dem Fernsehen deprimiert fühlt, und daran sind nicht allein die schlechten Programme schuld. Es ist ein Zeichen dafür, daß sich die energetische Schwingung verlangsamt, um sich den Lügen anzupassen.

Achten Sie auf Ihre innere Energie, wenn Sie eine Notlüge erzählen. Wie reagiert Ihre Haut oder Ihr Puls, und wie verhalten sich Ihre Augen? Selbst ein stark angegriffenes Nervensystem zeigt im allgemeinen bestimmte Signale, die ein guter Beobachter unterschieden kann. Vielleicht brauchen Sie einen Partner zum Üben, wenn Sie Ihre eigenen Signale nicht erkennen können.

Das menschliche Nervensystem ist für eine hohe Schwingungsfrequenz geschaffen. Es steht in direkter Verbindung zu unserem Energiekörper. Wenn wir einer niedrigeren Schwingung ausgesetzt sind, verlangsamt oder beschleunigt sich unser System sprunghaft, um einen aus dem Gleichgewicht geratenen Zustand zu signalisieren. Es hat die Aufgabe, uns zu warnen. Umweltbedingte, emotionale, mentale oder physische Schadstoffe können dieses feine Gleichgewicht verändern. Eine Verlangsamung oder Verdichtung unserer Körperenergie ist meist die Reaktion auf diese Schwingungen. Die hohe Schwingungsfrequenz hält die Harmonie und die frei fließende und sich wiederauffüllende Lebenskraft in uns aufrecht. Gesunde Ernährung, Körpertraining, Vermeidung von Schadstoffen, mentales, physisches und emotionales Wohlbefinden unterstützen sie dabei. Die durch Unwahrheit herbeigeführte Veränderung der Schwingungsfrequenz des menschlichen Energiefeldes vergiftet unsere Lebenskraft.

Es ist eine verblüffende Erfahrung, sich selbst die Verpflichtung aufzuerlegen, einen Tag lang nur das zu sagen, von dem man sicher weiß, daß es wahr ist. Das bedeutet, daß jeder Gefühlsausdruck, jeder Gruß, jede kurze oder lange Kommunikation genau das ausdrücken muß, was wir in dem Moment fühlen oder denken. Es macht Spaß, den Gesichtsausdruck der Leute zu beobachten, wenn man auf ihre Frage »Wie geht's?« wahrheitsgemäß mit »nicht besonders« oder »mittelmäßig!« antwortet anstatt mit dem üblichen »danke, gut!«. Es ist traurig festzustellen, daß die meisten Leute wenig positiv oder hilfreich reagieren, wenn sie hören, wie man sich tatsächlich fühlt. Es scheint zwischen uns allen ein stillschweigendes Übereinkommen zu geben, das verlangt, etwas völlig Bedeutungsloses zu murmeln und unserer Wege zu gehen. Wirkliche Kommunikation ist nicht gefragt. Sie ist unrationell in einer Welt, die Menschen als Produktionseinheiten betrachtet. Denn mit wahrer Kommunikation sind wahre Gefühle und Emotionen verbunden. Von Menschen, die wirklich miteinander kommunizieren, ist nicht zu erwarten, daß sie einfach dem vorgegebenen Weg folgen. Sie werden wahrscheinlich davon abweichen und beginnen, ihre eigene Wirklichkeit zu erforschen und in Frage zu stellen. Das hat eine zerstörerische Wirkung auf eine Gesellschaft, die nur mit der Produktion von Konsumgütern beschäftigt ist. Denkende, aufgeschlossene Menschen leisten weder blinden Gehorsam, noch glauben sie an die Familienlüge, die für die Aufrechterhaltung der Machtstrukturen notwendig ist. Sie beginnen, die Autorität in Frage zu stellen und ihre eigene Autorität zu werden.

Die meisten Lügen sind ungeschickte Versuche, uns selbst zu schützen. Angesichts all dessen, was uns in dieser Welt und in diesem Zeitalter umgibt, haben wir Angst bekommen, verwundbar zu sein. Die Wahrheit macht uns verwundbar. Wenn wir die Wahrheit über unsere Gefühle sagen, fürchten wir, daß andere Macht über uns bekommen. Wenn wir unsere Wahrheit zum Ausdruck bringen und damit jemanden verletzen, haben wir Angst vor Vergeltung. Wir haben die Gewohnheit angenommen, die Unwahrheit zu sagen, weil wir gelernt haben, daß wir auf diese Weise in einer aus dem Gleichgewicht geratenen Welt überleben. In Wirklichkeit aber befreien wir uns, wenn wir beginnen, die Wahrheit von der Lüge zu unterscheiden. Verwundbar zu sein heißt, sich zu exponieren. Sich zu exponieren heißt, für einen Austausch wertvoller Erfahrungen offen zu sein. Wenn wir beschützt, versteckt und unerreichbar sind, haben wir keine Gelegenheit, das wirkliche Leben zu erfahren. Uns selbst auf diese Weise »verwundbar« zu machen, ist der Mühe wert, denn die Belohnung ist eine Schwingungsfrequenz, die unsere Lebenskraft unterstützt, anstatt sie zu zerstören.

Viele der Kommunikationsmethoden, mit denen wir erzogen wurden, sind nicht wirklich auf Kommunikation ausgerichtet, sondern auf Wahrung des Friedens. Wir wurden aufgefordert, »zu lächeln und mit allem einverstanden zu sein«, egal wie uns zumute war.

Wir alle wissen, daß wir etwas tun müssen, um den Kurs unserer Welt zu ändern; wir wissen nur nicht, wo wir beginnen sollen. Ich schlage Ihnen vor zu lernen, aus dem Herzen und dem Wahrheitszentrum heraus zu kommunizieren.

Sicherheit schaffen für die Wahrheit

Mein Partner hatte eine Zeitlang die Angewohnheit zu vergessen, mich über eine Änderung seiner Pläne zu informieren. Er ließ mich warten, ohne mich zu verständigen, und wenn er dann nach Hause kam, fand er eine zornige und enttäuschte Partnerin vor. Er gestand, daß er sich meine Vorwürfe nicht zu dem Zeitpunkt anhören wollte, an dem er die Entscheidung traf, später zu kommen, sondern es vorzog, sich später damit auseinanderzusetzen. Insgeheim hoffte er, mein Ärger würde bis dahin verstrichen sein. Auch hatte er ein emotionales Problem, weil er in seiner Vergangenheit von Frauen unterdrückt worden war. Meine Bitten um Information wurden von ihm als ein Versuch angesehen, ihn zu kontrollieren.

Nach einigen unglücklichen Momenten erkannte ich, daß auch ich ein Teil dieses Spiels war. Ich empfand mein Verhalten als Bitte, er jedoch empfand die Art meiner Fragestellung als Kontrolle. Mein Ärger und die unterschwellige Angst, verlassen zu werden, ließen mich auf übertriebene Weise reagieren. Sein rebellischer innerer Teenager hielt ihn davon ab, anzurufen und sich zu entschuldigen oder sein Unrecht einzugestehen. Das war der Schlüssel. Wenn er nicht zur vereinbarten Stunde kam, begann ich, die alten Geschichten über das Verlassen- oder Mißbraucht-Werden aufzuwärmen, und wenn er schließlich heimkehrte, schleudertc ich ihm mein eigenes emotionales Gepäck vor die Füße.

Diese Situation wurde für uns beide zum Spiegel und half uns, unsere Emotionen besser zu verstehen und einen Bereich zu schaffen, wo wir beginnen konnten, miteinander zu kommunizieren. Ich mußte lernen, daß sein Bedürfnis, Vereinbarungen zu ändern, nichts mit mir zu tun hatte, sondern sich einfach daraus ergab, daß sein Lebensfluß eine andere Richtung einschlug. Meine Aufgabe war es, seinen Sinneswandel nicht persönlich zu nehmen, sondern darin eine Anpassung an die jeweiligen Umstände zu sehen. Er mußte lernen, mich rechtzeitig zu informieren und meine Zeit genauso zu respektieren wie seine, anstatt mich einfach rücksichtslos warten zu lassen. Beide mußten wir lernen, unsere explosiven Ausbrüche zu kontrollieren, die wir als einen »sicheren« Bereich gewählt hatten, um unsere Stellung zu halten.

Dies scheint ein ziemlich belangloses Problem zu sein, doch für uns war es die Arena, in der wir an unseren ungeheilten Emotionen arbeiteten. Wir trafen die Vereinbarung, daß eine Verspätung seinerseits bedeute, daß er mit irgendeiner Situation nicht zurechtkomme. Nachdem ich fünfzehn Minuten gewartet hatte, würde ich mit meinen eigenen Plänen fortfahren. Ich kann inzwischen mit meinem inneren Kind, das immer seinen Kopf durchsetzen will, arbeiten, denn schließlich bin ich selbst für die Befriedigung meiner Bedürfnisse verantwortlich. Er hat die Verantwortung, meine Zeit zu respektieren und mich zu informieren, anstatt diese Bitte als Machtanspruch meinerseits zu interpretieren.

Indem wir eine andere Ausdrucksform wählen, befreien wir uns von unseren alten emotionellen Reaktionen. Diese einfache Kommunikationsübung hat vielen anderen Bereichen unbewußten Verhaltens die Tür zur Heilung geöffnet. Wir wissen, daß unser Partner nicht die Absicht hat, uns zu verletzen oder zu ärgern. Wir wissen das im Grunde unseres Wesens. Und dennoch schaltet bereits ein einfaches Mißverständnis unseren Emotionskörper ein, und die vielen Male, in denen wir gewartet haben, entfachen die schwelende Glut zum Brand.

Wenn wir den anderen ihren eigenen inneren Prozeß erlauben, schaffen wir Sicherheit. Wenn wir daran denken, daß diese komplizierten inneren Prozesse ihre Angelegenheit und nicht die unsere ist, befreien wir uns selbst. Intimität erfordert, daß wir fähig sind, unsere Wahrheit ohne Angst vor dem Urteil des anderen zu vertreten. Intimität setzt einen Grad an Vertrauen voraus, der auf Bewußtheit beruht und nicht auf unkontrollierten Reaktionen.

Indem Sie das »bloße Zuhören« praktizieren, können Sie lernen, auf die andern zu hören und ihnen Zeit und Raum zu geben, wo sie alles, was sie wollen, zum Ausdruck bringen können.

- Zur Durchführung dieser Übung sitzen wir uns gegenüber und halten einander an den Händen. Jeder kommt einmal als Sprecher und einmal als Zuhörer an die Reihe. Es ist wichtig, sich vorher damit einverstanden zu erklären, daß jeder sagen darf, was er will. Während die erste Person redet, schaut ihr der Zuhörer in die Augen und versucht, genau das zu hören, was gesagt wird. Er gibt keine Antwort, sondern hält Augen und Ohren offen und läßt alles Gesagte tief in sein Bewußtsein eindringen. Vor Übungsbeginn wird eine zeitliche Begrenzung festgesetzt und eine Uhr so plaziert, daß sie von beiden gesehen werden kann. Die sprechende Person ist selbst dafür verantwortlich, daß sie im richtigen Augenblick aufhört. Wenn sie zu Ende gesprochen hat, wiederholt der Zuhörer, was er gehört hat. Es ist nicht notwendig, alles Wort für Wort zu wiederholen, es genügt, den allgemeinen Sinn des Gesagten wiederzugeben. Auch Beobachtungen über den Gesichtsausdruck oder die Körpersprache, die von der zuhörenden Person gemacht wurden, sind angebracht. Dann werden die Rollen vertauscht, und der Prozeß beginnt von neuem. Dies sollte insgesamt nicht länger als fünfzehn oder zwanzig Minuten dauern. Wenn nach der ersten Runde noch immer das Gefühl vorhanden ist, etwas müßte noch ausgesprochen werden, kann eine zweite Runde vereinbart werden.
- Wenn Sie das Gefühl haben, von der anderen Person nicht richtig gehört oder verstanden worden zu sein, können Sie um eine zweite Gelegenheit ersuchen, Ihr Anliegen klarer ausdrücken zu dürfen.
- Danken Sie am Ende der Übung einander für das Zuhören, und spüren Sie, was für ein Gefühl es ist, klar und leicht in einem sicheren Bereich zu kommunizieren. Lassen Sie diese Erfahrung tief in Ihre Psyche eindringen. Besonders in jene Teile, die glauben, nicht gehört oder respektiert zu werden. Nehmen Sie mit jedem Atemzug die Gefühle der Dankbarkeit und Harmonie tief in Ihr Wesen auf, und fühlen Sie die neu gefundene Intimität.

Kommunikation mit dem Selbst

Um mit sich selbst besser zu kommunizieren, muß man zuerst lernen, mit all den Aspekten des Selbst umzugehen, die ständig in unserer Psyche um unsere Aufmerksamkeit wetteifern. Da gibt es die vielen Stimmen, die über uns urteilen, und da gibt es die Stimme des inneren Kindes, der verletzten Frau, des kontrollierten und eingesperrten Mannes, des Intellekts und der unbewußten Regungen. Alle haben bei allen unseren Interaktionen etwas zu sagen. Wir müssen deshalb lernen zu erkennen, welche Stimme versucht, die Kontrolle an sich zu reißen.

Der innere Dialog mit den Aspekten unserer Persönlichkeit muß bewußt geführt werden. Je besser wir erkennen, welcher unserer »leidenden« Aspekte gerade ausgelöst wird, desto eher können wir unsere wahren Gefühle und Bedürfnisse zum Ausdruck bringen. Ich nenne diese Aspekte »leidend«, um darauf hinzuweisen, daß sie Aufmerksamkeit brauchen, und nicht um zu sagen, daß diese emotionalen Teile krank sind oder verändert werden sollen. Wollen wir in unserem Inneren ein Gefühl des Friedens schaffen, so müssen wir sie uns aufmerksam anhören. Nur wenn wir gewisse Aspekte übersehen, versuchen sie, das Steuer an sich zu reißen. Wenn ich darauf achte, daß mein inneres Kind hat, was es braucht, wird es glücklich sein. Ignoriere ich jedoch seine Wünsche, wird es einen Wutanfall bekommen, meinen inneren Frieden stören und die Kontrolle über meine äußeren Angelegenheiten übernehmen.

Der Schlüssel zu einer neuen Form der Kommunikation liegt in der Kommunikation mit dem Selbst.

Wenn wir immer wissen, was wir fühlen und uns wünschen, können wir dies auch auf eine Weise aussprechen, die einen sicheren Raum schafft, in dem unsere Bedürfnisse entweder von uns selbst oder jemand anderem erfüllt werden. Die anderen sind nicht für die Erfüllung unserer Bedürfnisse verantwortlich. Es ist ihr gutes Recht, zu unserer Bitte nein zu sagen. Ihre Ablehnung ist als Rücksichtnahme auf die eigenen Bedürfnisse aufzufassen.

Sobald wir uns Sätze wie »Du machst nie ...« oder »Du vergißt immer ...« sagen hören, ist mit Sicherheit der Emotionskörper im Spiel. Er übertreibt und manipuliert (man macht selten etwas »immer«). Er scheut sich nicht, lautstark zu verlangen, was er will. Wenn wir auf eine klare Kommunikation mit anderen Wert legen, müssen wir unser inneres Kind kontrollieren lernen. Jede Verletzung, die das innere Kind erlitten hat, wird sich in einer ähnlichen Situation wieder bemerkbar machen. Jede bewußte Person wird sich deshalb zuerst mit diesen Gefühlen auseinandersetzen, ehe sie auf die Bitten anderer reagiert. Dieser Prozeß ist keine unendliche Geschichte. Wenn das innere Kind genug Aufmerksamkeit vom Selbst erhält, wird es auch zufrieden sein.

Wir alle tragen verwundete Kinder in unserem Innern. Gleichgültig, ob unsere Kindheit harmonisch oder belastet war, der Emotionskörper weist immer Verletzungen auf. Ein Kind hat vielleicht alles erhalten, was es sich gewünscht hat, aber es hat nicht gelernt, diese Geschenke zu schätzen. Solche Menschen wachsen mit der Erwartung auf, es sei immer alles für sie da. Sie werden daher für selbstsüchtig gehalten. Dasselbe kann einem Menschen passieren, dessen emotionale Bedürfnisse nie erfüllt wurden. Um den inneren Hunger des vernachlässigten Kindes zu stillen, wird er versuchen, sich alles zu schnappen. Auch ein solcher Mensch wird für selbstsüchtig gelten. Wenn daher jemand sagt, er habe eine perfekte Kindheit gehabt, so ist das noch lange keine Garantie dafür, daß nicht eines Tages die Auswirkungen davon an die Oberfläche kommen. Dieser Mensch hat einige Aspekte in sich noch nicht zur Kenntnis genommen, und es gilt daher, doppelt auf der Hut zu sein.

Diese innere Kommunikation muß mit jedem identifizierbaren Aspekt der Persönlichkeit stattfinden. Manche Leute tragen Kinder in unterschiedlichen Altersstufen mit sich herum, die sich um die Aufmerksamkeit streiten. Ständig macht sich der Einfluß irgendeines ihrer inneren Kinder bemerkbar, und so ist es für diese Menschen nicht einfach zu wissen, warum sie eine bestimmte Entscheidung treffen. Üblicherweise hat man ein sehr kleines Kind und einen Teenager in sich, aber manche Leute haben es mit einer Schar schreiender Kleinkinder zu tun.

Ich praktiziere die Vipassana-Meditation, eine Meditationstechnik, die ihren Ursprung in Südostasien hat. Bei dieser Übung geht es darum, sich auf den Atem zu konzentrieren und jede Stimme oder jeden ungebetenen Gedanken, der aus dem Innern aufsteigt, wahrzunehmen. Es ist eine sehr aufschlußreiche Übung, denn bei regelmäßiger Durchführung beginnt man, immer wieder dieselben Gedanken und Stimmen zu hören, die uns ständig unbewußt beeinflußen. Diese Meditation lehrt uns, diese Stimmen einfach wahrzunehmen und ihnen keine weitere Aufmerksamkeit zu schenken. Steigt ein Gefühl auf, nehmen wir es wahr und wenden dann die Aufmerksamkeit wieder dem Atem zu. Wir versuchen das Gefühl weder zu beeinflussen noch zu beurteilen oder in irgendeiner Weise auszudrücken. Das bloße Wahrnehmen der Gefühle, Gedanken oder Stimmen genügt, um die in ihnen enthaltene Energie zu entladen. Unsere unbewußte Reaktion auf diese Gedanken und Emotionen stört unseren Frieden und unsere Harmonie. Indem wir trainieren, nicht zu reagieren, sondern diese Bewegungen einfach nur wahrzunehmen, lernen wir, daß sie wenig wirkliche Kraft haben. Es ist unsere Reaktion auf sie, die ihnen Kraft verleiht.

Im täglichen Leben wirkt sich diese Übung dann aus, wenn es uns gelingt, das innere Gemurmel wahrzunehmen und uns gleichzeitig auf die äußeren Erfahrungen zu konzentrieren. Schließlich werden wir bemerken, daß andere ebenfalls auf ihre inneren Stimmen und alten Tonbänder hören. Daraus werden wir lernen, mit dem Menschen zu sprechen und nicht mit den Aspekten seiner Persönlichkeit. Erst wenn wir von unseren Selbstverurteilungen geheilt sind, können wir mit uns selbst und anderen auf diese Weise in Beziehung treten. Diese Meditation lehrt uns, Mitgefühl und Geduld mit uns selbst zu haben. Wir sind keine fertigen Produkte; das Leben ist ein Prozeß, und wir sind die Spieler darin. Je bewußter uns die innere Arbeit wird, desto klarer werden wir auch mit anderen Menschen kommunizieren können.

Auch in nichtindustriellen Kulturen tragen die Menschen diese Aspekte mit sich herum, aber sie sind von ihrem integrierten Selbst nicht in derselben Weise abgespalten oder getrennt wie wir. Zum Teil werden in diesen Kulturen die Kinder so lange getragen und gestillt, bis sie sich von sich aus entwöhnt haben. Dies ermöglicht den Kindern, sämtliche Entwicklungsstadien auf natürliche Weise zu durchlaufen, bis sie schließlich die Unabhängigkeit erreichen. Es gibt Übergangsriten, mit deren Hilfe die Menschen von einem Lebensstadium in ein anderes befördert werden. Diese Rituale stellen sowohl den Abschluß eines Lebensabschnittes dar als auch den Beginn eines neuen. Ich glaube, daß die intakten Rituale und Zeremonien in diesen Gesellschaften den Menschen erlauben, ihre Aspekte in all das zu integrieren, was in ihrer Kultur einen erwachsenen Menschen ausmacht. Wir hingegen werden vielem zu früh ausgesetzt und haben nur wenige Rituale, die unser Wachstum markieren. Wir werden bereits sehr früh zum Sprechen und Gehen ermutigt. Inzwischen beginnt man sogar, bereits Kleinkinder in Lernprogrammen zu zukünftigen Erfolgsmenschen zu machen. Wir erreichen die körperliche Reife mit einer ungeheuren Menge an unverarbeiteter Information, denn bei unserem Lebensstil ist die Zeit für die nötige Integration nicht vorgesehen. In einem gewissen Sinn ist alles in uns in Unordnung und schwebt frei herum. Aus diesem Grund wissen wir nicht, wer wir sind.

Integration der Stimmen zu Weisheit

Die inneren Stimmen und Gedanken, die unser Leben regieren, können in den Dienst des größeren Selbst gestellt werden. Das größere Selbst ist der Behälter für alles, was wir sind und werden können. Jede Person ist im Besitz des Aspektes, der die Absicht hat, uns den wahren Seinszustand bewußtzumachen. Dieser Zustand ist friedvoll, harmonisch und kreativ.

Es entspricht dem natürlichen Lebensfluß, daß das Selbst versucht, sich mehr und mehr in der physischen Realität zu verkörpern. Manche Leute bezeichnen dies als Fleischwerdung des Geistes.

Ein Teil der nordamerikanischen Indianer lehrt, daß wir leben, um dem Großen Geist Gelegenheit zu geben, sich durch uns auszudrücken, das heißt, daß der eigentliche Sinn unserer Existenz darin besteht, Geist zu verkörpern.

Wenn wir beginnen, sämtliche Aspekte des Selbst in das Große Selbst zu integrieren, haben wir ein reichhaltiges Repertoire an Wissen und Talenten zu bieten. Wir können unsere Talente nur dann in den Dienst der Menschheit stellen, wenn wir gelernt haben, jedem Aspekt seinen angemessenen Platz einzuräumen. Unser physischer Körper ist der Behälter für das Große Selbst – genauso wie das Große Selbst der Behälter für das Physische ist. Der physische Körper besteht aus Knochen, Muskeln, Nerven, Organen, Flüssigkeiten, also aus Materie. Er besteht auch aus elektrischen Impulsen oder Energie und ist so konstruiert, daß er immer mehr Geist enthalten und zur Manifestation bringen kann. Geist ist die Energie, aus der sich das Leben zusammensetzt.

Der erste Schritt, der die Integration aller Aspekte in die Wege leitet, ist die Einsicht, daß wir mehr sind als unsere physischen, mentalen oder emotionalen Wirklichkeiten. Wenn wir uns als Behälter für alles, was wir sind, begreifen und Wege finden, alle unsere Aspekte in dem einen Gefäß unterzubringen, werden wir in den Bereich der Weisheit eintreten. Wenn wir lernen, alle Teile von uns zu akzeptieren, entwickeln wir Mitgefühl und ein Wohlbefinden, das uns erlaubt, spontan und aufrichtig zu werden. Wir werden authentischer und vertrauen mehr auf uns selbst. Dies schafft ein Gefühl der Sicherheit und Zugehörigkeit.

Unsere Aspekte von einem liebevollen und freundlichen Standpunkt aus zu betrachten hilft uns weiter, als über sie zu urteilen. Die schwierigsten Bereiche in uns sind jene, wo wir über uns urteilen oder uns verleugnen. Das sind die Bereiche, die am stärksten mit explosiver Emotion geladen sind. Bereits mit dem Eingeständnis der Existenz solcher Bereiche beginnt die energetische Veränderung, die notwendig ist, um uns schließlich zu Annahmebereitschaft und Liebe zu führen. Wenn es uns gelingt, uns der scheinbar natürlichen Reaktionen, die von diesen Aspekten ausgehen, bewußt zu werden und sie als Gefühle und nicht als aufgeladene Emotionen auszudrücken, wird es zu Veränderungen in unserer Wirklichkeit kommen. Wir werden bemerken, daß unsere Beziehungen sich zu verändern beginnen, um Raum für das »neue« Ich zu schaffen.

Sobald wir begonnen haben, auf unsere inneren Aspekte zu hören und ihnen zu dienen, können wir unsere Aufmerksamkeit nach außen richten. Wir werden schnell bemerken, daß andere mit denselben Aspekten zu kämpfen haben oder von ihnen beherrscht werden. Wir werden imstande sein, die versteckte Furcht in der Stimme eines anderen zu hören oder an seiner Körpersprache zu erkennen, wie jung der Aspekt ist, mit dem wir zu kommunizieren versuchen.

Wenn wir dieses Spiel des Menschseins annehmen können, haben wir die Möglichkeit, uns mit größerer Freiheit auszudrücken und mit anderen in Beziehung zu treten. Es hebt uns sofort in eine Beziehung, die auf Gleichberechtigung und Gleichheit beruht und automatisch Sicherheit schafft. Wenn keiner versucht, den anderen zu bevormunden, erweitert sich das Spiel zu wahrer Kommunikation und einer anderen und intimeren Erfahrung dessen, was wir wirklich sind.

Intimität als Kommunikation

Intimität setzt voraus, daß man sich in einer Beziehung frei und ohne Behinderung ausdrücken kann. Um diese Intimität zu erreichen, müssen wir gewillt sein, alle Aspekte des Selbst wenn nicht zu lieben, dann zumindest zu akzeptieren. Intimität schwindet angesichts von Bestrafung, Verurteilung, Verleugnung. Mit uns selbst vertraut zu werden heißt, den Zustand von Harmonie und Frieden zu verwirklichen, den die meisten von uns suchen. Intimität erfordert, daß wir uns sicher fühlen und Sinn für Zugehörigkeit haben. Dies muß, so wie alles, in unserem Inneren beginnen.

Die Toleranzgrenze für Intimität ist bei den Menschen verschieden. Dieser Faktor muß erkannt und berücksichtigt werden. Wenn die Toleranzgrenze bei unserem Partner niedriger ist als bei uns selbst, müssen wir dies respektieren und lernen, nicht darüber hinauszugehen. Der Grad an Intimität, den ein Paar erreichen kann, wird von dem Partner mit der niedrigeren Toleranzgrenze bestimmt.

Wenn ein Mann und eine Frau eine Auseinandersetzung haben, ist es im allgemeinen die Frau, die eine Fortsetzung der Diskussion wünscht, während der Mann den Wunsch hat, den Raum zu verlassen oder etwas anderes zu tun. Es ist wichtig zu erkennen, daß Intimität für eine Frau Engagement bedeutet, während sie bei einem Mann mit der Fähigkeit verbunden ist, sich auf die eigenen Werte zu besinnen. Sobald bei einem der beiden Partner der zulässige Grad an Intimität erreicht ist, kann er weder durch Bitten noch durch Fordern oder Anklagen erweitert werden. Menschen, die aus einer Familie kommen, in der es keine wirkliche Intimität gab, haben eine viel niedrigere Toleranzgrenze gegenüber Intimität als Menschen aus einer Familie, in der es erlaubt war, alles auszudrücken. Zwei derart verschiedene Menschen, gleichgültig, ob es sich um Partnerschaft, Freundschaft oder eine Geschäftsbeziehung handelt, werden es nicht leicht in ihrer Beziehung haben, solange sie nicht ihre Toleranzgrenzen für Intimität erkannt haben und gegenseitig respektieren.

Das heißt nicht, daß diese Grenze nicht angehoben werden kann. Wenn wir unsere Toleranzgrenze für Intimität entdeckt haben, müssen wir uns die Frage stellen: »Hat diese Grenze ihre Berechtigung, oder schränkt sie meine Fähigkeit ein, eine Beziehung zu führen?« Wenn wir bereit sind, uns den Wunsch nach mehr Intimität einzugestehen, können wir beginnen, jene Teile von uns mit einzubeziehen, die auf Intimität mit Zurückhaltung, Angst oder Feindseligkeit reagieren. Schon die Diskussion über die eigenen Intimitätsgrenzen öffnet die Tür für eine Erweiterung der Fähigkeit, eine intime Beziehung einzugehen. Eine Erhöhung des Intimitätspotentials tritt bereits dann ein, wenn wir uns die eigene Unfähigkeit zur Intimität eingestehen.

Im Grunde sehnen wir uns alle nach Intimität. Ein intensives Verlangen, frei alles zu sagen und angehört zu werden, ist uns angeboren. Die Befreiung, die man empfindet, wenn man sich jemandem vollkommen anvertauen kann, bestärkt einen darin, noch mehr zu dem zu werden, was man wirklich ist. Sie unterstützt das Auftauchen des Selbst und verlangt nach der Gegenwart der Seele. Nichts wünschen wir uns mehr als diesen seelenvollen Austausch, und doch kommt er in unserem frostigen sozialen Klima nur selten vor. Es ist dieses Verlangen nach wahrer Intimität, das oft der Ursprung für unsere unermüdliche Jagd nach Beziehungen ist. Auf der anderen Seite ist es der Mangel an wahrer Intimität, der die Menschen auseinanderbringt, denn der Geist muß einen Ort finden, wo er gehört und akzeptiert wird.

9. KAPITEL

Energetische Manifestation unserer physischen Wirklichkeiten

Selbstbeobachtung und Selbstreflektion

Viele Paare, die ich für dieses Buch befragt habe, beschreiten einen spirituellen Weg. Manche von ihnen lebten eine Zeitlang in Klöstern, Zendos oder Ashrams. Steve und Rosemary Weissman haben einen Großteil ihres Erwachsenenlebens mit dem Studium des Buddhismus verbracht. Infolge eines Schicksalsschlages, bei dem sie ihre beiden Kinder durch Vergiftung verloren, suchten sie nach dem wahren Sinn von Leben und Tod. Sie leben und lehren in einem kleinen Kloster auf einer Insel im Golf von Thailand und sind eine großartige Inspiration für alle, die das Glück haben, an ihren Seminaren teilnehmen zu können.

Als ich mit diesen beiden Lehrern in buddhistischer Meditation sprach, die auf eine über zwanzigjährige Ehe und liebevolle Beziehung zurückblicken, legten sie großen Wert auf folgende Feststellung:

»Innerhalb des Buddhismus gibt es drei Übungsgebiete, die für die Entwicklung und Aufrechterhaltung einer liebenden Beziehung sehr bedeutsam sind.

Das erste ist die Entwicklung der sogenannten ›göttlichen Wohnstätten‹: Mitgefühl, Liebe, Freude und Gleichmut. Diese Eigenschaften reduzieren und beseitigen Ärger, Eifersucht, Neid, Selbstsucht und andere negative Eigenschaften. Dazu kommt der Wunsch, Schwierigkeiten und Probleme abzubauen, der Wunsch nach Frieden und Glückseligkeit.

Das zweite Übungsgebiet ist die Entwicklung der ›Paramita‹: zehn Eigenschaften, die nötig sind, um das Gute im Menschen zu vervollkommnen. Diese Kardinaltugenden sind: Wohltätigkeit, Sittlichkeit, Enthaltsamkeit, Weisheit, Energie, Geduld, Wahrheitsliebe, Entschlußkraft, Liebe und Gleichmut. Wenn zwei Menschen den Wunsch haben, diese Eigenschaften zu entwickeln, wird ihre Beziehung reicher und von selbstloser Liebe erfüllt sein.

Das dritte Übungsgebiet besteht im Erlernen von Techniken und Methoden, die einem helfen, die genannten Eigenschaften zu entwickeln. Zu diesen Methoden gehört die Entwicklung des vollen Bewußtseins über die eigenen Taten, Worte und Gedanken sowie das Meditieren. Mit einem solchen Verständnis werden Sie auf ihre Taten, Worte und Gedanken mit liebevoller Sorgfalt achten. Erwartungsgemäß werden von Zeit zu Zeit Schwierigkeiten auftauchen, doch Sie werden in der Lage sein, in diesen eine Herausforderung zu sehen, einander beim Wachsen zu helfen.«

Wie können wir diese Lehren in unser alltägliches Leben und in unsere Beziehungen integrieren? Zuerst müssen wir uns unserem eigenen spirituellen Wachstum widmen und Techniken und Methoden erlernen, die es uns möglich machen, über den Bereich bloßer emotionaler Reaktionen hinauszugehen. Das erfordert Disziplin, sei dies nur das Einhalten einfacher Verhaltensregeln oder sei dies ein stärkeres Engagement, wie regelmäßiges Meditieren oder Arbeiten mit Energiesystemen wie Tantra oder Chi Gong. In erster Linie geht es jedoch um die Verpflichtung, dem eigenen spirituellen Weg zu folgen, sowie um die Unterstützung des Partners bei seiner spirituellen Entwicklung.

Innere Heilung

Ein wichtiger Verbündeter in diesem Heilungsprozeß ist unser Großes Selbst. Das ist der Teil von uns, der aus klarem Wissen besteht. Es ist unsere Intuition. Der leichteste Weg, mit diesem Wesensaspekt in Verbindung zu treten, ist die Bereitschaft, seine Existenz anzuerkennen.[4]

Sobald die bewußte Verbindung mit dem Großen Selbst hergestellt ist, kann die dadurch gewonnene Energie als Kraftquelle für Heilungen und für andere Aktivitäten genutzt werden. Das Wissen, einen solchen Verbündeten zu haben, ist befreiend. Manchmal vergißt das Ego diesen bereitwilligen Helfer und versucht, alles auf eigene Faust zu machen. Jedesmal, wenn wir auf die Frage »Was ist richtig für mich?« um Antwort ringen, hat das Ego wieder seine gewohnte Machtposition eingenommen.

Die innere Stimme kann uns führen. Wenn wir verzweifeln, kann sie uns intuitives oder instinktives Wissen, Erkenntnis und Einsicht sowie Trost und Mitgefühl spenden. Sie wird uns mit dem Menschen zusammenführen, den wir für unser Weiterkommen brauchen. Wunder scheinen zu geschehen. »Zufälle« werden zur Norm. Es ist immer möglich, diesen Aspekt unseres Wesens zu aktivieren. Wir brauchen nur an seine Existenz zu glauben und ihn um Hilfe zu bitten. Eine verläßliche Kommunikationsmethode ist nützlich, um alle Stimmen in unserem Kopf unterscheiden zu können. Dies erreicht man durch regelmäßige Meditation.

Dieser Aspekt des Selbst ist mit allen Energien, die uns Menschen zur Verfügung stehen, verbunden. Wir können durch unsere innere Quelle universale Heilungsenergie oder kristallklare geistige Bewußtheit erlangen. Wenn unsere weiblichen oder männlichen Aspekte ihre Aufgabe nicht voll erfüllen, gibt uns dieser Aspekt das Gefühl, gehegt und beschützt zu sein. Die innere Quelle kann unsere unterentwickelten Teile trainieren, so daß diese ihr volles Potential erreichen. Wir brauchen uns daher durch nichts eingeengt zu fühlen. Es gibt immer Wege der Selbstheilung, wenn wir fest dazu entschlossen sind.

Zur Heilung der inneren Gespaltenheit müssen wir wirklich ehrlich mit uns selbst sein. Wir müssen darin einwilligen, uns alle Unbedachtheiten, die in der Vergangenheit passiert sind, zu vergeben. Wir müssen uns selbst für alles wahrgenommene Unrecht, das wir uns oder anderen angetan haben, verzeihen können. Im Grunde haben wir aus Unwissenheit gehandelt, einer Unwissenheit, die von der Gesellschaft unterstützt und gefördert wird. Wir werden notwendigerweise Dinge an uns wahrnehmen, die uns nicht angenehm sind. Manchmal sehen diese vernachlässigten Aspekte, die wir ans Licht ziehen, wie Gespenster aus. Doch mit ein wenig Anerkennung und Verständnis erholen sie sich meistens wieder. Wir sehnen uns von Natur aus nach Integration und Ganzheit, und diese natürliche Sehnsucht steht uns zur Seite.

Ob gut oder böse, Opfer oder Täter, wir sind alles schon gewesen. Selbst aus der Sicht eines einzigen Lebens enthalten wir *alle* Emotionen, mit denen Menschen geboren werden. Die meisten von uns haben in ihrem Leben Schaden an ihrem Emotionskörper genommen. Mitgefühl für uns selbst zu entwickeln ist der Anfang. Ein wichtiger erster Schritt, um in unsere Mitte zu kommen, besteht darin, diesem Mitgefühl für uns selbst Ausdruck zu verleihen. Unter den buddhistischen Meditationen findet sich eine, die »Metta« oder »Meditation für freundliche Liebenswürdigkeit« genannt wird. Die folgende Meditation ist eine Kombination aus den Meditationstechniken verschiedener Lehrer.

– Schließen Sie die Augen, und entspannen Sie sich. Mit dem Ausatmen lösen Sie die Spannungen, und mit dem Einatmen fühlen Sie, wie alles leicht wird. Machen Sie einige tiefe Atemzüge, und lassen Sie zu, daß jegliche Anspannung verschwindet. Richten Sie Ihre Aufmerksamkeit auf den natürlichen Atemstrom, und erlauben Sie den Gedanken, einfach vorbeizuziehen.
– Beginnen Sie jetzt, sich Ihr Gesicht ins Gedächtnis zu rufen, das Gesicht, das Ihnen am meisten vertraut ist. Das Gesicht, das in Ihnen viele Gefühle, Gedanken und meistens auch Urteile hervorruft. Willigen Sie ein, dieses Ge-

sicht klar zu sehen. Beginnen Sie, Ihre Liebe zu sich selbst auszudrücken. Sprechen Sie Ihren Namen, und lassen Sie mit seinem Klang Liebe aus der Tiefe Ihres Wesens ins eigene Selbst aufsteigen. Nun spüren Sie, wie sehr Sie Ihre Ängste, Kämpfe, Leiden und Verwirrungen verstehen können. Lassen Sie Ihr Bewußtsein fühlen, wie sehr Sie sich ein Ende dieser Leiden wünschen und sich nach Befreiung von der Verwirrung sehnen, die diesen Schmerz verursacht.

- Lassen Sie vor Ihrem geistigen Auge das Gesicht eines geliebten Menschen erstehen. Sprechen Sie seinen oder ihren Namen aus, und erleben Sie die Liebe, die Sie für diesen Menschen empfinden. Nehmen Sie seine Leiden, Zweifel und Ängste zur Kenntnis, und drücken Sie Ihr Mitgefühl in derselben Weise aus, wie Sie es vorher für sich selbst taten. Fühlen Sie in Ihrem Herzen den Wunsch, daß die Leiden dieses Menschen ein Ende finden und daß er von den Kräften, die diese Leiden verursachen, erlöst werden möge. Spüren Sie, wie dieser Wunsch machtvoll in Ihrem Herzen kreist.

- Beginnen Sie jetzt die Gesichter derer zu sehen, mit denen Sie Ihr tägliches Leben teilen: Familienangehörige, Freunde, Arbeitskollegen. Nennen Sie still ihre Namen, und richten Sie mit jedem Namen einen Strom der Liebe auf die betreffende Person. Wahrscheinlich werden Sie auch das Gesicht eines Menschen sehen, mit dem Sie große Schwierigkeiten oder Streit haben. Spüren Sie besonders in diesem Fall den Wunsch, daß er frei von Leid, Haß und Unwissenheit sein möge.

- Lassen Sie nun alle Ihre Bekannten und entfernteren Verwandten vor Ihrem geistigen Auge vorüberziehen und in Ihren Energiestrom der Liebe eintauchen. Fühlen Sie wieder, wie sehr Sie sich ihre Befreiung von Haß, Neid, Angst und Verwirrung wünschen und sie glücklich sehen möchten.

- Nun werden Sie alle Wesen zu sehen beginnen, mit denen Sie den Planeten Erde teilen: die Menschen aus Ihrer

Stadt, Ihrem Land, Ihrem Kontinent und schließlich der ganzen Welt. Richten Sie Ihre ganze Liebesenergie auf sie, und fühlen Sie in Ihrem Herzen den Wunsch, daß ihr Leid ein Ende haben möge.

– Wie in den alten buddhistischen Meditationen erfassen wir nun mit diesem Liebesstrahl alle Energieformen, die »hungrigen Geister« und Wesen aus der Geisterwelt, die verloren umherirren, auf daß sie Ruhe und Frieden finden mögen.

– Lassen Sie nun Ihre Vorstellung ins Universum hinauswandern, in unser Sonnensystem und weiter hinaus in andere Galaxien. Senden Sie den Liebesstrom zu allen Lebensformen, und richten Sie Ihre Intention darauf, daß alle fühlenden Wesen frei von Leid und glücklich sein mögen.

– Wenden Sie sich jetzt wieder der Erde zu, sehen Sie ihre Schönheit und Farbenpracht, und richten Sie Ihren Strahl der Liebe auf diesen Himmelskörper. Senden Sie Ihre ganze Liebe dem Planeten, und beginnen Sie, sich ihm zu nähern. Während Sie sich ihm nähern, sehen Sie wieder das Gesicht, das Sie am besten kennen. Das Gesicht der Person, die Sie in diesem Leben sind. Sie kennen diese Person besser als irgendein anderer und wissen um ihre Schmerzen, Hoffnungen und um ihr Bedürfnis nach Liebe. Sprechen Sie jetzt liebevoll Ihren Namen aus, und erleben Sie den starken Energiestrom der Liebe und Ihren tiefen Wunsch, von dem Leid auf dieser Welt erlöst zu werden. »Metta«, der Strom der Liebe, der Sie mit allen Wesen verbindet, ist nun voll auf Sie gerichtet. Willigen Sie ein, ihn in seiner ganzen Fülle aufzunehmen.

Praktizieren Sie diese Meditation, wenn Sie sich entmutigt oder überanstrengt fühlen. Es ist wichtig, daß Sie nicht zu streng mit sich sind. Sie sollten sich so viel Zeit lassen, wie Sie brauchen, um Ihre alten Überzeugungen und Verhaltensmuster zu ändern.

Nach einiger Praxis werden Sie imstande sein, die Wirkung dieser Meditation auf Ihren Körper und auf Ihre Gefühle zu spüren. Wir können dem Leben in einer anderen Weise vertrauen. Das Männliche übernimmt die Rolle des Beschützers. Das Weibliche übernimmt die Rolle des Ernährers und des Sorgenden. Das gilt für alle Ebenen und erstreckt sich vom körperlichen bis in die höheren spirituellen Bereiche. Wir werden imstande sein, unsere emotionalen Verletzungen zu heilen und unsere Emotionen in höherem Maße in den Dienst unseres Wesens stellen zu können.

Ich habe erst kürzlich darüber nachgedacht, wie glücklich ich bin. Es ist mir erlaubt, mein Leben in relativem Frieden zu verbringen und eine Arbeit zu verrichten, die ich liebe. Ich habe die Gelegenheit, alles zu erreichen, was ich mir vorstellen kann. Je mehr ich in meiner Mitte bin, desto mehr empfinde ich das Leben als Geschenk und Gnade. Es bereitet mir große Freude, andere beim Aufstieg in immer höhere Schwingungsbereiche zu beobachten. Wir sind in der Lage, diese Bereiche miteinander immer müheloser aufzusuchen. Ich werde zu den besten Lehrern der Welt geleitet. Die Gelegenheit zum Reisen bietet sich mir just in dem Moment, in dem ich eine Veränderung, Ruhe oder Inspiration brauche.

Die erstaunliche Kraft, mit der sich unser Emotionskörper an Vertrautes klammert, ist verheerend. Erst wenn er gereinigt wurde und gelernt hat, diese klebrigen Schwingungen nicht mehr aufzunehmen, können wir tatsächlich damit beginnen, das Leben von einem völlig neuen Standpunkt aus zu betrachten. Wir müssen diese trägen Schwingungen erkennen lernen, um sie durch schnellere und leichtere zu ersetzen. Der ganze Planet muß auf diese Weise geheilt werden. Was meine ich, wenn ich von dichten und langsamen Schwingungen spreche?

Energetische Manifestation auf der physischen Ebene

Der menschliche Körper ist ein Energiesystem. Dieses Energiesystem ist eine Mischung aus physischen und nichtphysischen Teilen. Es besteht aus Knochen, Nerven und Flüssigkeiten, aber auch aus Dingen, die weniger greifbar sind. Es gibt ein meßbares elektromagnetisches Feld im und um den menschlichen Körper. Es gibt Wellen, die von der Gehirntätigkeit hervorgerufen werden. In den Schädel- und Wirbelknochen läßt sich eine Bewegung feststellen, die durch den Druck der Flüssigkeit auf Gehirn und Wirbelsäule verursacht wird. An jedem Punkt eines jeden Akupunkturmeridians kann ein Puls erfühlt und beeinflußt werden.

Jede dieser Bewegungen kann schneller oder langsamer verlaufen und hat ihr natürliches Gleichgewicht. Bei einer physischen Störung kommt es bei manchen dieser Systeme zu einer Verlangsamung und bei anderen zu einer Beschleunigung. Noch vor dem Auftreten von Krankheitssymptomen kann ein Akupunkteur die Veränderungen am Puls erfühlen. Ein Arzt kann eine erhöhte Anzahl von weißen Blutkörperchen feststellen. Die Homöopathie kann Rückstände weit zurückliegender Krankheiten aufdecken. Menschen, die Energiefelder visuell wahrnehmen können, berichten von Veränderungen in der Aura und der ätherischen Schwingungen. Oft verändern sich unsere Gedanken und Gefühle, wir werden depressiv oder ärgerlich, wenn eine Krankheit im Anzug ist. Selbst wenn unser physischer Körper gesund zu sein scheint und wir keinerlei physisches Unwohlsein spüren, kann unsere Schwingungsfrequenz durch Neid oder Kummer herabgesetzt und unsere Aura verdunkelt sein. Wenn wir anderen schaden wollen oder Haß empfinden, nimmt unsere Schwingungsfrequenz ab. Wenn wir zulassen, daß wir auf irgendeine Weise, in Gedanken, Handlungen oder Gewohnheiten, selbstzerstörerisch werden, verändert sich unsere Schwingungsfrequenz – unser Puls wird schneller oder langsamer, unsere Aura verändert ihre Farbe, unser Atemrhythmus wechselt.

Der Ort, an dem ein Großteil dieser Frequenzänderung stattfindet, ist der Emotionskörper. Es gibt Stellen im physischen Körper, die bestimmte Emotionen speichern und durch die Unterdrückung oder Übertreibung von Gefühlen beeinträchtigt werden. Niedrige Schwingungsfrequenz regt den Körper an, langsamer zu werden, sich schlecht zu fühlen, Zorn festzuhalten oder Krankheit zu entwickeln.

Wilhelm Reich, Ida Rolf und Ron Kurtz haben einen wesentlichen Beitrag zu der Erkenntnis geleistet, daß Emotionen im Körper gespeichert werden. Rolfing zeigte, daß es immer auch eine entsprechende emotionale Erfahrung gibt, wenn man ein physisches Trauma erlebt hat. Wenn die verletzte Körperstelle behandelt wird, kann es vorkommen, daß der Patient nicht nur den mit dem Unfall verbundenen körperlichen Schmerz wiedererlebt, sondern ziemlich oft wird er auch seinen damaligen Schrecken oder Zorn wiederempfinden. Wenn das vernarbte Gewebe gedehnt wird, um die Kristalle in der Muskelhaut aufzulösen, beginnt auch die gespeicherte Emotion zu entweichen. Dieser Prozeß kann oft Stunden oder Tage dauern, was vom Ausmaß der Verletzung und der verdrängten Gefühle abhängt. Wenn wir unterdrückte oder verdrängte Emotionen in unserem Körpergewebe speichern, vermindern wir unsere natürliche Schwingungsfrequenz. Mit Spezialgeräten kann man messen, daß Narbengewebe ein schlechterer Wärmeleiter als gesundes Gewebe ist.

Der Emotionskörper ist ein Gewohnheitstier. Er lernt eine Reaktion und fühlt sich wohl, wenn er sie wiederholen kann. Er allein ist nicht sehr kreativ. Emotionen werden von Gedanken beeinflußt. Wenn wir einen untrainierten Verstand haben, der ununterbrochen dieses und jenes denkt oder plant, werden wir wahrscheinlich auch ziemlich wirre Emotionen haben. Wenn wir umgekehrt einen überkontrollierten, hochintellektuellen und analytischen Verstand haben, werden wir wahrscheinlich unsere Emotionen unterdrücken. Gleichgültig, ob unsere Schwingungen dicht, langsam oder schnell sind, wenn sie nicht in Harmonie mit dem Rest unseres Wesens stehen, sind wir in Gefahr.

Der Emotionskörper ist in erster Linie dafür bestimmt, unsere Aufmerksamkeit zu erhalten. Er ist mit einer ganzen Reihe von Talenten und Fähigkeiten ausgestattet. Der Emotionskörper ist ein Instrument, das jede und jeder spielen lernen kann. Er macht die Erfahrungen unseres Erdenlebens bunt und lebendig. Wenn wir imstande sind, ihn gebührend zu würdigen und angemessenen Gebrauch von ihm zu machen, wird unser Leben reicher und vielfältiger. Alle bisher in diesem Buch vorgeschlagenen Übungen dienen der Entwicklung einer gesunden Beziehung zu unserem Emotionskörper.

Es liegt an uns, welches Leben wir aus der großen Zahl von Möglichkeiten, die in uns stecken, wählen. Durch den emotionalen Ausdruck unserer Talente wird das Leben reich und erfüllt. Sobald unser Bewußtsein unseren Emotionskörper versteht und schätzt, sind wir gestärkt und können aus einem Bereich kreativer Freude leben. Nachdem wir unsere Selbstheilung in Gang gesetzt haben, können wir ein viel freieres Leben führen.

Wenn wir den Wunsch hegen, etwas zu schaffen oder zu bauen, stehen uns die Talente des ausgewogenen Emotionskörpers jederzeit zur Verfügung. Sobald wir eine Idee oder ein Konzept fertig im Kopf haben, müssen wir diese Gedankenform materialisieren. Wir können das physische Material sammeln, den Computer und die Textverarbeitung bereit machen oder die Gruppe gründen, die zur Verrichtung der Arbeit nötig ist. Doch die Intention und der zündende Funke für die Kreativität kommen aus dem Emotionskörper. Wir haben einen Gedanken, den wir ausführen wollen. Dann engagieren wir unsere ganze Leidenschaft in dieser Richtung. Nichts wird ohne ein gewisses Maß an Leidenschaft geschaffen. Wir müssen das, was wir machen, lieben oder uns zumindest fest wünschen, daß es Form annimmt. Geisteskraft gekoppelt mit echten Gefühlen bringt jedes Projekt zur Ausführung. Wenn wir eine Idee oder ein Konzept entwickeln und anderen davon erzählen, wird ihr Wachstum dadurch gefördert. Wenn andere sich an der Ausführung beteiligen, bringen sie ihre eigenen Emotionen und Gedanken in sie ein.

Wenn Sie sich zu einer Zusammenkunft begeben und sich von derselben ein bestimmtes Ergebnis wünschen, müssen Sie sich zuerst sammeln. Konzentrieren Sie Ihre ganze Energie auf das Sehen der Vorgänge und des Resultates. Lassen Sie die Vorgänge vor Ihrem inneren Auge bis zum Ende ablaufen. Versuchen Sie eine Lösung zu finden, von der jeder Teilnehmer einen gewissen Nutzen hat. Dann lassen Sie Ihre Gefühle in diese Visualisierung einfließen: Ihren Wunsch, für alle ein günstiges Ergebnis zu erzielen, Ihre ganze Leidenschaft und Ihre Liebe. Lassen Sie das Bild los, und legen Sie den Ausgang in die Hände des Großen Selbst, mit der Bitte, es möge dem höchsten Wohl aller Teilnehmer dienen. Durch das Loslassen des Bildes können Wunder geschehen, und die Manifestation kann Gestalt annehmen. Wenn Sie an dem Bild festhalten, werden Sie notwendigerweise versuchen, die Dinge so zu manipulieren, daß sie in das Bild passen. Damit sabotieren Sie das Geschehen. Der letzte Aspekt der Ausführung ist Vertrauen. Sie müssen das Vertrauen haben, daß der Ausgang der Zusammenkunft allen dient.

Die innere Ehe als neue Lebensgrundlage

Die in Kapitel sechs beschriebene innere Ehe hilft uns, unsere volle kreative Energie freizusetzen. Es scheint, als ob wir ständig schwanger gingen mit Ideen oder Konzepten, die der ganzen Welt dienen. Wir werden zu wahren Eltern dieser Erde. Wir sind imstande, allen Nahrung und Schutz zu gewähren, die danach verlangen. Wir haben die Kraft, für die Erde, die Pflanzen, die Tiere und die Menschen zu sorgen, die noch nicht die Möglichkeit hatten, so zu wachsen wie wir. Wir werden zu Gärtnern und die Erde zu unserem Garten, der uns unsere Pflege mit reicher Frucht lohnt.

Wenn die innere Ehe vollzogen ist, wird ein unglaubliches Potential freigesetzt. Es ist wahre Kraft, die nichts mit bloßer Stärke oder der falschen Macht über andere zu tun hat. Treffen sich zwei Menschen mit dieser inneren Dynamik, so bewirkt die gegenseitige Anziehung eine Vervielfältigung ihrer Kraft. Eine Gruppe von Menschen, die aus diesem Bereich der Sicherheit und der inneren Kraft agiert, kann die Welt verändern. Menschen, die sich selbst genügend lieben und respektieren, sind fähig, dies auf andere zu übertragen. Die Projekte einer solchen Gruppe reichen weit. Ihnen gemeinsam ist eine Vision, die alle Wesen als heilig mit einschließt. Wenn wir diesen Grad an Selbstverpflichtung erreicht haben, können wir auch unsere Verpflichtungen anderen gegenüber einhalten. Wir sind fähig, aus einem Zustand der Gewißheit und Vorhersehbarkeit zu handeln. Wir können mit Veränderungen, Katastrophen und Umwälzungen besser umgehen, wenn wir in dieser inneren Dynamik verankert sind. Wir haben das Bedürfnis aufgegeben, versorgt zu werden. Wir sind selbst für uns verantwortlich, und wir treffen verantwortungsbewußte Entscheidungen. Dies macht uns vertrauenswürdig. Es gibt kein Risiko mehr, da wir unsere Wahl aus unserer ganzen Mitte heraus getroffen haben. Die innere Ehe schafft einen Bereich spiritueller Kraft. Dieser Bereich ist flexibel und wird von dem Bewußtsein getragen, daß die Natur des Lebens auf Veränderlichkeit beruht. Unser Bewußtsein reicht weit in die Zukunft hinein, und wir sind von dem Wunsch beseelt, unsere Welt zu einem lebenswerten Ort für alle Wesen zu machen.

10. KAPITEL

Neues Modell

Der Boddhisatva-Schwur verpflichtet zum Abgeben der Energie. Dadurch wird ständig Platz für das Durchfließen neuer Energie geschaffen.

Im Zeitalter des »Ich«, dem sogenannten »New Age«, ist es unüblich, die Energie für Veränderungen nach außen zu richten. So liegt denn auch der Niedergang des »New Age« in dieser kurzsichtigen Konzentrierung auf das Selbst. Eine Energie, die ursprünglich dazu bestimmt war, durch den Menschen hindurchzufließen, wurde nach innen gerichtet und dort festgehalten. Die Überzeugungen, die uns veranlaßt haben, uns nur auf unsere Heilung zu konzentrieren und nicht auf die des gesamten Erdorganismus, haben uns nur selbstsüchtiger gemacht.

In einer hierarchischen Kultur haben wir versucht, die oder der Beste, Reinste, Feinste und Erleuchtetste zu werden, und in diesem Prozeß haben wir das eigentliche Ziel aus den Augen verloren, das darin besteht, das Selbst im Großen Selbst aufzulösen. Wir haben versucht, uns selbst zu besitzen, so wie wir Häuser oder Autos besitzen. Wir können unser Großes Selbst genausowenig besitzen, wie wir die Erde besitzen können. Dieses Verhalten bewirkt, daß wir uns ausschließlich mit uns selbst beschäftigen und in gewisser Weise »Schwarze Magie« betreiben. Sich der Folgen der eigenen Taten bewußt zu sein, hat nichts mit Ichbezogenheit zu tun, es gibt uns vielmehr die Möglichkeit, die Identifizierung mit dem Ego aufzulösen und das Gefühl des Getrenntseins zu reduzieren. Wir haben jedoch die Prozesse mißverstanden, die uns die Erleuchtung bringen sollten, und dies hat dazu geführt, daß sich unsere Aufmerksamkeit verengt hat und nur mehr auf unser kleines Selbst gerichtet ist.

Roter Pfad / Schwarzer Pfad

In der Lakota-Tradition gibt es zwei Pfade, die eine Person in ihrem Leben einschlagen kann. Einer ist der »Rote Pfad«. Die Menschen, die diesen Pfad gehen, kümmern sich um das Wohlergehen des Stammes und aller lebendigen Geschöpfe. Sie leben in Harmonie mit der Erde. Sie bemühen sich um die rechte Beziehung zum Großen Geist und versuchen, unter der Führung dieser Energie den Weg zu gehen, der ihnen gezeigt wird. Der andere Pfad ist der »Schwarze Pfad«; er wird von jenen eingeschlagen, die sich nur um die Bedürfnisse und Begierden des Fleisches kümmern. Diese Menschen sind egozentrisch und haben nur das eigene Wohl im Sinn. Die Auswirkungen ihrer Handlungen auf andere und den Planeten sind ihnen gleichgültig.

In der Lakota-Überlieferung heißt es: »Wenn ein Mensch stirbt, geht sein Geist hinauf zur Milchstraße. Die Milchstraße gabelt sich an ihrem südlichen Ende. Wenn der Geist diese Gabelung erreicht, wird er von einer alten Frau begrüßt, die zu ihm sagt: ›Was hast du auf der Erde getan? Hast du für dich selbst gelebt – habgierig, materialistisch, selbstsüchtig? Oder hast du in Gleichgewicht und Harmonie mit allen Wesen gelebt?‹«[5] Diejenigen, die den »Schwarzen Pfad« gewählt haben, werden von der Milchstraße hinuntergestoßen und erfahren eine andere Lebenszeit oder Inkarnation; sie bekommen damit eine neue Chance, den »Roten Pfad« zu entdecken. Diejenigen, die erfolgreich den »Roten Pfad« gegangen sind, dürfen die Erdebene verlassen und in die Quelle allen Lebens, die Leere oder das Zentrum des Universums eingehen. Ein guter Mensch ist in dieser Tradition der, der in seinem Leben um das Wohl der anderen bemüht war und in allen seinen Handlungen auch das Wohl der Nachkommen bis zur siebenten Generation bedacht hat. Die Lakota glauben, daß unsere Taten sich noch auf sieben Generationen auswirken und daß wir daher die weitreichenden Folgen unserer Handlungen in diesem Licht sehen müssen.

Wenn wir die Prozesse unserer eigenen Heilung benutzen, um die Welt um uns herum zu erfassen und uns auf das zu konzentrieren, was für den gesamten Organismus gut ist, dann gehen wir den »Roten Pfad«. Auf ihm teilen wir die Energie unserer persönlichen Heilung mit der aller Menschen. Wenn wir das Verständnis integrieren können, daß wir alles, was wir für uns selbst tun, auch für die anderen tun, werden wir möglicherweise harmonischer und bewußter leben.

Zu Beginn müssen wir uns das Selbst als Nahtstelle zwischen uns und der Welt bewußtmachen. Die Aufgabe des Ego ist es, unserem Bewußtsein ein Behälter zu sein, so daß wir uns als etwas von der Welt Getrenntes wahrnehmen und Zeuge unserer eigenen Handlungen werden können. Das ist jedoch alles, wofür das Ego wirklich geeignet ist.

Das neue Modell des Selbst ist ein Modell integrierter Bewußtheit. Wir verkörpern es in der Welt nicht durch unsere individualisierten, selbstsüchtigen Prozesse, sondern dadurch, daß die Energie durch uns durchfließt. Von Kahlil Gibran stammt das Wort: »Und lasset Wind und Himmel tanzen zwischen euch.« So sind wir von der Welt getrennt im Sinne der Individuation und uns gleichzeitig dessen bewußt, daß wir ein Teil eines einzigen großen, sich entwickelnden Organismus sind.

Eine »Arbeit« haben

Das kollektive Bewußtsein entfernt sich heute von der patriarchalischen Welt. Unsere Verstrickung mit dieser Welt hat uns die Gelegenheit geboten, unsere Wahrnehmungs- und Unterscheidungsfähigkeiten zu schärfen. Wir haben aus den schwierigen und nun beinahe ausgedienten Prozessen der linearen, hierarchischen Strukturen gelernt, daß wir starke und talentierte Wesen sind. Wir sind dieser speziellen Phase unserer Entwicklung zu Dank verpflichtet, weil sie uns durch Widerstand Stärke gibt.

Durch die Erforschung der alten Religions-, Herrschafts- und Familiensysteme haben wir gelernt, wieviel Leid und Zerstörung die Strukturen dieser Institutionen verursachen können. Die Starrheit dieser Systeme veranlaßte uns, unser Seelenmaterial auf eine höhere Bewußtseinsebene zu bringen, so daß wir schließlich feststellen, daß wir aus diesen Systemen heraustreten können. Wir brauchen diesem nutzlosen Weg nicht mehr zu folgen und haben die Wahl, neue Modelle für uns und unsere Kinder zu entwickeln. Da wir Zeuge des Zusammenbruchs dieser Systeme wurden und sahen, wie sich die Möglichkeiten unserer Kulturen erschöpften, mußte das kollektive Bewußtsein sich auf die Suche nach dem machen, was im Leben wirklich wichtig ist.

Eine Klage, die ich sehr oft von den wohlhabenderen unter meinen Klienten höre, ist die folgende: »Ich habe alles, ein schönes Leben, finanzielle Sicherheit, eine Familie nach Wunsch. Warum bin ich nicht glücklich?« Was ihnen fehlt, ist das Bewußtsein von der wahren Natur des Lebens und der Verbindung mit den höheren Wirklichkeiten, auf denen das Leben auf der Erde beruht. Wenn diese Menschen meditieren lernen und sich der Rolle des Ego in ihrem Leben bewußt werden, beginnen sie, wahrhafte Dankbarkeit für ihre Existenz zu empfinden. Die Erdebene ist der Schmelztiegel für Geist und Materie. Einer der Gründe für unsere Inkarnation ist die Manifestation von Geist, die nur durch das menschliche Bewußtsein möglich wird.

In nichtindustriellen Kulturen ist diese Verbindung noch immer intakt und beherrscht das Leben der Menschen. In der schamanischen Tradition wurde Geist in erster Linie benutzt, um den Menschen zu helfen, die gefährlichen und komplizierten Rhythmen des natürlichen Chaos dieses Planeten zu überleben. Sie beteten zu den Göttern und ritualisierten ihr Leben, um sich auf der Erde zu behaupten. Als die Menschheit sich entwickelte, als mechanisierte und industrielle Kulturen entstanden, wurden diese alten geistigen Bindungen aufgegeben, und man begann, sich auf den rationalen Verstand und die brutale Stärke der Technologie zu verlassen, um die Natur zu manipulieren. Wir sind diesen Weg weit genug gegangen. Jetzt ist es Zeit, das alte schamanische Wissen über die Anwendung der universalen Energie mit unserer materiellen und physischen Tüchtigkeit in Verbindung zu bringen, um endlich den Garten der Götter auf der Erde zu schaffen.

Heilige Gemeinschaft

Hierarchie, egozentrische Handlungen, gut – böse, besser – schlechter: über diese alten Spiele entwickeln wir uns langsam hinaus und sind nun bereit, ein neues Spiel zu beginnen. Um einen Wandel herbeizuführen, brauchen wir mit der alten Garde nicht zu kämpfen; in jeder Zeitung finden wir genug Beweise für das Abdanken der alten Ordnung. Wir müssen bloß darauf vorbereitet sein, das Archaische mit einer kühnen, neuen, auf Freiheit beruhenden, integrierten Technologie auszustechen; einer Technologie, die das alte Wissen und die alten Rituale mit den heutigen Lebenserfahrungen in Einklang bringt. Wir können in der Tat diese spirituelle Technologie benutzen, um eine neue Domäne ins Leben zu rufen, während die alte unter ihrem Eigengewicht zerbröckelt und zu Staub zerfällt. Die alten auf Angst beruhenden Regeln der Beziehungen machen einer neuen und freieren Gemeinschaft zwischen den Menschen Platz.

Die heilige Gemeinschaft beruht auf Respekt, Mitgefühl und Liebe. Sie hat Verständnis dafür, daß alle Menschen ihr Leben so leben, wie es ihre Entwicklung erfordert. Es gibt keine besseren oder schlechteren Menschen, sondern nur

Menschen, die so sind, wie sie an diesem Punkt in ihrer Entwicklung sein müssen. Von diesem Standpunkt aus gesehen, bedeutet Respekt sich einzugestehen, daß die andere Person genauso wichtig ist wie man selbst. Er läßt Gleichberechtigung zu. Zwei Personen können noch so verschieden sein, an Bedeutung sind sie dennoch gleich; jede ist ein gleichberechtigtes »Sein«.

Wenn Sie über das »Sein« anderer urteilen oder es kritisieren, können Sie das als ein Zeichen nehmen, daß Sie nicht genug Information über diesen Menschen haben. Veränderungen im Benehmen vorzuschlagen oder zu verlangen hat nichts mit Kritik zu tun; hier hängt alles davon ab, daß Sie den richtigen Ton finden. In der heiligen Gemeinschaft haben Sie die Wahl, auf den Umgang mit einer anderen Person zu verzichten, aber Sie fällen dabei kein Urteil, sondern treffen eine Unterscheidung. Mit allen Leuten Umgang zu pflegen ist nicht zu Ihrem Besten. Mit der heiligen Gemeinschaft ist es durchaus vereinbar, wenn Sie aufgrund bewußter Unterscheidung eine andere Beziehungsform mit bestimmten Menschen wählen; das Fällen von Urteilen hingegen gehört zu den Regeln hierarchischer Beziehungen. Die heilige Gemeinschaft ersetzt die Beziehung und bewirkt, daß wir uns selbst und unserem Partner mehr Liebe und Wertschätzung entgegenbringen. Die Grundlagen für dieses neue Modell sind Gleichberechtigung und Gleichmut.

Im neuen Modell der heiligen Gemeinschaft kommt es überaus häufig zur Monogamie, was weniger auf einer Wahl beruht als vielmehr auf der Anerkennung dessen, was bereits besteht. Die Partner fühlen, daß Monogamie ihren Zwecken in dieser besonderen Partnerschaft besser dient. Sie ist eine auf natürliche Weise erfolgende Konzentration von Energie. Viele werden über diese Erkenntnis gar nicht zu sprechen brauchen. Andere werden aus dem Bekenntnis zu diesem Modell ein Ritual machen, das ihre Wirklichkeit unterstützt. Das Einzigartige daran ist, daß das Bekenntnis eher danach als davor stattfindet und nur etwas bestätigt, was bereits zum funktionierenden Bestandteil der Partnerschaft geworden ist.

Im Kapitel sieben über Sexualität haben wir gesehen, wie die Verlagerung des Brennpunktes auf das bewußte Einschließen des anderen Wesens uns verändert. Wir werden zu einem erweiterten Aspekt von uns selbst und beginnen, das heilige Selbst anstelle des Ego hervorzubringen. In den Jahren der Kindererziehung ist der Zweck unseres Lebens in erster Linie auf die Bedürfnisse der Kinder ausgerichtet. Wir leben vor allem, um das Leben und die Chancen unserer Kinder zu verbessern. Selbstlosigkeit in der Elternschaft ist ein natürlicher Impuls. Wir geben alles den Kindern und öffnen uns der Erfahrung bedingungsloser Liebe. Das Vertrauen und der Respekt, den das Kind für seine Eltern empfindet, sind ein einfacher natürlicher Ausdruck der Harmonie zwischen ihm und den Eltern – der Lohn für die Eltern, die durch ihre Elternschaft selbstloser wurden. Der Fallstrick, vor dem wir uns hüten müssen, ist ein falsches Märtyrertum, das die Wünsche des Kindes über alles stellt und die tiefen wirklichen Bedürfnisse der Individuen ignoriert. Das lehrt das Kind ein altes Spiel und macht es ihm schwieriger, ein Leben zu führen, das auf Dienen statt auf Sklaverei beruht.

Während wir reifen, treten wir in unsere Wiedergeburt ein, der Geburt des Großen Selbst, und beginnen mit Freuden zu beobachten, wie unsere und die Seele unseres Partners Bewußtsein erlangen. Und wieder ist es notwendig loszulassen. Wenn wir die Erfahrung des Aufscheinens des Großen Selbst – sie ist die letzte aller möglichen Erfahrungen – festhalten wollen, riskieren wir, in einen Zustand doppelten Narzißmus zu fallen und das Juwel, das wir soeben gefunden haben, wieder zu verlieren. Heilige Sexualität kann gleichfalls zu einer Form von »Schwarzer Magie« werden, wenn sie nur dem Paar dient und alle anderen ausschließt. Die ursprüngliche Verpflichtung, uns aus der egozentrischen Wirklichkeit in einen erweiterten Zustand der Bewußtheit zu begeben, erlaubt uns, unsere vielen verschiedenen Aspekte in einen

Mikrokosmos aus Harmonie und Gleichmut zu integrieren. Indem wir einander mit heiligem Respekt vor der Einzigartigkeit eines jeden Menschen umarmen, erweitern wir unseren Mikrokosmos, um den andern zu umfangen. Auf diese konzentrische Weise vergrößern wir den Kreis unseres Daseins und gehen aus uns heraus und treten in den Makrokosmos allen Lebens ein. Wir werden das natürliche Bedürfnis empfinden, die Essenz unseres Großen Selbst zu teilen. Um diesem aufsteigenden Bedürfnis gerecht zu werden, muß das Paar eine gemeinsame Aufgabe oder »Arbeit« finden, in die es seine zusammengefaßten Energien einfließen läßt. Die Energie der heiligen Gemeinschaft gibt ihm die Gelegenheit, ihre bedingungslose Liebe nach außen zu richten und das Feuer ihrer Verbindung als Antrieb ihrer weltlichen Arbeiten zu nutzen.

Die heilige Gemeinschaft erzeugt korrekte äußere Beziehungen

Die Fähigkeiten zweier Wesen, die auf diese Weise zusammenwirken, stellen eine starke Kraftquelle dar, durch die Energie in die Welt gelenkt werden kann. Vielleicht eröffnet das Paar bewußt ein gemeinsames Geschäft. Oder es bewahrt seine Vision für die Zukunft auf und lehrt das neue Spiel durch das eigene Beispiel. Vielleicht beteiligt es sich auf freiwilliger Basis an einem Projekt – welche Wahl es auch immer trifft: Seine Liebe, seine sexuelle Energie und seine Bewußtheit werden zu Werkzeugen, die Verbundenheit, Selbstvertrauen und Verkörperung von Geist auf eine freie und bewußte Weise zum Ausdruck bringen.

Das Paar wird zu einer Wesenheit, und diese Wesenheit ist ein meisterhafter Ausdruck des Großen Selbst eines jeden Partners. Tatsächlich erzeugt das Paar ein neues Großes Selbst, das eine Zusammensetzung der beiden Energien ist. Dieses Energiegemisch dient der Familie. Es geschieht nicht oft, daß eine Seele Gelegenheit findet, in so eine Partnerschaft hineingeboren zu werden. Familien mit dieser Art Zentrum sind selten. In ihnen werden auch die Kinder als gleichberechtigte Wesen betrachtet. Wenn Beziehungen dieser Art zu einer allgemeinen Erscheinung werden, wird sich unsere Welt tatsächlich zu verändern beginnen. Das Gefühl der Zugehörigkeit zu allem, was ist, und der Verantwortung für Gleichgewicht und Harmonie im eigenen Bereich schafft einen immer größer werdenden Ring von Energie. Auf diese Weise entsteht ein echtes Bewußtsein der Zusammengehörigkeit. Viele Paare, die diese Veränderungen vorgenommen haben, werden feststellen, daß ihre Blutsverwandten dafür noch nicht bereit sind. Andere, die auf derselben Wellenlänge sind, werden sich angezogen fühlen, und auf diese Weise werden neue Wahlfamilien entstehen, deren gemeinsamer Nenner die heilige Gemeinschaft bildet.

Anwendung des neuen Modells für Primärbeziehungen auf alle Beziehungen

Joanna Macy: »Es ist nicht unsere Aufgabe, aus unserer Welt zu fliehen, sondern uns in sie zu verlieben. Dazu sind wir geschaffen, daß wir mit ihr zusammen aufsteigen – in einem Tanz, in dem wir uns selbst entdecken und uns selbst verlieren.« Und: »... wir gehören einander. Wir können in diesem Wissen Ruhe finden, innehalten und atmen und uns von diesem Atem mit dem stillen Zentrum des sich drehenden Rades verbinden lassen.«

Es ist aufregend, über neue Erziehungssysteme nachzudenken, deren Grundlage die heilige Gemeinschaft bildet. Oder sich vorzustellen, welche Regierungsformen solche Menschen schaffen würden! Natürlich würde Meditation zu einem integrierten Bestandteil in Gefängnissen, Schulen und am Arbeitsplatz werden. An die Stelle von Konflikten würde die bewußte Diskussion und Konsultation treten. Anstatt mittels kurzfristiger Lösungen zu versuchen, die Löcher zuzustopfen, würden die Regierungen eine langfristige Politik auf ökologischem, sozialem und ökonomischem Gebiet betreiben.

Die Arbeit, die wir tun, beruht nicht mehr auf Angst oder Überlebenstaktiken. Wir können von streßbelasteter Motivation übergehen zur freigewählten Motivation. Wenn wir in allem und jedem das Heilige erleben, werden wir fähig sein, Wege zu finden, um alle bei der Verwirklichung ihrer Träume zu unterstützen. Wenn wir wahrhaftig fühlen, daß alles Leben in uns ist, werden wir das Leben auf eine neue und dankbare Art verehren.

In den indianischen Kulturen Nordamerikas gibt es eine Tradition, die von einem Verständnis der Natur des Seins im Einklang mit der Harmonie der Erde spricht. Diese Zeremonie wird »Potlatch« genannt, was soviel wie »Weggeben« bedeutet. Durchgeführt wird sie von einer Person, die einen besonders glücklichen Umstand feiern will. Sie ist der Gastgeber bei diesem Fest, zu dem alle Stammesangehörigen eingeladen werden. Es ist wahrlich ein Fest, denn jeder bringt seinen kostbarsten Besitz mit: das schönste Fell oder den Hauptanteil seiner Ernte. Der Gastgeber selbst verteilt oft seine ganze Habe an die anderen Stammesmitglieder, besonders aber an die Notleidenden, Kranken oder an diejenigen, die nicht selbst für sich sorgen können. Alles, was ihm bleibt, ist die Wertschätzung des ganzen Stammes für seine Großzügigkeit. Er genießt höchstes Ansehen bei den anderen, die für seine Bedürfnisse sorgen, bis seine Vorräte wieder aufgefüllt sind.

Wir können aus dieser Idee Nutzen ziehen, indem wir die Energie weggeben, die wir erhalten, wenn wir mit unserem Gott, unserem Selbst, unserer Primärbeziehung, unserer Familie und unserer Welt in Einklang stehen. Wenn dieser Einklang entsteht, werden wir feststellen, daß uns das Anhäufen von Dingen nicht mehr interessiert. Wir werden uns bemühen, allen überflüssigen Ballast loszuwerden – emotional, physisch oder materiell. Wir setzen alles in Umlauf, für das wir keine Verwendung haben. Wir lassen andere am Überfluß der Energie teilnehmen, die freigesetzt wird, wenn wir ein Leben führen, das auf heiliger Gemeinschaft beruht.

Das Konzept der heiligen Gemeinschaft bietet die Gelegenheit, diese Idee mit der des Boddhisatva-Schwurs zu vermischen und damit das Verständnis dieser Konzepte zu erweitern. Wenn wir den Überfluß, der aus dem Zusammenwirken der beiden entsteht, in ein Projekt oder eine Arbeit stecken können, von der alle profitieren, erweisen wir der Welt wahrhaftig einen großen Dienst. Wir sind über die Aufgabe, unser individuelles Selbst ganz zu machen, hinausgegangen und vollbringen ein größeres und lohnenderes Werk.

An der Verwirklichung der heiligen Gemeinschaft hängt die Hoffnung für die Wiederherstellung des Gleichgewichts in der Welt. Wir können uns zu unserer Rettung oder unserem Schutz nicht mehr länger auf die alten Systeme verlassen, die im Begriff sind, sich aufzulösen. Wir müssen vielmehr erkennen, daß diese Systeme zum Untergang der meisten natürlichen Elemente der Erde beigetragen haben. Wir können uns genausowenig in den Himmel einkaufen, wie wir uns hier auf Erden Glückseligkeit erkaufen können. Wir müssen uns ändern, und wir müssen uns dabei beeilen. Wir müssen dies aus einer Perspektive tun, die allen Lebewesen dieselben Möglichkeiten bietet. Der Tanz erwartet uns, und wir alle, die wir uns für die heilige Kraft entscheiden, die in uns kreist und uns einhüllt, fühlen die Schritte in uns.

Interview mit einer Studentin der Naturheilkunde, 24 Jahre alt, und einem Dichter, 25 Jahre alt, seit zwei Jahren miteinander verheiratet

Was ist die Grundlage Ihrer Beziehung?
Er: Freundschaft

Was ist der Hauptzweck und die Intention Ihrer Beziehung? Warum haben Sie sich entschlossen zu heiraten?
Er: Ich glaube, wir haben sehr ähnliche Werte. Die Ähnlichkeit dieser Werte drückt sich aber in verschiedenen Dingen aus, die wir in der Welt respektieren. Sie wollte eine Heilerin werden, sich einen Namen machen und von der Gemeinschaft respektiert werden. Dies schätze ich sehr an ihr, doch ich selbst habe nicht den Wunsch, dasselbe zu tun. Ich will auf andere Weise mit der Welt in Beziehung treten. Und sie respektiert das.
Sie: Ich möchte keinesfalls das machen, was er tut, aber ich glaube, es ist großartig.
Er: Wir können über unsere verschiedenen Erfahrungen reden, und sie respektiert meinen Weg. Auf diese Weise helfen wir uns gegenseitig bei unserer Entwicklung.

Welche Art von spiritueller Grundlage haben Sie in Ihrer Beziehung?
Sie: Wir haben beide das Gefühl, daß die meisten spirituellen Gruppen mehr Schaden anrichten als Gutes tun.

Haben Ihre persönlichen spirituellen Ansichten zur Festigung Ihrer Beziehung beigetragen? Glauben Sie an ein spirituelles Ziel?
Er: Wir haben beide eine sehr universale Auffassung von Theologie. Einerseits habe ich ein spirituelles Ziel und andererseits wiederum nicht. Für uns ist Spiritualität eine sehr persönliche Erfahrung, und wenn einer von uns eine solche

Erfahrung hat, pflegt der andere es zu merken, aber wir haben nicht das Gefühl, darüber reden zu müssen.

Sie: Ja, es ist sehr persönlich. Wir haben Erfahrungen gehabt, die ich als spirituell betrachten würde. Es ist schwierig, darüber zu sprechen, aber sie waren etwas Besonderes und bildeten einen Teil der Grundlage für unser Zusammensein …

Inwiefern waren diese Erlebnisse für Sie etwas Besonderes?

Sie: Die Tatsache, daß wir beide das Geschehen mit so wenigen Worten beschreiben konnten und dennoch eine unglaubliche Kommunikation zwischen uns stattfand, läßt uns wissen, daß der andere dieselben Dinge erlebt und auf dieselbe Weise empfindet. Wir wissen das wirklich zu schätzen.

Er: Das war wirklich sehr poetisch. Aber zurück zu dem, was Ehe für uns bedeutet. Wir haben dazu sehr spezielle Abmachungen.

Sie: In unserer Situation war es eine Verpflichtung, für den Rest unserer Zeit zusammenzubleiben. Wir waren in unserer Beziehung an einen Punkt gelangt, wo wir uns entweder verpflichten mußten, uns innerhalb dieser Beziehung gemeinsam zu entwickeln – oder nicht, und somit auch keine Beziehung mehr zu haben. Es kommt in jeder Beziehung zu Verflachungstendenzen, und entweder geht man vorwärts oder nicht.

Hatten Sie beide denselben Eindruck, daß es darum ging, entweder zu heiraten oder Schluß zu machen?

Sie: So war es nicht. Es ging um eine andere Verpflichtung, oder es wäre ein Stillstand eingetreten.

Er: Ja. Eine Reihe wichtiger Ereignisse ließ uns erkennen, daß wir ohne diese Verpflichtung nicht die Kraft haben würden, noch mehr zu tun. Sie steckte ihre ganze Kraft und Aufmerksamkeit hinein. Und als wir erkannten, daß wir beide dasselbe wollten, war es ekstatisch und leicht. Damals hatten wir diese Erfahrung, von der sie vorhin gesprochen hat. Die Kommunikation fand körpersprachlich, emotional und verbal statt, drei verschiedene Gespräche gleichzeitig auf drei Ebenen, und alle bezogen sich auf dieselbe Sache – wir weinten und lachten gleichzeitig.

Sie: Wir beschlossen zu heiraten. Wir hatten erkannt, daß wir in einer Art Krise waren, und um ganz sicher zu sein, wollten wir noch etwas warten, um zu sehen, wie sich die Beziehung entwickeln würde. Wir wollten nichts überstürzen, um nicht nach sechs Monaten herausfinden zu müssen, daß das, was uns jetzt als eine gute Idee erschien, gar keine gute Idee gewesen war. Ich glaube, es war richtig.

In welcher Hinsicht ähnelt Ihre eigene Ehe den Ehen Ihrer Eltern?

Er: Diese Ehe hat insofern Ähnlichkeit mit den Beziehungen und Ehen meiner Mutter, als diese ihre Grenzen und Kapazitäten immer wieder erweitert hat. Meine Mutter wußte, wann eine Periode vorbei und es Zeit für den Übergang in die nächste war. Wir machen das miteinander und brauchen nicht den Partner zu wechseln, um die Grenzen abzustecken. Wir ändern unsere Positionen und wir ändern unseren Charakter.

Sie: Etwa alle sechs Monate wachen wir auf und fühlen, daß wir eine weitere Schwelle überschritten haben und daß Dinge, die uns schwerfielen, einfach leichter und sinnvoller geworden sind.

Ich entnehme dem, daß Sie einerseits ein Gefühl der Verpflichtung haben wie vielleicht Ihre Großeltern und andererseits die Sichtweise der Generation der sechziger Jahre teilen und beide auf eine wirklich schöne und kreative Weise kombinieren.

Er: Wir haben in der Tat die einzigartige Perspektive einer intimen Beziehung zu meinen Großeltern und zu ihren Eltern sowie zu einer Schar von Dreißigjährigen. Der

Sprung zwischen den verschiedenen Beziehungsformen beträgt jedesmal zehn Jahre; sie alle dienen uns als Vorbild. Wir können sehen, wie sich die Verpflichtung der Sechzigjährigen in die Klarsichtigkeit der nächsten Generation verwandelt hat. Es funktioniert großartig, weil wir nicht in alten Gewohnheiten steckenbleiben wie die Generation vor uns. Wir spielen keine sinnlosen Spiele miteinander, und wir sind auch keine Anhänger der »New Age«-Religionen. Wir müssen nicht versuchen, eine spirituelle Erfahrung zu machen.

Worin sehen Sie die Hauptstärke Ihrer Beziehung?
Er: Die Beziehung vermittelt mir eine andere Sichtweise der Welt und eine ganze Reihe von Werten im Umgang mit Menschen. Sie erweitert meine Aufmerksamkeit und mein Bewußtsein auf eine andere Art, als ich es mir vorgestellt habe. Sie öffnet mein Herz, und ich kann wirklich fühlen, was in der Welt vorgeht. Das gibt mir persönliche Stärke in der Welt und hilft mir, mit meinen Problemen in bezug auf mein Selbstvertrauen fertig zu werden. Eine weitere Stärke ist unser unglaublicher Respekt füreinander. Ich fühle mich sehr respektiert von ihr.
Sie: Du bist sehr respektvoll, und das motiviert mich, noch respektvoller zu sein.

Streiten Sie? Und wenn ja, in welcher Form?
Sie: Ich betrachte Streitereien als völlig irrational, besonders Streitereien über Dinge, die überhaupt keine Rolle spielen. Jeder kann dem anderen gegenüber seine Emotionen zum Ausdruck bringen, und wenn wir Ärger haben, können wir ihn herauslassen.

Das klingt so, als ob Sie sich viel beobachten würden?
Sie: Wir haben sehr viel an uns und an unserer Beziehung gearbeitet, um sie auf dem letzten Stand zu halten. Nach einer Weile begann es uns Spaß zu machen, und es wurde einfach

viel leichter. Es wurde leichter zu sagen: »Es ist mein Fehler, nicht deiner.« Und wir haben nicht das Gefühl, als ob wir ständig beurteilt würden, noch, als ob wir uns schützen müßten. Wir können uns einfach öffnen und alles ansehen.

Wie haben Sie gelernt zuzugeben, daß Sie unrecht haben?
Er: Im College haben wir trainiert, die Teilnehmer-Beobachter-Haltung einzunehmen. Und das Einnehmen dieser Haltung erlaubt mir, etwas klar festzustellen. Wenn ich eine bestimmte Tonlage benutze und eine bestimmte Körperhaltung, bin ich im Teilnehmer-Beobachter-Modus und verletze niemanden. Dann können wir wählen, ob wir in diesem Stil fortfahren wollen, ob wir die Bedingungen ändern müssen und welche Abmachungen wir treffen. In diesem Rahmen sehen wir genau, was für uns wichtig ist. Oft können wir das Thema einfach fallenlassen, wenn wir erkennen, daß es nicht der Mühe wert ist, sich seinetwegen zu streiten. Das schafft die bereits erwähnten Plateaus, und auf diese Weise haben wir begonnen, Respekt füreinander zu entwickeln.

Kommt es jemals vor, daß Sie einander Rollen vorspielen?
Er: Am Anfang unserer Beziehung sagte sie manchmal zu mir: ›Bitte laß dieses Benehmen, ich mag diese Rolle nicht. Ich möchte nicht auf diese Weise behandelt werden. Hör mit allen diesen Dingen auf, oder sonst hör auf, mit mir zusammenzusein.‹ Also mußte ich wählen.
Sie: Ich sagte ihm, er solle aufhören, den Playboy zu spielen.
Er: Ja, das ist so eine Rolle von mir, und wir beide wissen, daß ich wählen kann, ob ich sie spielen will oder nicht. Das war die einzige Rolle, die wir nicht mehr zu spielen beschlossen. Eine Rolle, die wir ständig spielen, ist die des Spaßmachers – wir spielen uns kleine Streiche und necken uns.
Sie: In dieser Weise sind wir wie Geschwister.

Wie steht es mit Sex?
Sie: Obwohl wir nicht immer die Gelegenheit zu Sex haben,

so wie wir es gerne hätten, verbringen wir eine Menge Zeit damit, einander einfach physisch nahe zu sein. Das ist wirklich wichtig.

Er: Und manchmal, wenn wir uns unterhalten oder zusammen kochen, fühle ich mich, als ob wir Sex hätten. Einfach die Art, wie die Mahlzeit zustande kommt, die Art, wie wir sie essen, und unsere Unterhaltung dabei, das ist ein gutes Gefühl. Alles ist zur richtigen Zeit auf seinem richtigen Platz oder kann dorthin gebracht werden. Das Engagement und das ganze Spiel sind sexuell.

Ist Ihre Beziehung monogam? Und wie paßt sie mit Ihrer spirituellen Verbindung zusammen? Hat das irgendwelche gegenseitigen Auswirkungen?

Er: Unsere Ehe ist monogam. Die Geschichte unserer Beziehung ist es nicht.

Sie: Für mich war es nie eine lockere Beziehung. Es gefiel mir nicht, ihn mit jemand anderem zu teilen, weil meine Gefühle für ihn so stark waren. Ich wollte mit ihm meine Abende verbringen, und niemand sollte ihn mir wegnehmen. In meiner Familie gibt es Werte – ich wäre nicht bereit gewesen zu experimentieren.

Er: In meinen Augen war ihr Benehmen von ihrer Herkunft bestimmt.

Sie: Ich habe nie zuvor Sex mit jemand anderem gehabt, obwohl es genug Gelegenheiten gab, aber es war nie der Richtige darunter. Wenn man das so genau weiß, ist es nicht richtig, es zu tun. Ich kann es mir einfach nicht vorstellen, auf diesem Gebiet zu spielen.

Sehen Sie irgendwelche Auswirkungen auf Ihre Herkunftsfamilie?

Er: Ich habe meine Mutter gebeten, nicht mehr in diesem aggressiven Ton mit mir zu reden, weil ich mich nicht damit abfinden wollte, von ihr angeschrien zu werden. In der Familie meiner Frau gibt es die Tendenz, einander alle möglichen Schimpfnamen zu geben, Idiot oder Dummkopf – es hat eigentlich keine Bedeutung, es ist einfach ihre Art zu kommunizieren. Ich war nicht gewillt, das in meiner Familie zu dulden. Zuerst wollte sie aus Gewohnheit mit diesem Benehmen fortfahren, aber nur in ihrem Kopf, nicht in ihrem Herzen. Nachdem sie eine Zeitlang mit mir zusammen war, hatte sie den Wunsch, damit aufzuhören, und mußte ihre Familie bitten, sie nicht mehr auf diese Weise zu behandeln.

Sie: Nachdem ich begonnen hatte, an mir zu arbeiten, erkannte ich, daß man mit anderen Menschen einfach nicht so umgeht. Selbst wenn es heißt, es sei nicht so gemeint – in einem gewissen Grad ist es doch so gemeint. Es hat eine Bedeutung. Also hörte ich auf, mit meiner Familie auf diese Weise zu kommunizieren.

Er: Sie erkannte, daß sich ihr die Gelegenheit bot, mit mir ein anderes Benehmen auszuprobieren, und daß ihre Familie an unserem Beispiel lernen konnte. Ich habe immer die Leute dazu bringen können, mich zu respektieren und nett zu mir zu sein, selbst wenn sie mich nicht leiden konnten. Nicht weil ich es nötig habe, wie ein Baby behandelt zu werden, oder weil ich zu sanft bin, sondern weil es einfach nicht notwendig ist, gemein oder verletzend zu sein. Es gehört zu den Anforderungen meines Berufes, Frieden mit den Leuten zu halten, egal wie langweilig sie sind. Ich lasse sie ihre Wahl treffen und brauche mich nicht einzumischen. Das heißt mit der Welt in Frieden leben.

Verwenden Sie bewußtseinserweiternde Drogen in irgendeiner Form von Ritual oder in therapeutischer Weise?
Sie: Nicht zuoft, aber wir verwenden welche, *Magic Mushroom*, LSD, Meskalin, gelegentlich MDMA. Wir bemühen uns, Zeit füreinander zu haben, und genießen dann, was geschieht. Wir erleben den spirituellen Teil unserer Beziehung! Was auch geschieht, es macht Spaß und ist wirklich hilfreich.
Er: Das andere bewußtseinserweiternde Mittel, das wir miteinander teilen, sind unsere Träume. Ich habe ihr mehr Ein-

zelheiten aus meinen Träumen erzählt, als ich mir selbst je aufgeschrieben habe. Sie läßt mich in gewisser Weise an ihren Träumen teilhaben, so daß ich, wenn ich schlafe, ihren Traumbereich spüren kann. Ich weiß nicht, ob sie meinen fühlen kann, aber ich weiß zumindest, daß ein Energieaustausch stattfindet. Es gibt eine Polarität dabei, eine ätherische Komponente, die unsere Beziehung erweitert. Und das machen wir jede Nacht.

Sie: Ich erlebe es nicht auf dieselbe Weise wie du, aber ich weiß, was du meinst.

Er: Ja, das ist das Schöne an unserer Beziehung, daß selbst dann, wenn du es nicht in derselben Weise erlebst wie ich, ich dennoch weiß, daß du auf einer gewissen Ebene wirklich versteht, was ich meine.

Den Weg der Schönheit gehen

Die nichtindustriellen Kulturen, denen es gelungen ist, bis in dieses Jahrhundert hinein zu überleben, können uns wunderbare Lektionen lehren. Auf den der Küste von Sumatra vorgelagerten Silmetinseln gibt es einen Stamm, der glaubt, daß jede Pflanze, jedes Tier und jeder Gegenstand einen Geist habe. Wenn sie ein neues Werkzeug in ihr Langhaus bringen, nehmen sie sich die nötige Zeit, um den Geist dieses Gegenstandes den bereits vorhandenen Objekten vorzustellen. Sie haben gelernt, daß sie große Schwierigkeiten mit einem Werkzeug haben können, wenn sie diese einfache Zeremonie unterlassen und dem Geist des Objektes nicht die Zeit geben, sich zu akklimatisieren. Sie werden von ihrem eigenen Messer geschnitten werden, oder das Wassergefäß wird ständig lecken. Außerdem glauben sie, daß die Tiere, die sie jagen, mit dem Zeitpunkt ihres Opfers einverstanden sind. Diese Tiergeister haben beschlossen, den Pfad des Jägers zu kreuzen und sich der Umwandlung durch den Tod zu unterziehen. Diese Auffassung setzt voraus, daß alle miteinander verbunden und bereit sind, Leben und Tod miteinander zu teilen. Außerdem ist es bei diesem Stamm Brauch, den Körper aufs prächtigste zu schmücken, um seinem Geist zu gefallen. Sie singen den Fischen etwas vor, wenn sie sie fangen. Sie hegen die Überzeugung, daß Eile oder Hast die Menschen aus dem Gleichgewicht bringt und somit Krankheit verursacht. Man hört sie oft einander ermahnen: »Langsam! Laß dir Zeit!« Sie bewegen sich mit Anmut und Freude. Sie haben ein Geschenk für uns. Seit sie von Reisenden entdeckt wurden und Besucher kommen, haben sie ihre Langhäuser und ihre Herzen geöffnet, um ihre besondere Lebensanschauung und Erfahrung der Wirklichkeit mit ihren Besuchern zu teilen. Ihre Wahrheit lehrt uns nicht nur, uns Zeit zu lassen und die physische Wirklichkeit wahrzunehmen, sondern auch die Geistwelt zu ehren und anzuerkennen. Sind wir bereit, von diesen Leuten zu lernen, die einen Weg der Schönheit gehen?

Uns westliche Menschen mag es befremden, daß ein Schuh oder ein Löffel eine Seele oder einen Geist hat. Vielleicht fällt es uns sogar schwer, unsere Haustiere als beseelte Wesen zu betrachten. Doch wenn wir beginnen, das Leben unter dem Aspekt des Heiligen zu betrachten, werden wir sehen, daß wir in Wirklichkeit gar nicht so weit voneinander entfernt sind. Alle fühlenden Wesen leben und sterben und hoffen, in der Zeit zwischen Geburt und Tod glücklich zu sein.

»In der tieferen, über Raum und Zeit hinausgehenden Wirklichkeit sind wir alle Glieder eines Körpers.« (James Jean) Ob wir von dem Erdkörper (dem Körper Gaias) oder einem Buddha-Feld sprechen – wir können unsere erhöhte Bewußtheit und unser Gefühl für das Verbundensein benutzen, um diesen Körper anzuerkennen und zu würdigen. Das aus unseren spirituellen Verbindungen hervorgehende Verstehen ermöglicht uns, alles Leben zu umarmen und die Verpflichtung abzulegen, durch jede unserer Handlungen dem Fließen zu dienen.

Anmerkungen

1 Manchmal werden die Begriffe »Geist« und »Seele« als austauschbar angesehen. Ich verwende sie jedoch, um verschiedene Aspekte des Menschen zu kennzeichnen. Ich verwende »Geist«, wenn ich jenen Teil des Selbst meine, der bewußt und fähig ist, spirituelle Begebenheiten zu erfahren, also jene Lebensenergie, die in allen lebendigen Wesen dieselbe ist – der »Große Geist«, der gleichzeitig in uns und außerhalb von uns existiert. »Seele« verwende ich, wenn ich von dem Behältnis für alle unsere »Selbste« spreche – vom Fahrer und Koordinator unseres Lebens –, von jenem Teil, der sich von einer Reinkarnation zur anderen bewegt beziehungsweise in anderen religiösen Konzepten als für ewig lebend angesehen wird.

2 Aus: *Medicine Cards – Jamie Sams and David Carson*, 1988, Verlag Bear and Company.

3 Die folgende Definition habe ich der Zeitschrift *Tantra* entnommen: Tantra leitet sich ab von den Sanskritworten *tanoti* – ausdehnen und *tryati* – befreien. Tantra bedeutet soviel wie »Ausdehung des Bewußtseins zur Transzendenz hin«. Tantra ist eine Synthese von Kunst und Wissenschaft und erkennt die physische und metaphysische Erfahrung des Menschentums an.

4 Ich verweise auf mein erstes Buch *Loslassen*, Oesch Verlag 1991, in dem eine Übung für die Verbindung mit der inneren Führung beschrieben wird.

5 Aus: *Mitakuye Oyasin* von Dr. A. C . Ross, Bear-Verlag.

HEYNE BÜCHER

Dr. Deepak Chopra

Die unendliche Kraft in uns
Heilung und Energie von jenseits der Grenzen unseres Verstandes
08/9647

Dein Heilgeheimnis
Das Schlüsselbuch zur neuen Gesundheit
08/9661

08/9647

08/9661

Heyne-Taschenbücher